Reiseführer Natur Galapagos

blv

Wolfgang Bittmann
Brigitte Fugger

Reiseführer Natur
Galapagos

Die Deutsche Bibliothek –
CIP-Einheitsaufnahme

Ein Titeldatensatz für diese Publikation ist bei
Der Deutschen Bibliothek erhältlich

Die Zusammenstellung der praktischen Reiseinformationen und die Beschreibung der Touren in diesem Führer erfolgten mit größtmöglicher Sorgfalt und mit Rücksicht auf die Natur. Bitte verhalten auch Sie sich entsprechend und beachten Sie im Interesse Ihrer eigenen Sicherheit die Hinweise des Autors, z. B. zu gefährlichen Wegstrecken.
Ob eine Route gefährlich ist, hängt neben den Wetterverhältnissen auch von der persönlichen Konstitution des Wanderers ab. Befragen Sie im Zweifelsfall vor einer Reise ihren Hausarzt.
Bitte haben Sie Verständnis dafür, daß sich nach Erscheinen des Buches Wegführungen, Anschriften oder Telefonnummern ändern können. Korrekturhinweise werden Autor und Verlag gerne aufgreifen:

BLV Verlagsgesellschaft mbH, Postfach 40 03 20, 80703 München

3., durchgesehene Auflage

BLV Verlagsgesellschaft mbH
München Wien Zürich
80797 München

Umschlaggestaltung: Julius Negele, München
Karten: Kartographie Huber, München
Redaktionelle Mitarbeit: Dr.Einhard Bezzel,
Prof. Dr. Josef H. Reichholf
Lektorat: Dr. Friedrich Kögel
Layout: Volker Fehrenbach
Herstellung: Hermann Maxant
Satz: Filmsatz Schröter GmbH, München
Reproduktionen: Repro Ludwig, Zell a. See
Druck: Appl, Wemding
Bindung: Bückers GmbH, Anzing

Printed in Germany · ISBN 3-405-14066-8

Bildnachweis
E. Bezzel: 59 o.r., 65 o., 112, 113 u.
W. Eisenreich: 59 u.
B. Fugger: 79 M., 84 u., 134 o., 141
O. Hamann: 125 u.
H. W. Hesselmann/MTI-Press: 38 o., 39 o., 86 o., 86 M., 86 u., 131 u.r.
F. Naglschmid/MTI-Press: 131 u.l.
H. Oberg: 43 u., 119 u., 120 o., 130 u.
F. Pölking: 43 M., 125 M., 137
H. Reinhard: 39 u., 99 o.
T. de Roy: 14
Alle anderen Fotos: W. Bittmann
Grafiken S. 11, S. 44/45: Barbara von Damnitz

Umschlagfotos:
W. Bittmann (vorn: Punta Cormorán auf Floreana; hinten: Meerechse, Blaufußtölpel)

Foto Seite 1: Junger Blaufußtölpel
Foto Seite 2/3: Blick vom Gipfel Bartolomés Richtung Pinnacle Rock und Santiago

Inhalt

Einführung

Reiseziele

Essays

Reiseplanung 148

Anhang

Zum Geleit

Reiseführer Natur – eine Chance für den sanften Tourismus?

Dem Massentourismus ist sehr viel Natur zum Opfer gefallen. Der Versuch, der Unwirtlichkeit der Städte und der Industriegesellschaft in eine »intakte Natur« für die kostbarsten Wochen des Jahres zu entfliehen, mißlang gründlich. Denn der Ruhe, Entspannung und Naturgenuß suchende Mensch wurde im Touristikboom schnell wieder in die Massen einbezogen und beinahe zu einer »Ware« degradiert. Der zähe Brei des Massentourismus wälzte sich, da er fortlaufend seine eigenen Existenzgrundlagen zerstört, immer weiter hinaus bis in die letzten Winkel der Erde. Mit größter Sorge betrachteten Naturschützer in aller Welt diese Entwicklung und versuchten – vergeblich – sich dagegen zu stemmen. Sie waren und sind machtlos gegen die Flut, die über sie und die wenigen geschützten Gebiete hereinbrach. Die Naturschützer hatten so gut wie keine Chancen, die Natur vor dem Massenansturm zu bewahren.

So wurde denn der Tourismus in Bausch und Bogen als nicht natur- und umweltverträglich verdammt und gebrandmarkt. Nicht ganz zu Recht, wie man bei objektiver Betrachtung der Sachlage zugeben muß. Denn nicht wenige der wichtigen, ja unersetzlichen Naturreservate der Welt konnten gerade wegen des Tourismus gesichert werden, der Staaten wie Tansania mit der weltberühmten Serengeti oder Ecuador mit seinen Galapagos-Inseln mehr harte Währung einbrachte, als eine Umwidmung der geschützten Flächen zu anderen Formen der Nutzung. Durch geschickte und gezielte Lenkung des Besuchersstromes ist es möglich, die Schäden gering zu halten, aber großen Nutzen einzubringen. Viele Beispiele gibt es hierfür. In Amerika, in Afrika und in Südostasien gelingt es offenbar weitaus besser, Naturreservate zu erhalten als hierzulande in Mitteleuropa, wo Naturschutzgebiete fast automatisch zu Sperrgebieten für Naturfreunde gemacht werden (während andere Nutzungsformen, insbesondere Jagd und Fischerei, in der Regel uneingeschränkt weiterlaufen dürfen).

Es fehlt an Information und an Personal, das die Schutzgebiete überwacht, Besucher betreut und für die Erhaltung der Natur wie für die Einhaltung der Schutzbestimmungen sorgt. Vielfach können gerade da, wo die Schutzgebiete mit strengem »Betreten verboten« ausgewiesen sind, die Schutzziele nicht eingehalten werden. Es fehlen die »Verbündeten«; sie sind als Naturfreunde ausgeschlossen und damit keine starken Partner. Eine grundsätzliche Änderung, eine Wende zum Besseren ist derzeit nicht in Sicht. So bleibt der Naturfreund auf sich allein gestellt, Natur zu erleben, ohne sie zu stören oder gar zu zerstören.

Die neue Serie »Reiseführer Natur« folgt diesen Leitgedanken. Sie will den engagierten Naturfreunden die Möglichkeiten aufzeigen, sich schöne Landschaften mit einem reichhaltigen oder einzigartigen Tier- und Pflanzenleben auf eine »umweltverträgliche« Art und Weise zu erschließen. Ein Tourismus dieser Art, der auf Information aufbaut und dessen Ziel die Sicherung der Naturschönheiten ist, wird vielleicht die überfällige Wende bringen. Unberührte Natur, naturnahe Landschaften und freilebende Tiere und Pflanzen haben ihren besonderen Wert. Aber er wird nicht zum Nulltarif auf Dauer zu erhalten sein.

EINHARD BEZZEL
JOSEF H. REICHHOLF

Vorwort

Zunehmend mehr Menschen aus allen Teilen der Welt zieht es Jahr für Jahr nach Galápagos, **dem** Tierparadies im Ostpazifik. Dieser noch immer unkontrolliert wachsende Besucherstrom bringt die Inseln in größte Gefahr. Was also tun?

Gerade in solchen Fällen gerät man als Biologe und Studienreiseleiter stark ins Kreuzfeuer kritischer Naturschützer. Sie fragen mit Recht, ob es für einen Biologen zu verantworten ist, heute noch Touristengruppen in so fragile Schutzgebiete wie das von Galápagos zu führen. Auf der anderen Seite stehen »vor Ort« die z. T. vorwurfsvollen Fragen von Reiseteilnehmern, ob es nicht reichlich übertrieben ist, als Reiseleiter darauf zu bestehen, Nationalparkregeln peinlich genau einzuhalten und wirklich nichts außer Fotos und Erinnerungen mitzunehmen.

Wir glauben, daß sowohl eine grundsätzliche Ablehnung von Naturreisen, als auch eine oberflächliche Behandlung der während dieser Reisen auftretenden Fragestellungen dem Ziel des Naturschutzes nur abträglich sind. Wer als interessierter Mensch keine Möglichkeit hat Natur kennenzulernen, wird sich auch nicht zu ihrem Beschützer aufschwingen. Nur eigenes Erleben und daraus wachsende Kenntnis und Begeisterung wandeln einen Konflikt Tourist – Natur in ein produktives Miteinander. Ein fachkundiger und verantwortungsbewußter Reiseleiter kann diese Entwicklung ebenso unterstützen wie ein guter »Reiseführer Natur«.

Dies gilt in besonderem Maße für Galápagos, ein sicher »kritisches« Reiseziel, das viel Feingefühl verlangt. Obwohl sich zunehmend Stimmen mehren, die von einem Besuch des Archipels wegen zu befürchtender Schäden grundsätzlich abraten, ist eine vollständige Einstellung des Tourismus hier weder durchführbar noch sinnvoll. So finanziert z. B. Ecuador – keiner der reichsten Staaten dieser Welt – mit den Einnahmen aus den Nationalparkgebühren und anderen finanziellen Leistungen des Tourismus zumindest einen Teil der dringend notwendigen Schutzmaßnahmen. Allerdings ist es unerläßlich, die Zahl der Besucher in Zukunft zu begrenzen. Ebenso wird es aber auch an jedem einzelnen Touristen liegen, die Tier- und Pflanzenwelt der Inseln mit Respekt zu behandeln und Einsicht für die notwendigen Beschränkungen zu zeigen.

Seit ihrer Gründung im Jahre 1959 arbeitet die internationale Charles-Darwin-Gesellschaft (CDF) an Programmen zu Schutz und schonender Nutzung der Natur von Galápagos. Dabei geht es sowohl um die Regeneration des vom Menschen bereits stark veränderten Insel-Ökosystems als auch um die Begrenzung weiterer Schäden aller Art. Wer hier etwas tun möchte, kann die kostenintensiven Projekte der Gesellschaft durch steuerabzugsfähige Spenden in unbegrenzter Höhe unterstützen. Die Gelder können, versehen mit dem Vermerk »zweckgebunden für die Galápagos-Inseln«, an folgende Adressen gesandt werden:

Umweltstiftung WWF-Deutschland, Heddestr. 110, D-6000 Frankfurt/Main 70; Spendenkonten: Nr. 2000 bei allen Banken und Sparkassen; Nr. 999 999 bei allen Postgiroämtern.

Zoologische Gesellschaft von 1858, Alfred-Brehm-Platz 16, D-6000 Frankfurt/Main 1; Spendenkonten »Hilfe für die bedrohte Tierwelt«: Postscheckkonto Nr. 47-601, Postscheckamt Frankfurt/Main, BLZ 500 100 60; Nr. 35556.9, Effektenbank Warburg AG, Frankfurt/Main, BLZ 501 207 17.

World Wildlife Fund International, Avenue du Mont Blanc, CH-1196 Gland, Schweiz.

Wir hoffen, daß so unter der Mithilfe aller die Tier- und Pflanzenwelt dieser liebenswerten Inseln nicht nur dauerhaft erhalten wird, sondern auch für den verantwortungsbewußten Naturreisenden offen bleiben kann.

WOLFGANG BITTMANN
BRIGITTE FUGGER

Einführung

Zur Benutzung des Buches

Dieser Reiseführer soll es dem Leser ermöglichen, Landschaften, Tiere und Pflanzen der Galápagos-Inseln möglichst intensiv kennenzulernen. Damit man die vielfältigen Informationen im Buch möglichst effizient nutzen kann, sollte man sich als erstes mit dessen Gliederung vertraut machen.
In der »**Inselkunde**« werden zunächst die geologischen bzw. vulkanologischen Besonderheiten des Archipels sowie ihre wissenschaftlichen Grundlagen ausführlich dargestellt. Auch die von den verschiedenen Meeresströmungen bestimmten spezifischen Klimaverhältnisse sowie Vegetationszonierung, Tierwelt und das Leben im Meer werden beschrieben. Andere wichtige Kapitel umfassen die komplizierte, anfängliche Besiedlung der Inseln durch pflanzliche und tierische Lebewesen, ihre Evolution auf Galápagos und ihre heutige Bedrohung durch den Menschen und seine Kulturfolger.

Bei der Insel Tower werden die Schiffe oft von neugierigen jungen Rotfußtölpeln »besetzt«.

Der zweite Teil enthält die genauere **Beschreibung von 14 besuchbaren Inseln**, ihre landschaftlichen Eigenheiten, ihre Flora und Fauna. Einige, für die jeweilige Insel typische und dort leicht zu beobachtende Arten werden genauer beschrieben. Besonderer Wert wurde dabei auch auf die Illustration durch Fotos gelegt. Verweise auf erwähnte Arten, die an anderer Stelle abgebildet sind, erfolgen durch »S. . . .«, Textstellenverweise bzw. Verweise auf Arten, die ausführlicher beschrieben wurden, erfolgen durch »s. S. . . .«. Kurze Essays (durch blaue Unterlegung kenntlich) geben zusätzliche Informationen zu bestimmten Themen.
Wo immer möglich, werden deutsche **Artnamen** verwandt. Als Vorlage dienten dabei für die Säuger »Grzimeks Enzyklopädie« (1988), für die Vögel »Wolters, Die Vogelarten der Erde« (1975–82). War neben dem neuen Wolterschen Vogelnamen noch ein anderer, seit langem gebräuchlicher üblich, wurde dieser gelegentlich beibehalten oder zumindest an einer Textstelle erwähnt und im Wörterbuch mit verzeichnet. Gibt es, vor allem bei Pflanzen, keinen eindeutigen deutschen Artnamen, wurde der wissenschaftliche in den Text aufgenommen. Wird ein Tier oder eine Pflanze nur als Gattung oder Gruppe genannt, so folgt z. T. der wissenschaftliche Gattungsname in Klammern, z. T. wird der wissenschaftliche Artname mit dem Zusatz ». . . der Art . . .« angehängt (z. B. Adlerrochen der Art *Aetobatus narinari*).
Neben den allgemeinen Informationen enthält jedes Inselkapitel Beschreibungen der vom Nationalpark freigegebenen **Besuchspunkte** und der möglichen (erlaubten) Aktivitäten sowie Karten. Querverweise zwischen Text und **Karten** (= Zahlen im Kreis) erleich-

tern dabei die rasche Orientierung. Da die meisten **Weglängen** bei den Landgängen im Bereich von 1–3 km Gesamtstrecke liegen und leicht zu bewältigen sind, wurden nur bei Abweichungen von dieser Norm besondere Hinweise auf Entfernungen oder Schwierigkeitsgrade gegeben.
Zur praktischen Reisevorbereitung dient schließlich das Kapitel **»Reiseplanung«**. Hier werden u. a. Tips zu Kreuzfahrtbuchungen oder selbständigem Reisen auf den Inseln gegeben. Auch findet sich an dieser Stelle eine genaue Aufstellung aller vom verantwortungsbewußten Besucher zu beachtenden Nationalparkregeln sowie Tips zum Verhalten am/im Meer.
Das anschließende **Wörterbuch** der Tier- und Pflanzennamen soll der Beseitigung eventueller Verständigungsschwierigkeiten im fremdsprachigen Raum dienen. Im deutschen Teil kann der Leser nachschlagen, welchen spanischen bzw. englischen oder wissenschaftlichen Namen die Arten oder Gattungen haben. Umgekehrt ist es möglich, im »wissenschaftlichen« Teil nachzusehen, unter welchem deutschen bzw. englischen Namen eine Art (Gattung) bekannt ist. Hier finden sich vor allem die englischen Namen der – mangels deutscher Namensgebung – im Text vorkommenden wissenschaftlichen Bezeichnungen.
Das **Literaturverzeichnis** am Ende des Kapitels Reiseplanung verweist auf weiterführende Lektüre unterschiedlicher, meist aber allgemeinverständlicher Art.
Das **Register** enthält alle im Text vorkommenden Tier- und Pflanzennamen, Ortsbezeichnungen und viele andere Stichworte.

Zeichenerklärung für die im Text verwendeten Karten

Um die Übersichtlichkeit der Karten zu gewährleisten, wurden vor allem die für den Touristen interessanten Informationen aufgenommen. Die verwendeten Abkürzungen und Symbole werden im folgenden erklärt.

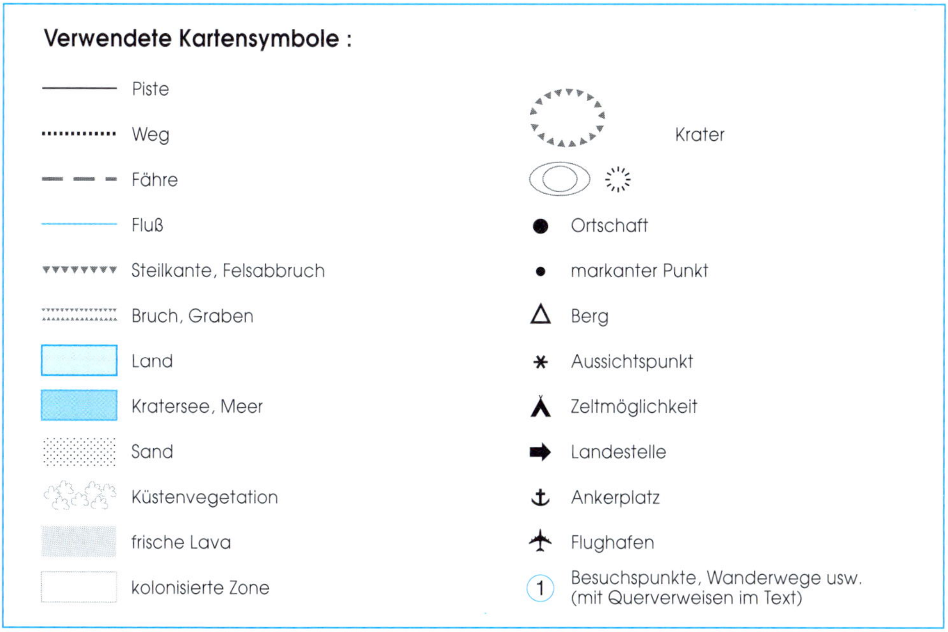

Inselkunde

Lage

Der Galápagos-Archipel oder »Archipiélago de Colón«, wie er offiziell heißt, liegt im Ostpazifik auf 0° Breite (Äquator) und 90° westlicher Länge rund 1000 km vom südamerikanischen Festland entfernt. Er gehört zum Staatsgebiet von Ecuador. Etwa 700 km nordöstlich von Galápagos erhebt sich die Cocos-Insel, 4000 km südlich die Osterinsel und 5500 km westlich die verschiedenen zu Französisch-Polynesien gehörenden Inselgruppen.

Auch innerhalb des Archipels sind die Distanzen beträchtlich: Zwischen der nördlichsten Insel Darwin und der Insel Española im äußersten Südosten liegen 430 km, die maximale West-Ost-Ausdehnung zwischen den Inseln Fernandina und San Cristóbal beträgt etwa 200 km.

Die Landfläche der Galápagos-Inseln liegt bei 7882 km^2, wovon allein die Insel Isabela mit 4588 km^2 fast 60% beansprucht. Der Rest verteilt sich auf 12 weitere, größere Inseln über 10 km^2, 6 Inseln zwischen 1 und 10 km^2 sowie eine Menge kleiner und kleinster, oft unbenannter Inselchen und Felsen unter 1 km^2 (s. Tabelle S. 12 und Karte im Einband). 96% der Landfläche gehören zum Nationalpark, 4% sind kolonisiertes Gebiet bzw. stehen unter Militärverwaltung.

Entstehung und Landschaften

»Es sieht aus, als ob Gott Steine regnen ließ.« Mit diesen dürren Worten beschrieb Bischof Tomás de Berlanga, der offizielle Entdecker von Galápagos, 1535 seine ersten von den Inseln gewonnenen Eindrücke. Spätere Besucher urteilten ähnlich. Hermann Melville z. B. schrieb 1841: »Man stelle sich 25 Aschenhaufen vor, einige davon zu Bergen vergrößert und von Wasser umgeben, einer Gruppe erloschener Vulkane nach einer strafenden Feuersbrunst gleich, und man hat eine Vorstellung von den ›Encantadas‹, den ›verwunschenen Inseln‹.«

Doch Galápagos ist weit mehr als eine Ansammlung lebloser Krater, lockt doch vor allem seine faszinierende Pflanzen- und Tierwelt die heutigen Besucher zu den Inseln. Darüber hinaus finden geologisch Interessierte hier ein Schaufenster in das unruhige Innere des Planeten Erde. Der vulkanisch hochaktive Archipel gestattet, Erdgeschichte in der Praxis zu erleben und grundlegende Theorien wie die der **Plattentektonik** auf ihren Wahrheitsgehalt zu überprüfen.

1930 von Alfred Wegener als **Kontinentaldrift** erstmals beschrieben, nimmt die **Plattentektonik-Theorie** eine Aufspaltung der festen Erdkruste in ein Mosaik von Gesteinsplatten verschiedener Größe an, die auf dem geschmolzenen Gesteinsmaterial des Erdmantels »schwimmen«. Nach ihrer Zusammensetzung und ihrem spezifischen Gewicht werden dabei zwei Typen von Platten unterschieden: Eisenreiche, schwerere sind vom Meer bedeckt und gelten als »ozeanisch«; die leichteren, kieselsäurereichen »kontinentalen« Platten bilden die Erdteile. Wärmebedingte Konvektionsströme im Erdmantel bewirken, daß sich die Platten relativ zueinander mit Geschwindigkeiten bis zu 10 cm/Jahr verschieben. Dabei laufen an den Rändern wichtige globaltektonische Prozesse ab (s. Grafik rechts).

Beim Auseinanderdriften z. B. zweier ozeanischer Platten kommt es durch das sog. **Sea Floor Spreading** zur Entstehung neuen Meeresbodens: Schmelzflüssiges Gestein in Form eisenreichen basaltischen Magmas quillt an den Bruchzonen auf, erstarrt und wird durch die Wanderung der Platten wie auf einem Förderband in beide Richtungen senkrecht zur Bruchlinie wegtransportiert. Zeugen dieses dynamischen Prozesses sind die sich an den Bruchzonen entlangziehenden, den ganzen Globus umspannenden **Mittelozeanischen Rücken** wie z. B. der Mittelatlantische oder der Ostpazifische Rücken. Gelegentlich wachsen Teile dieser Rücken bis über die Meeresoberfläche zu aktiven Vulkanen heran, so z. B. Island und die Azoren im Atlantik, oder die Osterinsel im Pazifik. Neugeschaffene Erdkruste muß aus Gründen des Gleichgewichts auch wieder zerstört werden. Dies geschieht an den sog. **Subduktionszonen**. Trifft eine ozeanische Platte auf eine kontinentale, so wird sie unter diese spezifisch leichtere gedrückt und »verschluckt«. Die dabei freiwerdende immense Reibungswärme und das Aufschmelzen des Gesteins im Erdmantel bewirken oft starken Vulkanismus und Erdbeben im Bereich einer Subduktionszone. Tiefseegräben bilden sich an den Knickstellen der ozeanischen Platten, Bergketten oder Inselbögen werden aufgeschoben. Dieser Prozeß ist besonders entlang der Pazifikküsten ausgeprägt, an denen im »**Pazifischen Ring des Feuers**« aktive Vulkangebirge (Anden) oder von Vulkanen geprägte Inselbögen (Philippinen, Aleüten, Japanische Inseln) entstanden.

Die Lage der Galápagos-Inseln abseits dieser Zentren des vulkanischen Geschehens läßt nicht auf ihre Entstehung nach einem der obigen Muster schließen. Trotzdem spielte die Erdkrustenbewegung eine wichtige Rolle bei der Ausformung der Archipels. Wie bei anderen pazifischen Inselgruppen (Hawaii, Ost-Polynesien) muß jedoch noch das **Hot-Spot-Modell** hinzugezogen werden.

Hot Spots sind lokal begrenzte Gebiete hoher Wärmeströmungen im Erdmantel. Sie führen vorwiegend in den Ozeanbecken – in denen keine abdeckenden Sedimentgesteine darüberliegen – zum Aufblähen und Schmelzen der ozeanischen Kruste und schließlich zum Aufsteigen von Magma. So entstandene submarine Vulkane können schnell bis über die Meeresoberfläche emporwachsen, und das Ergebnis sind ozeanische Inselvulkane fernab der Kontinente.

Ein weiteres Merkmal von Hot-Spot-Inseln ist ihre begrenzte vulkanisch aktive Periode und die geradlinige Anordnung entlang der Drift-

Darstellung der verschiedenen plattentektonischen Vorgänge im Modell.

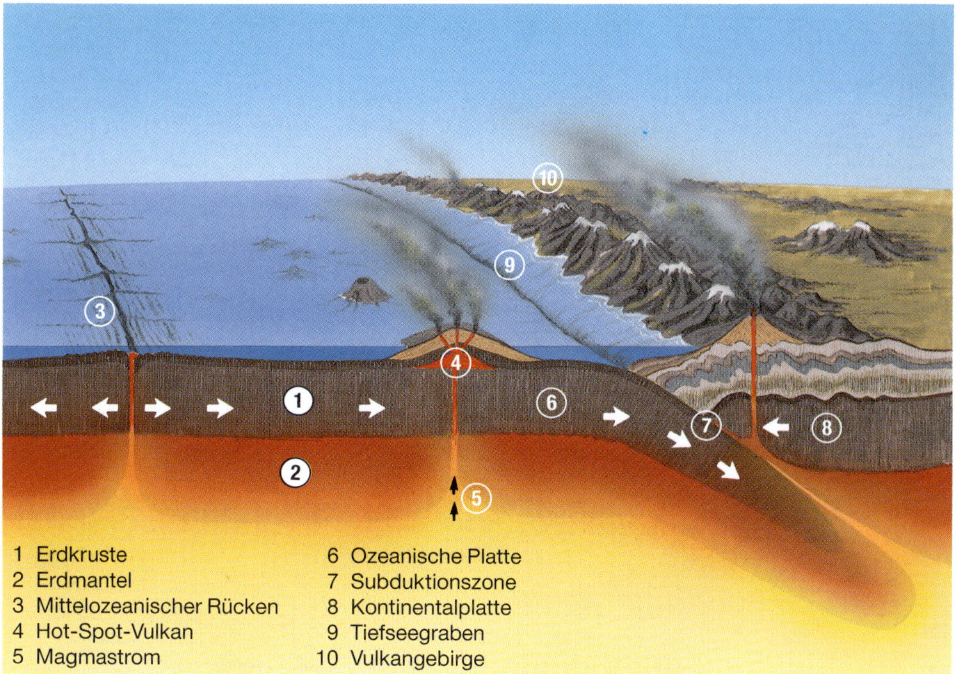

richtung der sie unterlagernden Erdkrustenplatte. Da Hot Spots stationär sind, eine Platte aber mit mehreren cm/Jahr darüberwandert, wird ein der Platte aufsitzender Vulkan langsam von seiner tieferliegenden Nachschubquelle wegtransportiert und erlischt. Ein neuer Vulkan wird dann seine Stelle über dem Hot Spot einnehmen und der Prozeß wiederholt sich, bis schließlich eine »Perlenkette« von Inseln entsteht wie im klassischen Fall von Hawaii. Das Alter der Inseln nimmt dabei mit wachsender Entfernung vom Hot Spot zu.

Im Gegensatz zu Hawaii liegen die Galápagos-Inseln in einem Gebiet geologischer Instablilität, bedingt durch die Nähe der Bruchlinie zwischen **Cocos-** und **Nazca-Platte** sowie einiger querverlaufender Brüche (s. Grafik rechts). Die geradlinige Anordnung der Inseln ist deshalb nicht auf den ersten Blick sichtbar. Sie erheben sich mit Ausnahme der isoliert im Norden liegenden Inseln Wolf und

Namen, Fläche und Höhe der im Text beschriebenen Inseln

Die gebräuchlichsten Namen sind durch Fettdruck hervorgehoben. In der Rubrik »Spanische Namen« stehen die offiziellen Inselnamen an erster Stelle.

Spanische Namen	Englische Namen	Fläche (km²)	Höhe (m)
Isabela	Albemarle	4588	1689
Santa Cruz	Indefatigable	986	864
Fernandina	Narborough	643	1494
San Salvador, **Santiago**	James	585	907
San Cristóbal	Chatham	558	730
Santa María, **Floreana**	Charles	173	640
Marchena	Bindloe	130	343
Española	**Hood**	60	206
Pinta	Abingdon	59	777*
Baltra	South Seymour	27	100
Santa Fe	Barrington	24	259
Pinzón	Duncan	18	458
Genovesa	**Tower**	14	76
Rábida	Jervis	5	367
Seymour	North Seymour	1,9	*
Wolf	Wenman	1,3	253
Bartolomé	Bartholomew	1,2	114
Darwin	Culpepper	1,1	168
Daphne Mayor	Daphne Major	0,32	120
Sombrero Chino	–	0,22	52
Plaza Sur	South Plaza	0,13	25
Plaza Norte	North Plaza	0,08	*
Daphne Menor	Daphne Minor	0,07	93*
Mosquera	–	0,06	*

* = Messung unsicher bzw. keine Daten vorhanden

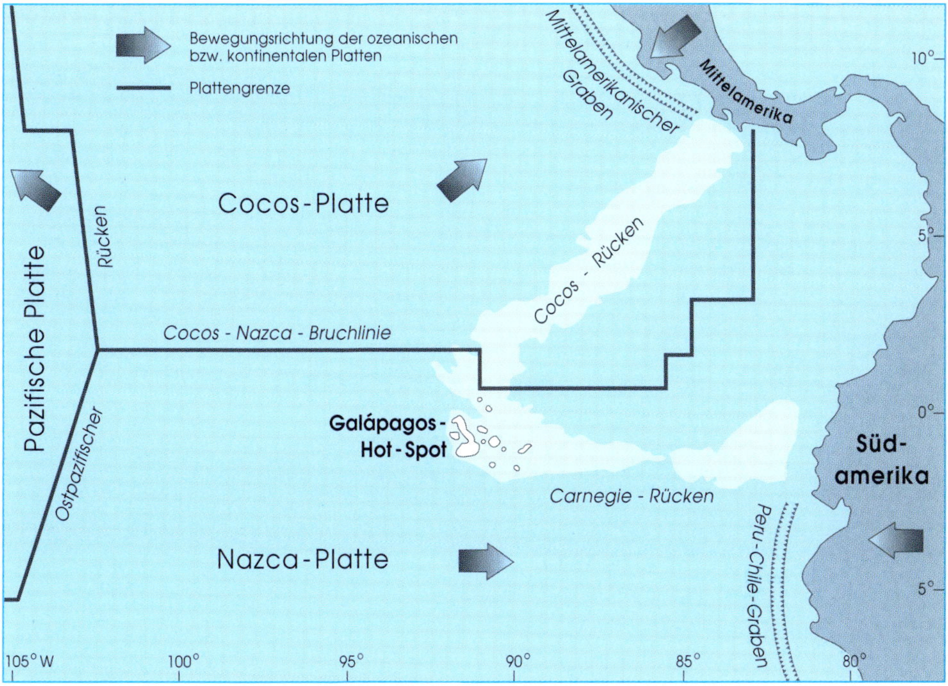

Lage und Bewegung der für die Galápagos-Inseln wichtigen Erdkrustenplatten im Ostpazifik.

Darwin von einem submarinen Lavaplateau, der **Galápagos-Plattform**, die im Zentrum des Archipels bis auf 200 m unter dem Meeresspiegel ansteigt. Westlich der Insel Fernandina fällt die Plattform schnell auf 4000 m Meerestiefe ab, im Osten erscheint sie dagegen in zwei submarine Rücken verlängert: den **Cocos-Rücken**, der sich mit seiner höchsten Spitze, der Cocos-Insel rund 2000 km in Richtung Costa Rica erstreckt, und den **Carnegie-Rücken**, der auf das südamerikanische Festland zuläuft.

Eine klare Altersprogression läßt sich erkennen: Der gegenwärtige Vulkanismus konzentriert sich auf die westlichen, nur 500 000 bis 600 000 Jahre »jungen« Inseln Fernandina und Isabela, die zusammengenommen als eines der vulkanisch aktivsten Gebiete der Welt gelten. Sie liegen zur Zeit genau über dem Hot Spot und sind gekennzeichnet durch mächtige Schildvulkane (s. unten), auf denen seit 1900 etwa 20 größere Eruptionen beobachtet wurden.

Außerhalb der beiden genannten Inseln zeugen nur wenige Spuren von aktivem neuzeitlichem Vulkanismus. Die Inseln Santiago, Santa Cruz, San Cristóbal, Floreana und Pinta sind zwar klar als ehemalige Vulkane erkennbar, weisen aber meist durch Erosion abgerundete Formen und dichten Pflanzenbewuchs im Hochland auf.

Auf einigen kleineren östlichen Inseln (Española, Santa Fe, Plaza, Seymour) sind kaum mehr Vulkanformen zu finden; sie erscheinen als flache Lavaplateaus und werden deshalb von manchen Geologen als herausgehobene submarine Lavaergüsse definiert. Hier fand man auch die ältesten Gesteine des Archipels, datiert auf über 4 Mio. Jahre.

Nach geologischem Maßstab sind die Galápagos-Inseln damit allerdings ausgesprochen jung.

Ausbruch des Vulkans Chico, eines Parasitärkegels des Vulkans Sierra Negra/Isabela, Ende 1978.

All diese beschriebenen Beobachtungen und Erkenntnisse gelten heute als gesichert und entkräften damit auch die oft postulierte Landverbindung von Galápagos mit dem Kontinent. Da man sich eine Besiedlung durch Pflanzen und Tiere über 1000 km offenes Meer nicht erklären konnte, wurden früher eine Landbrücke oder zumindest einige aus dem Meer ragende Bergspitzen als »Insel-Trittsteine« angenommen. Die submarinen Cocos- und Carnegie-Rücken boten sich hierzu an. Nach der Hot-Spot-Theorie aber sind beide Rücken nur Reste ehemaliger Hot-Spot-Vulkane, die, wahrscheinlich stetig absinkend, mit der Drift der Nazca- bzw. Cocos-Platte auf den Kontinent zustreben. Studien zum »disharmonischen« Verbreitungsmuster von Pflanzen und Tieren auf Galápagos (s. S. 28) unterstützen das Hot-Spot-Modell.

Vulkanismus auf Galápagos

Vulkanische Produkte können grob in 2 Kategorien eingeteilt werden:

- ▷ In flüssigem Zustand aus dem Erdmantel gefördertes **Magma** wird **Lava** genannt.
- ▷ Erstarrte vulkanische Auswurfprodukte wie »Asche«, Bims, Lapilli, vulkanische Bomben und tonnenschwere Lavabrocken nennt man allgemein **Pyroklastite** (griech.: »gebrochen durch Feuer«) oder auch **Tephra**.

Triebfeder einer Eruption sind die verschiedenen Gase (CO_2, H_2, NH_3, CH_4, SO_2 und andere). Im Inneren eines Vulkans sind sie unter dem Gesteinsdruck im Magma gelöst (vgl. eine geschlossene Sektflasche). Während einer Eruption führt die Druckentlastung beim Aufsteigen der Schmelze im Vulkanschlot zu einer mehr oder weniger starken Entgasung. Geschieht die Druckminderung plötzlich und ist zähflüssige Schmelze beteiligt, bewirken die expandierenden Gase eine gewaltige explosive Eruption (schnelles Öffnen der Sektflasche) mit der Bildung von pyroklastischem Material. Ist dünnflüssiges Magma beteiligt, verläuft der Ausbruch wesentlich ruhiger.

Der Ablauf einer Eruption wird also hauptsächlich von der Fließfähigkeit des Magmas bestimmt. Je höher der Gehalt an Kiesel-

Tuffkegel südlich der James Bay/Santiago; links der Sugarloaf.

säure, desto zähflüssiger ist die Gesteinsschmelze, je mehr Eisen und Magnesium beteiligt sind, desto dünnflüssiger.

Zu den kieselsäurereichen Gesteinsschmelzen gehören die grau gefärbten **Rhyolite** und **Andesite**. Sie kommen hauptsächlich entlang der Subduktionszonen vor, fließen schlecht und tendieren dazu, den Krater zu verstopfen, was bei zunehmendem Druck zu gigantischen Eruptionen führen kann (Krakatoa 1883, Mount Pelée 1902, Mount St. Helens 1980).

Auf der anderen Seite enthält schwarzes **Basaltgestein**, das für ozeanische Inselvulkane typisch ist, einen hohen Anteil an Eisen und Magnesium. Es schmilzt bei hoher Temperatur (etwa 1100 °C) und ist sehr fließfähig. Gase können dabei ruhig über eine große Oberfläche entweichen. Ausbrüche auf Galápagos und anderen Hot-Spot-Inseln sind somit nur schwach explosiv. Für sie sind farbenprächtige Lavafontänen und Lavaströme typisch. Besucher, die in früheren Jahren einmal das Glück hatten, einen derartigen Ausbruch »hautnah« zu erleben, erhielten einen unvergeßlichen Eindruck (s. S. 56).

Vulkane

Die aktiven Vulkane auf Galápagos wie auf Hawaii gehören zum Typ der Schildvulkane. Sie sind wegen ihrer Oberflächenform so benannt, aus zahllosen einzelnen, übereinander geflossenen Lavaströmen aufgebaut und zählen vom Meeresboden aus gemessen zu den höchsten Bergen der Welt. Alle besitzen zudem eine **Caldera** im Gipfelbereich. Als Caldera (von span. »Kessel«) bezeichnet man eine runde, steilwandige kraterähnliche Einsenkung oft beachtlicher Größe und Tiefe mit meist ebenem Boden. Das Ausmaß der Calderen auf den Galápagos-Vulkanen reicht von 5,4 x 4 km (Cerro Azul/Isabela) bis 10 x 8 km (Sierra Negra/Isabela), ihre Tiefe von 250 m (Alcedo/Isabela) bis über ehemals 900 m (Fernandina).

Calderen entstehen durch eine plötzliche Absenkung des Kraterbodens. Entlang von tektonisch bedingten Bruchlinien kann ein Teil des Gipfels, z. B. nach einer heftigen Eruption, in die darunterliegende entleerte Magmakammer stürzen.

Dieses Ereignis ließ sich im Juni 1968 auf der Insel Fernandina verfolgen: Innerhalb weniger Tage brach der vorher 600 m tief liegende Caldera-Boden um weitere 300 m ein, begleitet von schweren Erdbeben.

Sekundäre Vulkankegel

Neben den dominierenden Schildvulkanen wird die Landschaft auf Galápagos von vielen kleineren Vulkankegeln geprägt. Oft prächtig rot oder rotbraun gefärbt, finden sie sich gewöhnlich an Bruchlinien entlang der Flanken der Hauptvulkane und werden deshalb auch als **Sekundär-** oder **Parasitärkegel** bezeichnet. Durchweg aus pyroklastischem Material aufgebaut, verdanken sie ihre Entstehung kurzen, meist einmaligen Aktivitätsperioden. Je nach Art des Auswurfmaterials unterscheidet man verschiedene Typen.

Tuffkegel (engl. »Tuff Cones«) liegen gewöhnlich nahe der Küste. Sie entstehen durch Explosion von aufsteigendem Magma bei Kontakt mit Meerwasser. Das Magma zerbirst zu kleinsten Partikeln, die sich als »vulkanische Asche« ringförmig um den Schlot häufen. Oft führen aufeinanderfolgende Ausbrüche zu horizontalen Schichten. Im Laufe der Zeit kann die lockere Asche durch chemische Veränderungen zu härterem Tuff verbacken werden.

Schöne Beispiele für Tuffkegel bzw. -schichten sind der Sugarloaf bei Puerto Egas/Santiago (S. 15), die Daphne-Inseln (S. 113), die Gordon Rocks bei Plaza sowie die Steilwände von Tagus Cove/Isabela und Buccaneer Cove/Santiago (S. 75).

Schlackenkegel (engl. »Cinder Cones«) bestehen aus grobkörnigerem Auswurfmaterial. Schlacke ist ein Sammelbegriff für im Flug erstarrende Fetzen heißer Lava, die meist als rauhe, von blasigen Hohlräumen durchsetzte Brocken zurückfallen. Im Extremfall zählen dazu auch große erstarrte Lavablöcke oder -bomben, die allerdings für Galápagos nicht typisch sind. Je nach Größe und Schwere formen Schlacken maximal 200 m hohe Kegel.

Fallen noch nicht erhärtete, hochgeschleuderte Lavaklumpen auf den Boden zurück, so stapeln sie sich, teilweise verschweißt, um den Förderschlot. Das Ergebnis sind steilwandige **Schweißschlackenkegel** (engl. »Spatter Cones«), die im Gegensatz zu den ähnlich entstandenen kleineren Hornitos (s. unten) 30–40 m Höhe erreichen können.

Auf Bartolomé sind durch Eisenoxid rotbraun gefärbte Schweißschlackenkegel landschaftsprägend (S. 84).

Lavastrukturen

Frische Basaltlava bildet beim Erkalten interessante Oberflächenstrukturen. Nach deren Beschaffenheit werden zwei Typen unterschieden und mit hawaiianischen Namen bezeichnet. Beide Typen können samt Übergangsformen in ein und demselben Lavastrom vorkommen.

Pahoehoe- oder **Stricklava** entsteht aus sehr flüssigem Material. Nach längerem Kontakt mit der Luft kühlt die Oberfläche eines Lavastroms schnell ab und überzieht sich mit einer Erstarrungshaut. Das dadurch geschützte Innere bleibt aber noch länger flüssig. Bei weiterer Bewegung über unebenes Gelände wird dann die Oberflächenhaut aufgerollt und verdreht, so daß sie schließlich einer Anhäufung neben- und übereinander liegender Seile gleicht.

Zur Ausbildung der **AA-** oder **Blocklava** sind langsamer fließende Lavaströme notwendig. Ihre dickere abgekühlte Kruste zerbricht in lose, äußerst scharfkantige Blöcke und Schollen aller Größen, die wie auf einem Fließband auf dem Lavastrom schwimmend transportiert und oft an dessen Ende zu hohen Mauern aufgetrümt werden. Sie formen dann unüberwindliche Barrieren, auf denen Schuhe schnell zerschnitten sind, und jeder Schritt Verletzungsgefahr bedeutet (»AA«).

Weitere Strukturen, die auf der unterschiedlich schnellen Abkühlung eines Lavastroms beruhen, sind **Lavatunnel** – langgestreckte Hohlräume, die entstehen, wenn unter der bereits erstarrten Oberfläche die noch flüssige Lava bei fehlendem Nachschub weiterfließt. Im Extremfall erstrecken sich derartige Tunnel über mehrere Kilometer und sind mehrere Meter hoch.

Hornitos (von span. »Öfchen«) gleichen bis 1 m hohen Miniaturvulkanen. Sie bilden sich manchmal über eingeschlossenen mittransportierten großen Gasblasen inmitten eines vorrückenden Lavastromes. Das unter Druck stehende Gas wirft beim Ausströmen noch flüssige Gesteinsfetzen hoch, die sich abkühlend rund um den »Schlot« auftürmen.
Die beschriebenen Lavastrukturen sind auf vielen Galápagos-Inseln mehr oder weniger ausgeprägt vorhanden. Die eindrucksvollsten, leicht zugänglichen Beispiele liegen auf Sullivan Bay/Santiago und Bartolomé (Pahoehoe-Lava, Hornitos, Lavatunnel, S. 76 und S. 84), Punta Espinosa/Fernandina (Pahoehoe- und AA-Lava, S. 59) sowie Santa Cruz (Lavatunnel, S. 97).

Pahoehoe- oder Stricklava; Brüche entstehen durch Spannungen im Gestein während der Abkühlung.

Hebungen

Ein häufiges Phänomen in Vulkangebieten sind lokale tektonische Hebungen. Sie werden durch Magmabewegungen in der Tiefe ausgelöst und können besonders küstennahe Vulkanlandschaften grundlegend verändern. Auf Galápagos finden sich hierfür viele Beispiele. Bereits Charles Darwin beschrieb eingebettete Meeresfossilien in über den Meeresspiegel herausgehobenem Gestein der Küsten San Cristóbals. An der Ostküste Baltras fällt eine weiße Schicht etwa 20 m über dem Meeresspiegel auf. Sie wird als eine über den Meeresspiegel gehobene Muschelbank gedeutet.
1954 konnte eine derartige Hebung fast »life« verfolgt werden. Ein 1,5 km^2 großes Gebiet entlang der Küste der Urbina Bay/Isabela wurde innerhalb weniger Tage um 5 m nach oben gedrückt. Die dabei exponierten Korallenbänke, Muscheln, Seeigel, Kalkröhrenwürmer und andere Meeresorganismen sind heute noch als ausgebleichte Skelette zu bewundern.

Meeresströmungen und Klima

Die Lage auf dem Äquator ließe für die Galápagos-Inseln eigentlich ein dauerfeuchtes, tropisch-heißes Klima erwarten. Tatsächlich aber ist das Klima eher als subtropisch bis warmgemäßigt einzustufen, gekennzeichnet von einer erträglichen Luftfeuchtigkeit (meist 80–90%), von relativ niedrigen Lufttemperaturen und vom Wechsel einer warmen, meist windstillen **Regenzeit** (Januar bis April) mit einer kühleren, windreichen **Trockenzeit** (Juni bis November). Die Monate Mai und Dezember rechnet man als Übergangsmonate.
Im Verlauf eines Jahres schwanken die durchschnittlichen Lufttemperaturen auf Galápagos zwischen etwa 27 °C im Februar/März und 21 °C im August/Semptember. Die Tageshöchstwerte liegen nur wenig über der 30 °C-Marke; die höchste bisher gemessene Lufttemperatur betrug 35,3 °C. Demgegenüber lag die tiefste jemals verzeichnete Lufttemperatur bei nur 13,8 °C – für äquatoriale Verhältnisse also ein Eiskeller.
Auch die Wassertemperaturen erreichen allenfalls in der warmen Regenzeit mehr als 25 °C; in der Trockenzeit fallen sie besonders im Westen des Archipels sogar oft auf unter 20 °C.

Meeresströmungen

Der Grund für diese Anomalien sind die komplexen ozeanographischen Verhältnisse im Ostpazifik. Galápagos liegt im Kreuzweg verschiedener Meeresströmungen (s. Grafik

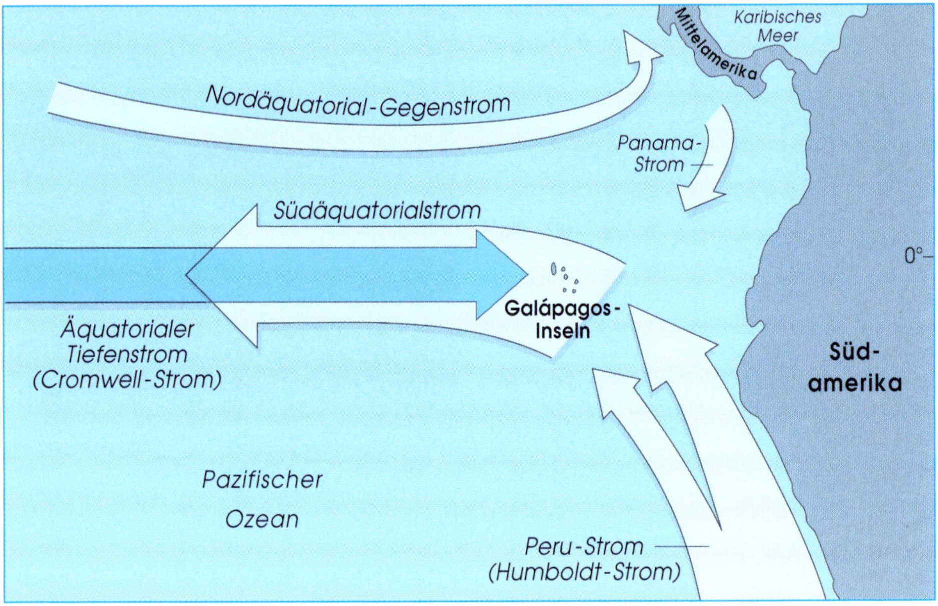

Schema der für Galápagos wichtigen Meeresströmungen; sie bestimmen Klima und Leben auf den Inseln.

oben), die in wechselndem Ausmaß das Klima der Inseln bestimmen.
Dem südamerikanischen Festland entlang fließt, zusammengesetzt aus einem küstennahen und einem ozeanischen Arm, der breite **Peru-Strom**. Sein küstennaher Zweig ist besser unter dem Namen **Humboldt-Strom** bekannt. Dieser trägt kaltes, nährstoffreiches Wasser in Richtung Äquator, das teils aus der Antarktis stammt, teils aus Tiefenwasser besteht, das entlang der Küste Südamerikas nach oben quillt. Triebkraft dieses als »Upwelling« bezeichneten Phänomens ist der in den Monaten Juni bis November besonders stark wehende Südostpassat. Der Wind drückt die oberflächlichen Wassermassen von der Küste weg und erlaubt damit das Nachfließen kühleren Tiefenwassers.
Upwelling-Gebiete zeichnen sich immer durch üppiges Leben aus. Vom Nährstoffreichtum des Tiefenwassers profitieren das Plankton und die Riesenbestände der »Anchovetas« genannten Sardellen (*Engraulis*). Die Fische dienen wieder Millionen von Guanotölpeln, Guanokormoranen, Chilepelikanen und anderen Seevögeln als Nahrung. Auch der Mensch nutzt diesen Fischreichtum (die von Peru maximal gefangene Menge an Anchovetas waren 12 Mio. Tonnen im Jahre 1970) und die Vogelexkremente, die als Guano den besten natürlichen Dünger der Welt darstellen.
In Höhe des Äquators biegt der Peru-Strom nach Westen ab und wird zum mächtigen **Südäquatorialstrom**, der pro Sekunde rund 60 Mio. m^3 Wasser in den Westpazifik drückt und dort zu einer merklichen Erhöhung des Wasserspiegels führt. Die in seinem Weg liegenden Galápagos-Inseln umspült er dabei mit 18–22 °C kühlem Wasser.
Aus Gründen des Gleichgewichts müssen sich Strömungen und Gegenströmungen die Waage halten. Im Norden wird der Südäquatorialstrom vom west-östlich verlaufenden **Nordäquatorial-Gegenstrom** tangiert. Dieser trägt 25-28 °C warmes Wasser aus dem Westpazifik in Richtung Mittelamerika. Vor dem Kontinent spaltet sich der Strom in 2 Arme.

Der nördliche Arm folgt der mexikanischen Küste, der nach Süden abgelenkte Teil trägt sein Wasser als **Panama-Strom** in die Panama-Bucht, nach deren Durchlaufen er weiter südlich vom Südäquatorialstrom »verschluckt« wird.
Eine andere Ausgleichsströmung ist der erst 1952 entdeckte **Äquatoriale Tiefenstrom** (auch **Cromwell-Strom** genannt). Er fließt in wenigen hundert Metern Tiefe am Äquator nach Osten. Obwohl begrenzt in seiner Ausdehnung, ist der Cromwell-Strom von großer Bedeutung für das Meeresgebiet um Galápagos. Seine kalten mineralienreichen Wassermassen werden beim Auftreffen auf die Galápagos-Plattform in die Höhe gezwungen und beeinflussen so vor allem den Westen des Archipels. Die Meerestemperaturen liegen hier oftmals bei nur 17–18 °C! Das kalte Wasser und das hohe Nahrungsangebot fördern üppiges Leben, locken Wale und Delphine vor die Küsten der Inseln Fernandina und Isabela und sichern den Fortbestand der Galápagos-Pinguine (s. S. 64) und Flugunfähigen Kormorane (s. S. 60).

Jahreszeiten und Regen

1. Trockenzeit: Der Südäquatorialstrom ist die bestimmende Strömung des Ostpazifiks während der Periode kräftiger Südostpassatwinde in den Monaten Juni bis November. Das Meer ist zu dieser Zeit oft bewegt, und ein starkes Temperaturgefälle bildet sich beim Aufeinandertreffen des kühlen Wassers und der tropisch-warmen Luft.
Die unterschiedlichen Temperaturen führen schnell zum Aufbau einer stabilen Inversionsschicht in etwa 200 m Höhe, d. h. die dem Meer aufliegende abgekühlte Luftschicht wird von warmer Oberluft überlagert und jede Vertikalströmung zwischen den beiden Schichten ist unterbunden. Verdunstendes Meerwasser kondensiert zu einförmigen Schichtwolken an der Basis der Inversion, der Himmel wirkt oft bleiern, und an den Küsten bilden sich besonders am Morgen die sog. Garúa-Nebel, die meist im Laufe des Vormittags wieder von der Sonne aufgelöst werden. Sie bringen geringfügige Niederschläge in Form von leichtem Nieselregen (span. »Garúa«) und trugen dieser Zeit deshalb auch den Namen **Garúa-Zeit** ein. Darüber hinaus jedoch bleiben die niedrigen Inseln und küstennahen Zonen in diesen Monaten trocken.
Bei den höheren Inseln tauchen die Schichtwolken die Landschaft ab etwa 200 m Höhe in Feuchtigkeit. Starkes Nebelnässen und Kondensation des Wassers an der dichten, großblättrigen Vegetation schaffen regenwaldähnliche Klimabedingungen. Sogar kleine Tümpel entstehen durch ablaufendes Wasser. Typisches Garúa-Wetter ohne Sonne und mit dichtem Nebel kann tagelang anhalten. Besonders in den baumlosen Zonen der höchsten Inseln treibt dann ein kühler Wind Wellen von Nebel und Nieselregen über die Berge. Die Bezeichnung »trocken« gilt während dieser Jahreszeit also nur für die tieferen Lagen dieser Inseln.
Die Garúa-Zeit bedeutet keineswegs einen Stillstand des Lebens auf Galápagos, sondern eher eine Verlagerung der Hauptaktivität vom Hochland auf die Küste. In den Seevogelkolonien bestimmen hungrige Jungvögel den Rhythmus, Robben ziehen ihre Jungen groß, und Wale und Delphine jagen im nährstoffreichen, kühlen Wasser.

2. Regenzeit: Ab Dezember ändert sich die Wetterlage. Die Kraft des Südostpassats läßt spürbar nach, das Meer wird ruhiger. Der Südäquatorialstrom wird jetzt vom warmen, vom Norden her einfließenden Wasser des Panama-Stroms überlagert. Die kühle Luft über dem Meer erwärmt sich, die Inversionsschicht bricht zusammen, die Regenzeit beginnt. Feuchtigkeit kondensiert in Form von Kumuluswolken, aus denen heftige Schauer fallen. Ansonsten aber herrscht klarer, blauer Himmel bei angenehm warmen Temperaturen.
In der Regenzeit erhalten auch die unter 200 m Höhe liegenden Trockenzonen Wasser in Form kurzer, heftiger Niederschläge; die Pflanzen ergrünen, und viele Tiere wid-

Balsambäume in der Trockenzone der Insel Tower; während der Monate Juni bis November (Trockenzeit) erscheinen sie grau und leblos.

men sich der Fortpflanzung. Die Landvögel beginnen mit der Brut; Landleguane (s. S. 101) und Lavachsen (s. S. 139) durchlaufen den Zyklus vom Revieraufbau bis zur Eiablage. Ihre frisch geschlüpften Jungen finden jetzt reichlich Nahrung in Form von Trieben und Blättern.

Die Schilderung beschreibt den Normalverlauf der Jahreszeiten auf Galápagos. Die jährlichen Niederschlagsmengen variieren jedoch stark, wobei sich trockenere und feuchte Jahre ohne erkennbares Muster abwechseln. Am extremsten sind die Abweichungen während der »El Niño«-Jahre, wie z. B. 1982/83 und 1997/98.

Der El Niño von 1982/83 und seine Auswirkungen

Als »**El Niño**« bezeichnet man ein unregelmäßig vorkommendes Wetterphänomen im Ostpazifik, das durch Einströmen von besonders viel warmem Wasser in das Gebiet vor Panama ausgelöst wird. Normalerweise um die Weihnachtszeit auftretend (span. »el niño« = das Christkind), entstehen Niños durch Umkehrung der Luftdruckverhältnisse im gesamten pazifischen Raum. Westwinde übernehmen die Stelle der normalerweise vorherrschenden Südostpassate und treiben die über längere Zeit im Westpazifik »aufgestauten« warmen Wassermassen auf Südamerikas Küsten zurück. Das warme, nährstoffarme Wasser überzieht den Ozean wie eine Decke und verhindert das »Upwelling« (s. S. 18) an den Küsten. Phosphate, Nitrate und andere Mineralien bleiben so für Monate außer Reichweite der Meeresorganismen und bewirken den Zusammenbruch der gewohnten Nahrungskette. Das Ergebnis ist ein Massensterben der betroffenen Lebewesen (z. B. der Seevögel an der südamerikanischen Küste), die Flucht der größeren Meerestiere vor dem warmen Wasser bzw. das Auftauchen ungewohnter westpazifischer Arten im Gebiet. Der ökonomische Schaden geht in die Milliarden: Fischerei-Erträge sinken auf Null, die Küstengebiete ertrinken im Regen, Straßen und Häuser werden weggeschwemmt.

Vom gleichen Standort (s. links) bietet sich zu Beginn der Regenzeit im Januar ein völlig anderes Bild: Die Balsambäume kleiden sich in ein lebhaftes Grün.

Der El Niño von 1982/83 brach alle Rekorde. Seine Auswirkungen wurden genau untersucht und blieben nicht auf den Ostpazifikraum beschränkt. Mit ihm assoziiert waren Dürren in Australien und Afrika, Wirbelstürme in Französisch-Polynesien sowie Regen und Überschwemmungen sogar in Europa (Mai 1983).

Um Galápagos lag die Meerestemperatur 8 Monate lang (von Dezember 1982 bis Juli 1983) bis über 5 °C über den Normalwerten (s. Grafik S. 22). In der gleichen Zeit wurden die Inseln von sintflutartigem Regen überschwemmt, der oftmals in Form von schweren Gewittern niederging; so fielen z. B. 3225 mm Regen auf die Küstengebiete von Santa Cruz, in denen die normale Niederschlagsmenge um 460 mm/Jahr liegt! Isabela verzeichnete sogar über 5200 mm Regen! Die sonst eher trockenen Inseln wurden damit zu grünen Juwelen; Krater wurden zu Wasserzisternen, Felswände zu Wasserfällen.

Der El Niño war für viele der meeresabhängigen Galápagos-Tiere eine Katastrophe. Über 90% der riffbildenden Steinkorallen starben ab und Strände waren mit Korallenblöcken bedeckt. Seevögel kamen nicht zur Brut bzw. gaben sie auf. Viele ihrer Nistgebiete waren überschwemmt, die wenigen geschlüpften Jungen wurden von Moskitoschwärmen geplagt und verhungerten ausnahmslos. Die Anzahl der besonders warmwasserempfindlichen Galápagos-Pinguine (s. S. 64) und Flugunfähigen Kormorane (s. S. 60) wurde mehr als halbiert. Ebenso starben, ihrer Nahrung beraubt, ganze jüngere Jahrgänge der Galápagos-Seebären (s. S. 79) und -Seelöwen (s. S. 110). Viele Küsten waren von toten oder sterbenden Meerechsen (s. S. 58) bedeckt; in manchen Gebieten lag ihre Mortalitätsrate bei 70%. Die Hauptnahrungspflanzen dieser Tiere, bestimmte kaltwasseradaptierte Grün- und Rotalgen, verschwanden und wurden durch andere, für sie schlecht verdauliche Arten ersetzt. Die Echsen verhungerten mit vollen Mägen.

Auf der anderen Seite brachte der El Niño für Landtiere einen ungewohnten Aktivitätsschub. Die konstanten Regenfälle lösten z. B.

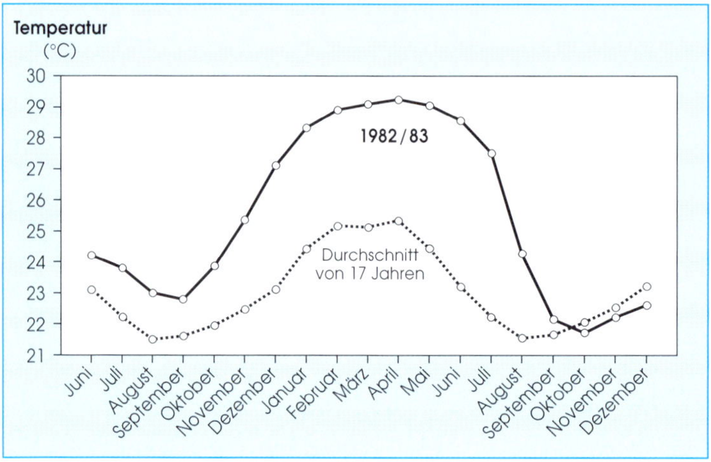

Oberflächentemperatur des Meeres in der Academy Bay/Santa Cruz: Monatsmittel während des 1982/83er El Niños (obere Linie); zum Vergleich ein Durchschnitt der Monatsmittel von 17 »normalen« Jahren (untere Linie).

ein wahres Brutfieber bei Landvögeln aus. So produzierte ein Brutpaar des Großen Kaktusfinken (s. S. 44) auf Tower in 8 Monaten 7 Gelege mit insgesamt 29 Eiern, aus denen 20 Junge schlüpften! Bei den Galápagos-Riesenschildkröten (s. S. 92) und Landleguanen (s. S. 101) sicherte die dichte, ständig saftige Vegetation der Trockenzone einen reich gedeckten Tisch.

Das Ende des El Niño im August 1983 kehrte das Bild um: Während das Meer zur Normalität zurückfand und die Erholung seiner Pflanzen- und Tierbestände in vollem Gange war, litten die Landbewohner unter dem ausbleibenden Regen. Die folgende Dürre reduzierte die stark überhöhten Populationen auf das Normalmaß und führte schließlich im Februar 1985 zu den monatelangen Buschbränden auf Isabela, die Galápagos in die Schlagzeilen der Weltpresse brachten.

Blaufußtölpel auf der Insel Española. Trotz Überflutung seines Brutplatzes nach heftigen El-Niño-Regen verharrt der Vogel auf dem Gelege; der Bruterfolg ist jedoch längst zunichte gemacht.

Pflanzen- und Tierwelt

Vegetationszonen

»Sobald ich an Land war, widmete ich mich dem Botanisieren und sammelte 10 verschiedene Blütenpflanzen, aber mit so häßlichen und unscheinbaren kleinen Blüten, daß man den Eindruck hatte in einem arktischen statt einem tropischen Land zu sein« (Charles Darwin 1835; s. S. 123).
Verwöhnt von der Blütenpracht des südamerikanischen Kontinents, teilen die meisten der heutigen Galápagos-Besucher diese Ansicht Darwins. Unter dem Einfluß der Trockenheit erscheint die Flora der niedrigen Inselzonen tatsächlich zunächst uninteressant, und der Blick richtet sich unwillkürlich auf die Tiere. So ist es nicht verwunderlich, daß die Pflanzenforschung stiefmütterlich behandelt wurde, und das botanische Wissen bis heute dürftig blieb.
1835 fand Darwin 225 Pflanzenarten auf Galápagos; die Botaniker Wiggins und Porter verzeichneten im Jahre 1971 rund 700 Arten, und heute liegt die Zahl sicher noch weit höher. Da nach Schätzungen der Charles-Darwin-Forschungsstation allein in den letzten Jahren monatlich etwa 5 neue, absichtlich oder versehentlich eingeführte Pflanzenarten hinzukamen, sind genaue Angaben kaum zu erhalten.
Abgesehen von diesem ständig anwachsenden Strom eingeschleppter Pflanzen ist die ursprüngliche Galápagos-Flora mit etwa 550 »selbständig« eingewanderten Arten außerordentlich arm und hält keinem Vergleich mit kontinentalen Gebieten stand (Ecuador allein hat über 20 000 Pflanzenarten!). Es ist dies ein eindrucksvoller Beleg

Allen höheren Inseln ist der sog. Regenschatteneffekt gemeinsam. Entsprechend der Hauptwindrichtung fällt die Masse des Niederschlags auf der Südostseite. Geringerer Niederschlag auf der Leeseite führt zur Ausdehnung der Trockenzone und damit zur Verschiebung aller anderen Vegetationszonen nach oben.

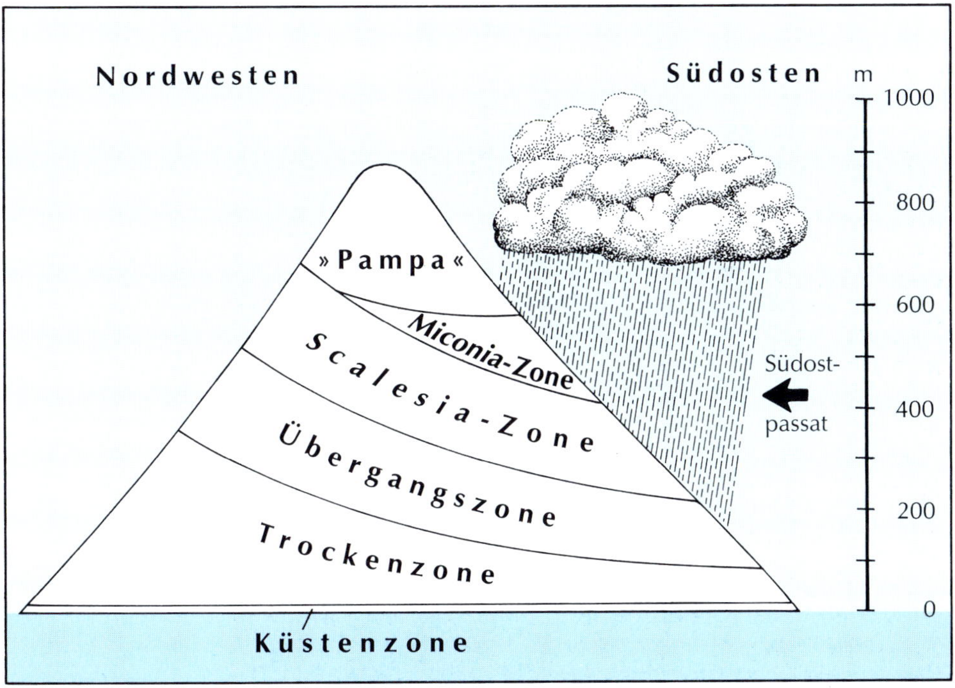

Übergangszone auf der Insel Pinta; die »Flechtenbärte« der Bäume zeigen höhere Luftfeuchtigkeit an.

für die Schwierigkeiten, mit denen die Pflanzen bei der Besiedlung aus eigener Kraft konfrontiert wurden (s. S. 39 ff.).
Bei genauer Betrachtung findet man aber auch an den »häßlichen und unscheinbaren kleinen Blüten« des Archipels Faszinierendes. Z. B. sind etwa 230 (= 42%) der nicht vom Menschen eingeführten Pflanzenarten endemisch, d. h. sie kommen nur auf den Galápagos-Inseln vor. Manche können sich in ihrer Artbildung durch adaptive Radiation durchaus mit den Galápagos-Tieren messen (s. S. 98). Zudem gibt es nicht nur »Wüstenvegetation« auf Galápagos. Der mit der Höhe zunehmende Niederschlag förderte auf den größeren Inseln die Ausbildung einer äußerst feinen Vegetationszonierung. Auf wenigen hundert Metern Höhendifferenz kann man das ganze Spektrum der Inselflora bewundern: von den extremen Trockenspezialisten der Küste bis zu den Regenwaldbewohnern des Hochlandes (S. 145).
Jede Vegetationszone hat ihre eigenen strukturellen Merkmale und charakteristischen Pflanzengesellschaften, die in Artenzusammensetzung und Dichte von Insel zu Insel variieren. Am einprägsamsten und am leichtesten zu durchwandern sind die Vegetationszonen auf der Insel Santa Cruz, (s. Grafik S. 23) die deshalb im folgenden als Beispiel besprochen werden.

Küstenzone (0–10 m)

Meeresküsten sind Extremstandorte. Sie verlangen von ihren pflanzlichen Besiedlern vor allem Resistenz gegen Salz und Wind. Typisch für Küstenvegetation sind somit Halophyten (»Salzpflanzen«), die in Form von niedrigen Büschen und Bäumen oder an den Boden geschmiegt diesen unwirtlichen Lebensbedingungen trotzen. Da auf den Galápagos-Inseln Felsküsten vorherrschen, ist die Ansiedlung von Strandpflanzen auf die wenigen verstreuten Buchten begrenzt, in denen angeschwemmter Sand oder Schlick das Wachstum erlauben.
Zu den bekanntesten Küstenpflanzen gehören die auch in Galápagos vorkommenden Mangroven (s. S. 72). Andere, oberhalb der Flutlinie wachsende Sträucher sind der weitverbreitete Salzbusch (S. 128) sowie *Maytenus octogona* (S. 85) und *Scaevola plumieri*

Gewitterstimmung über den *Scalesia*-Wäldern der Insel Santa Cruz zur Regenzeit.

(S. 130). Sanddünen sind oft mit einem Netzwerk der Strandwinde (S. 95) überzogen, während Sesuvien (s. S. 101) auch auf Lavagestein wachsen. Im Strandbereich ist manchmal auch der Mancinellenbaum (S. 70) zu finden. Sein Milchsaft wie seine apfelähnlichen Früchte sind giftig.

Trockenzone (10–100 m)

Zur Trockenzone gehört der weitaus größte Teil der Landfläche des Archipels. Da sich die meisten Besucher während einer Galápagos-Kreuzfahrt hauptsächlich hier aufhalten, prägt die Vegetation dieser Zone (S. 95) das allgemeine Vorstellungsbild der Inseln.
Die den Pflanzenwuchs limitierenden Faktoren sind Boden- und Wasserknappheit. Eine Humusschicht ist nicht vorhanden, und das nur in der Regenzeit reichlich fließende Wasser versickert schnell im porösen Lavagestein. Nur geringe Mengen des sehr langsam verwitternden, oft ziegelroten Bodens füllen die Räume zwischen den Lavablöcken.
Die Vegetation der Trockenzone ist xerophytisch, d. h. angepaßt an das Überleben langer wasserloser Notzeiten. Sie erscheint während der regenlosen Zeit grau und tot. Besonders geisterhaft wirken dann die durch Flechtenbewuchs silberweiß glänzenden, blattlosen Balsambäume (s. S. 105) vor dem Hintergrund der schwarzen Lava. Andere, für die Trockenzone typische Baumarten sind *Croton scouleri* (S. 128), ein schlankwüchsiger endemischer Baum mit ebenfalls weiß-

Die Blätter der *Miconia robinsoniana* verfärben sich zu Beginn der Garúa-Zeit dunkelrot.

grauer Rinde ähnlich der der Balsambäume, Akazien (S. 145), der den Akazien in der Blattform ähnliche Mezquite-Strauch und die wegen ihrer grünen stachligen Rinde auch »Palo Verde« genannten Parkinsonien (S. 108).
Mehrere Arten bilden die teils sehr dichte Strauchschicht. So die kleinblättrige endemische *Castela galapageia* (S. 75) und die mit langen grünen Stacheln versehene *Scutia pauciflora* (S. 81). Beliebt auch in Gärten sind die Gelbe Cordie (S. 128), ein Busch aus der Familie der Rauhblattgewächse, sowie die Galápagos-Baumwolle, die zweifellos eine der auffallendsten Blüten der Inseln zu bieten hat (S. 64). Wenn sich mit dem einsetzenden Regen Boden und Lavafelsen begrünen, erscheinen auch die prächtigen hellen Blüten der endemischen Galápagos-Passionsblume (S. 27).
Daneben bestimmen Kakteen das Pflanzenkleid der Trockenzone. Verschiedene Arten von Baumopuntien (s. S. 127) sowie Galápagos-Säulenkakteen (S. 133) mischen sich unter die Trockensträucher; der Lavakaktus besiedelt als Pionierpflanze die frischen Lavafelder (S. 60).

Übergangszone (100–200 m)
Mit zunehmendem Niederschlag verbessern sich die Boden- und damit die Wachstumsbedingungen. Ab etwa 100 m Höhe existiert eine Mischzone, in der die Trockenpflanzen allmählich durch immergrüne Arten der höheren feuchten Gebiete ersetzt werden. Mit Epiphyten beladene Bäume überragen eine dichte Strauchschicht, aus der sich Kletterpflanzen emporranken. Der Boden ist von Gräsern bedeckt, und an schattigen feuchten Stellen gedeihen Farne.
Die dominanten Bäume der Übergangszone (S. 24) sind Korallenbäume der Art *Erythrina velutina*, die Galápagos-Guaven mit rotbraunem Stamm und kleinen eßbaren Früchten und *Piscidia carthagensis*, ein als »Matazarno« bekannter Baum, der das beste Bauholz auf den bewohnten Inseln liefert. Vor allem die Galápagos-Guaven sind oft schwer mit dunkelbraunen Lebermoosen (*Frullania*) oder den im Winde schwingenden Bartflechten der Art *Ramalina usnea* besetzt.
Die Straucharten der Übergangszone bilden eine teils dichte Wand, bestehend vor allem aus weißblühenden, buschigen Schicksalsbäumen, der großblättrigen *Tournefortia fagara* und anderen *Tournefortia*-Arten (S. 66) sowie dem *Psychotria ruficeps*- oder »Cafetillo«-Strauch, dessen Blätter denjenigen des Kaffeestrauches ähneln.

Scalesia-Zone (200–400 m)
Im »Galápagos-Regenwald« der *Scalesia*-Zone (S. 25) ist man in einer anderen Welt. Hier fördern die häufigen Niederschläge und vor allem die hohe Luftfeuchtigkeit während der Garúa-Zeit (s. S. 19) ein außerordentlich üppiges, ganzjähriges Pflanzenwachstum. Der Boden ist tiefgründig verwittert und von verwesendem organischem Material schwarz gefärbt.
Die Leitpflanze dieser Zone ist *Scalesia pedunculata*, ein Vertreter der nur auf den Galápagos-Inseln vorkommenden Korbblütlergattung *Scalesia* (s. S. 98). Sie bildet Wälder aus geradstämmigen, 10–15 m hohen Bäumen, die ein schirmförmiges Blätterdach krönt.
Diese Sonnenblumenbäume überragen einen etwas offeneren Unterwuchs, der hauptsächlich aus den in der Übergangszone erwähnten Straucharten besteht. An manchen Stellen aber machen die dornenbesetzten Zweige eines anderen weitverbreiteten Busches, der Katzenkralle, ein Durchdringen unmöglich.
Die *Scalesia*-Zone ist das Reich der Epiphyten und Kletterpflanzen. Auf moosbehangenen Baumstämmen wachsen verschiedene Farne und Orchideen der Arten *Epidendrum spicatum* oder *Inopsis utricularioides* (S. 96). Astgabeln und Büsche sind der bevorzugte Standort der einzigen Bromelienart der Galápagos-Inseln, der endemischen Galápagos-Tillandsie (S. 146). Die ebenfalls endemische Galápagos-Mistel bevorzugt als Halbparasit die Katzenkralle als Wirt.

Miconia-Zone (400–550 m)

Bei etwa 400 m Höhe liegt die obere Wachstumsgrenze der Scalesien auf Santa Cruz. Weiter oben bedeckt 3–4 m hohes Gebüsch der Art *Miconia robinsoniana* (S. 25) die Hänge. Zweige und Stämmchen dieser endemischen Pflanze sind dicht von Lebermoosen eingehüllt und dem Boden liegt eine Schicht aus Farnen und Bärlappgewächsen (*Lycopodium*) auf.

Mittlerweile ist *Miconia robinsoniana* (wegen der Ähnlichkeit der Blätter mit denen des Kakaobaumes auch »Cacaotillo« genannt) eine botanische Rarität, denn nur auf Santa Cruz existieren noch nenneswerte Bestände. Die seit langer Zeit besiedelte Insel San Cristóbal besitzt nur noch verschwindend geringe Reste (s. S. 144) und auf den anderen hohen Inseln wurde *Miconia* nicht gefunden. Aber auch die Bestände auf Santa Cruz sind bedroht. Teils außerhalb des Nationalparks gelegen und durch Feuer immer wieder reduziert, wird das *Miconia*-Gebiet heute von eingeführten Guaven (S. 51) und Chinarindenbäumen (S. 52) überwuchert und oft von Viehherden zertrampelt.

Farn-, Gras- und Seggenzone (ab 550 m)

Die »Pampa« – wie diese Zone von den Einheimischen genannt wird – erstreckt sich bis zum Gipfel der Insel Santa Cruz (864 m). Außer einigen Exemplaren des eingeführten Chinarindenbaumes unterbricht hier kein Baum oder Busch den dichten Bodenbewuchs aus Gräsern, Bärlappgewächsen, Moosen und Farnen. Besonders der Adlerfarn überzieht große Teile der offenen Flächen, während der endemische Galápagos-Baumfarn (S. 143) windgeschützte Hänge, Schluchten und Krater bevorzugt.

Da Baumbewuchs fehlt, läuft das Wasser schnell ab und sammelt sich manchmal in kleinen, von Seggen und anderen feuchtigkeitsliebenden Pflanzen umgebenen Tüm-

Die endemische Galápagos-Passionsblume rankt sich über Felsen und Büsche der Trockenzone.

Die grasbewachsene »Pampa« um den Vulkan Sierra Negra/Isabela ist besonders ausgedehnt.

peln. Diese liegen versteckt in der Landschaft und bieten Lebensräume für einige auf den Galápagos-Inseln unerwartete Tiere wie Libellen, Wasserkäfer und Wasserwanzen. An geeigneten Stellen entstanden sogar kleine *Sphagnum*-Moore.
Viehhaltung und Abbrennen trugen möglicherweise zur Ausdehnung der »Pampa« auf den besiedelten Inseln bei. Auf den unbewohnten Vulkanen von Isabela und auf Santiago fehlt sie dagegen ganz.

Fauna

Bedingt durch die starke Auslese während der Besiedlung (s. S. 39 ff.) findet man – verglichen mit kontinentalen Gebieten – auch in der Tierwelt von Galápagos eine allgemeine Artenarmut sowie eine ausgesprochen unausgewogene Verteilung der vorhandenen Arten auf die einzelnen Tiergruppen: Während Reptilien und Vögel stark dominieren, sind z. B. Säugetiere nur schwach und Amphibien überhaupt nicht vertreten. Dieses auf vielen Inseln zu beobachtende Phänomen wird auch als »Faunen-Disharmonie« bezeichnet.

Säugetiere

Abgesehen von den meeresabhängigen, amphibisch lebenden Galápagos-Seelöwen (s. S. 110) und -Seebären (s. S. 79) kamen ursprünglich 9 Arten von Säugetieren auf Galápagos vor – 4 davon überlebten bis heute. Noch vor 150 Jahren waren 6 Inseln von je einer Art der endemischen Galápagos-Reisratten (Gattungen *Oryzomys* und *Nesoryzomys*) bewohnt. Darwin (s. S. 123) schrieb 1835 nach seinem Besuch auf San Cristóbal: »Diese Maus oder Ratte ist hier häufig und ich konnte sie auf keiner anderen Insel des

Archipels feststellen. Sie bewohnt die Büsche, die vereinzelt auf der küstennahen Basaltlava dieses sterilen, wasserlosen Landes wachsen.« Heute kommen die Galápagos-Reisratten (s. auch S. 125) nur noch auf den Inseln Santa Fe und Fernandina vor. Die Populationen von Santiago, Santa Cruz, San Cristóbal und Baltra starben im Zuge der Besiedlung dieser Inseln aus. Wahrscheinlich waren hierfür die eingeführten Hausratten verantwortlich (s. S. 54). Nur aus Fossilfunden ist eine weitere endemische Art, die Riesenreisratte, von Isabela bekannt. Sie erreichte über 40 cm Körperlänge.

Die beiden auf Galápagos lebenden Fledermausarten gehören zu der in Südamerika weit verbreiteten Gattung *Lasiurus*. Ihre Lebensweise auf den Inseln wurde noch kaum untersucht. Einzelne Tiere flattern gelegentlich um die Straßenlaternen der Siedlungen, ansonsten sieht man sie äußert selten.

Vögel

Seevögel: »Galápagos ist ein Seevogelparadies.« Nach Menge und Artenzahl beurteilt, scheint dieser Eindruck vieler Besucher gerechtfertigt. Die Individuenzahl dürfte bei mehreren Hunderttausend liegen.

Die Lage der Inseln im Kreuzpunkt verschiedener Meeresströmungen (s. S. 17 ff.) hat zudem eine ganz außergewöhnliche Artenzusammensetzung entstehen lassen: An Kaltwasser angepaßte Pinguine existieren neben tropischen Arten wie Rotschnabel-Tropikvögeln oder Fregattvögeln! Die Nahrungsquellen reichen bei sorgfältiger Aufteilung für alle und werden auf die unterschiedlichste Art genutzt (s. S. 115).

Insgesamt brüten 19 Seevogelarten auf Galápagos. Endemisch sind 5, nämlich Galápagos-Pinguin (s. S. 64), Galápagos-Albatros (s. S. 140), Flugunfähiger Kormoran (s. S. 60), Gabelschwanzmöwe (s. S. 102) und Lavamöwe (s. S. 122). Die übrigen Arten gehören zu den Sturmvögeln (Hawaii-Sturmvogel) bzw. Sturmtauchern (Audubon-Sturmtaucher), Sturmschwalben (3 Arten; s. S. 121), Tropikvögeln (1 Art; s. S. 114), Pelikanen (1 Art; s. S. 88), Tölpeln (3 Arten; s. S. 107, 113, 117), Fregattvögeln (2 Arten; s. S. 118) und Seeschwalben (2 Arten; S. 65).

Weitverbreitet in der Küsten- bzw. Trockenzone von Galápagos ist der farbenprächtige Goldwaldsänger.

Wasser- und Watvögel: In dieser nichtsystematischen Rubrik werden verschiedene Vogelarten zusammengefaßt, die im Wasser ihre Nahrung suchen. Da im Inselinneren geeignete Lebensräume selten sind, beschränkt sich ihr Vorkommen hauptsächlich auf die Küsten, Lagunen und Mangrovengebiete.
Zu den auffälligsten Küstenvögeln gehören die Reiher, von denen 5 Arten auf Galápagos brüten. Eine der häufigsten ist der große Amerikanische Grau- oder Kanadareiher (S. 59). Von der Nähe des Menschen unbeeindruckt dringt er bis in die Siedlungen vor. Silberreiher (S. 146) dagegen sind wesentlich scheuer und auch seltener. Sie bevorzugen ruhige, abgeschiedene Lagunen.

Die einzige endemische Reiherart ist der kleine, dunkle Lavareiher (S. 70), ein Bewohner der Felsküsten, aber auch der Mangrovengebiete. Von manchen Biologen wird er allerdings nicht als eigene Art, sondern nur als Unterart des weltweit verbreiteten Mangrovenreihers angesehen. Er teilt sich den Küstenstreifen mit dem Cayenne-Nacht- oder Krabbenreiher (S. 119), dessen nächtliche Aktivität eine Konkurrenz der beiden Arten ausschließt.
Seit kurzem gehören auch Kuhreiher zu den Galápagos-Brutvögeln. Sie wurden 1964 zum ersten Mal beobachtet, und seit 1986 existieren Brutkolonien im Süden Isabelas.
Weitere typische Küstenvögel sind Braunmantel-Austernfischer (S. 61) und etwa

Verbreitung der 13 Arten von Darwinfinken auf den größeren Galápagos-Inseln

Art		Inseln															
		Isabela	Santa Cruz	Fernandina	Santiago	San Cristóbal	Floreana	Marchena	Española	Pinta	Santa Fe	Pinzón	Tower	Rábida	Seymour	Wolf	Darwin
Geospiza																	
fuliginosa	Kleiner Grundfink	x	x	x	x	x	x	x	x	x	x	x	–	x	x	x	–
fortis	Mittlerer Grundfink	x	x	x	x	x	x	x	–	x	x	x	–	x	x	–	–
magnirostris	Großer Grundfink	x	x	x	x	–	x	x	–	x	x	x	x	x	x	x	x
difficilis	Spitzschnabel-Grundfink	–	x	x	x	–	–	–	–	x	–	–	x	–	–	x	x
scandens	Kaktusfink (Kaktus-Grundfink)	x	x	–	x	x	x	x	–	x	x	x	–	x	x	–	–
conirostris	Großer Kaktusfink (Opuntien-Grundfink)	–	–	–	–	–	–	–	x	–	–	–	x	–	–	–	x
Camarhynchus																	
parvulus	Kleiner Baumfink	x	x	x	x	x	x	–	–	x	x	x	–	x	x	x	–
pauper	Mittlerer Baumfink	–	–	–	–	–	x	–	–	–	–	–	–	–	–	–	–
psittacula	Großer Baumfink	x	x	x	x	–	x	x	–	x	x	x	–	x	x	–	–
Cactospiza																	
pallida	Spechtfink	x	x	–	x	x	–	–	–	–	–	x	–	x	x	–	–
heliobates	Mangrovenfink (Mangroven-Darwinfink)	x	–	x	–	–	–	–	–	–	–	–	–	–	–	–	–
Platyspiza																	
crassirostris	Vegetarierfink (Dickschnabel-Darwinfink)	x	x	x	x	x	x	x	–	x	–	x	–	x	–	–	–
Certhidea																	
olivacea	Waldsängerfink (Laubsängerfink)	x	x	x	x	x	x	x	x	x	x	x	x	x	x	x	x
Gesamtartenzahl/Insel		10	10	9	10	7	9	7	3	9	7	9	4	9	8	5	4

50 Arten Zugvögel der Nordhalbkugel, die Galápagos als Winterquartier aufsuchen. Die häufigsten unter ihnen sind Amerikanischer Sandregenpfeifer, Wanderwasserläufer (S. 59), Steinwälzer, Sanderling, Odinshühnchen und Regenbrachvogel (S. 145).
Ruhige Lagunen sind der Lebensraum der Flamingos (s. S. 130). Ihr Bestand ist klein, aber stabil und liegt bei etwa 400 Individuen. Oft profitieren Bahama-Enten (S. 134) und Stelzenläufer von den Kleinorganismen, die die Flamingos bei ihrer Nahrungssuche aufwirbeln.

Landvögel: Im Gegensatz zu den zahlreichen See- und Küstenvögeln steht die eher unauffällige Gruppe der Landvögel. Das Vorkommen von nur 26 Arten zeigt deutlich, wie wenige Individuen den unfreiwilligen Weg übers Meer bzw. die Anpassung an ihre neue Heimat überstehen konnten (s. S. 39 ff.). Da sich die erfolgreichen Überlebenden in der Isolation oft zu neuen Formen entwickelten (s. S. 42 ff.), liegt der Anteil endemischer Arten bei den Landvögeln sehr hoch.
Die Greifvögel und Eulen sind mit nur 3 Arten auf den Inseln vertreten: Dem endemischen Galápagos-Bussard (s. S. 76), der Sumpfohreule (S. 66) und der Schleiereule.
Auch Tauben und Schwalben sind auf Galápagos leicht zu bestimmen. Es gibt von beiden nur je eine Art! Die Galápagos-Taube (s. S. 125) lebt in der Trockenzone, die Schwarz- oder Gabelschwalbe nistet in Klippen und Felshängen.
Von der zahlenmäßig starken Familie der Amerikanischen Fliegenschnäpper (Tyrannidae) kommen 2 Arten vor: der Rubintyrann (s. S. 91), dessen leuchtend rotes Männchen zweifellos das Juwel unter den sonst eher grau-, braun- und schwarzgetönten Landvögeln ist, und sein Verwandter, der endemische Galápagos-Fliegenschnäpper oder Galápagos-Tyrann (S. 96).
Ebenfalls auffallend gefärbt ist der Goldwaldsänger (S. 29) aus der Familie der amerikanischen Waldsänger (Parulidae). In leuchtendem Gelb huscht er beim Insektenjagen über die Lava oder durch das Gebüsch. Seine Stimme klingt wohltönend und melodiös.
Die endemischen Darwinfinken, die als klassisches Beispiel Darwinscher Evolution Berühmtheit erlangten (s. auch S. 44/45), besiedeln mit ihren 13 Arten alle Inseln (s. nebenstehende Tabelle) und Lebensräume des Archipels. Die sperlingsgroßen Vögel sind die unauffälligsten, wenn auch zahlenmäßig am stärksten vertretenen Landvögel von Galápagos, und »nur ein Weiser oder ein Narr denkt, daß er alle Finken, die er sieht, sofort identifizieren kann« (M. Harris, 1974). Zur Brutzeit bauen sie kugelförmige Nester mit seitlichem Eingang aus Gräsern, Flechten und Zweigen in Büschen und Bäumen.
Nach den Darwinfinken sind die Galápagos-Spottdrosseln (s. auch S. 139) die wohl am häufigsten anzutreffenden Landvögel. Mit Ausnahme von Pinzón und Floreana bewohnen sie die Trockenzonen aller Inseln des Archipels. Die Meinungen über ihre systematische Einstufung sind geteilt: Aufgrund von inselspezifischen Unterschieden in Färbung und Schnabelform vertreten einige Systematiker 4 eigenständige Arten, während andere darin allenfalls Unterarten einer einzigen Spezies sehen.
Weitere, seltener anzutreffende Land- bzw. Süßwasservögel sind die in dichter Hochlandvegetation eher zu hörenden als zu sehenden Galápagos-Rallen sowie das Teichhuhn, das sich an den wenigen Wasserstellen aufhält. Im undurchdringlichen Gebüsch versteckt sich auch der etwa hähergroße, gräulich gefärbte Regenkuckuck, eine der scheuesten Vogelarten der Inseln.

Reptilien

Die auffallendsten Landtiere der Inseln sind zweifellos die Reptilien. Bis auf eine Geckoart sind alle 21 Arten endemisch. Riesenschildkröten und Echsen werden gedanklich stets mit Galápagos verbunden und dienten dem Menschen sowohl als Objekte der Ausbeutung (s. S. 132) als auch der Bewunderung. Durch ihre Urtümlichkeit fühlt sich der Betrachter zurückversetzt in das längst ver-

Kopulation der Giganten: Galápagos-Riesenschildkröten des Vulkans Alcedo/Isabela sorgen für Nachwuchs ...

gangene Zeitalter der Dinosaurier. Tatsächlich aber hatte die Evolution (s. S. 42 ff.) nur relativ kurze Zeit zur Verfügung, all die faszinierenden Arten auf den geologisch jungen Inseln zu schaffen.

Schildkröten: Alle Galápagos-Riesenschildkröten (s. auch S. 92) gehören der einen Art *Geochelone elephantopus* an, haben sich aber in 14 Unterarten aufgesplittert. 9 Unterarten besiedelten ursprünglich 9 verschiedene Inseln, die restlichen 5 bilden isolierte Populationen auf den 5 Vulkanen Isabelas. Ursprünglich ging man sogar von 15 Unterarten von Galápagos-Riesenschildkröten aus. Heute wird der Insel Rábida jedoch keine eigene Unterart mehr zugestanden. Bei dem 1906 dort gefundenen einzigen Exemplar handelt es sich wahrscheinlich um einen Import von einer anderen Insel.
Den heutigen Status der Unterarten zeigt die untenstehende Tabelle. Aus ihr geht hervor, daß nur 9 fortpflanzungsfähige Populationen der Galápagos-Riesenschildkröten überlebten, von denen die meisten nur durch Zucht in Gefangenschaft gerettet werden konnten (s. S. 93).
Auch für Meeresschildkröten sind die Galápagos-Inseln wichtig. Während der warmen Regenzeit suchen Tausende von Grünen Meeresschildkröten (s. S. 133) die Strände zur Eiablage auf. Echte Karett- und Lederschildkröten werden gelegentlich beobachtet, nisten aber nicht auf dem Archipel.

Leguane: Meerechsen (s. auch S. 58) beleben weite Teile der schwarzen Lavaküsten. Wegen ihres für Reptilien einmaligen Nahrungserwerbes im Meer gehören diese »Ko-

Vorkommen und Status aller 14 Unterarten der Galápagos-Riesenschildkröten *(Geochelone elephantopus).*

Unterart	Insel bzw. Vulkan	Status
elephantopus	Floreana	ausgestorben Ende des 19. Jh.
ssp. Santa Fe	Santa Fe	ausgestorben; nur Knochenfunde
phantastica	Fernandina	ausgestorben?; ein Exemplar von 1906, Spuren 1964
abingdoni	Pinta	1 Überlebender (»Lonesome George«), heute auf der Charles-Darwin-Station
hoodensis	Española	Restgruppe von 2 Männchen und 12 Weibchen; heute auf der Charles-Darwin-Station
ephippium	Pinzón	wenige hundert Erwachsene; Ratten fraßen die Jungen bis 1988
chathamensis	San Cristóbal	jeweils wenige hundert Erwachsene; Nestlinge durch verwilderte Haustiere bedroht
darwini	Santiago	
vicina	Cerro Azul/Isabela	
güntheri	Sierra Negra/Isabela	
becki	Wolf/Isabela	gesunde Population
microphyes	Darwin/Isabela	gesunde Population
porteri	Santa Cruz	2000–3000
randenburghi	Alcedo/Isabela	4000–6000

Eine der Meerechsen der Insel Española; Charles Darwin bezeichnete sie als »Kobolde der Finsternis«.

bolde der Finsternis« (C. Darwin 1835; s. S. 123) zu den am meisten bewunderten Galápagos-Tieren. Die Meerechsen der verschiedenen Inseln variieren in Färbung und Größe. Manche Zoologen teilen sie deshalb in Inselrassen auf.

Eng verwandt mit den Meerechsen sind die Landleguane. Wahrscheinlich stammen beide von einem gemeinsamen Vorfahren ab und entwickelten unabhängig voneinander ihre unterschiedlichen Lebensweisen. Gegenwärtig werden 2 Arten von Landleguanen unterschieden: der Santa-Fe-Landleguan exklusiv auf Santa Fe (s. S. 125) und der »normale« Landleguan (s. S. 101) auf einigen anderen Inseln des Archipels. Die Ankunft des Menschen brachte auch für einige der Landleguanpopulationen das Aus (s. S. 54); gesunde Populationen sind deshalb heute nur noch auf Fernandina, Santa Fe und Plaza zu finden. Besonders letztere kleine Insel ist mit etwa 300 Tieren **der** Platz für ihre Beobachtung.

Die kleinsten Leguane auf Galápagos sind die Lavaechsen (s. S. 139). Flink und immer aktiv beleben sie mit 7 Arten die Trockenzone aller Inseln mit Ausnahme von Tower, Darwin und Wolf im Norden. Die einzelnen Inselpopulationen variieren stark in Größe und Färbung. Ebenso unterscheiden sich die Geschlechter: Männchen sind größer und farbiger, Weibchen sind an mehr oder weniger intensivem Rot im Kopfbereich bei sonst einheitlich braunem Körper zu erkennen.

<u>Geckos:</u> Das Terrain der Lavaechsen wird nachts von Geckos übernommen. Diese gerngesehenen Insektenvertilger kommen mit 6 Arten auf Galápagos vor, wovon eine – und damit die einzige nicht endemische Reptilienart – auch auf dem Kontinent bekannt ist. In den letzten Jahren wurden allerdings

3 zusätzliche Geckoarten vermutlich mit Frachtgut nach Galápagos eingeschleppt.

Schlangen: Galápagos-Schlangen (S. 107) gehören zu den weniger häufig gesehenen Inselreptilien. Die 3 bis zu 1 m langen, dunkel gefärbten Arten der Gattungen *Alsophis* (2) und *Philodryas* (1) leben versteckt in Lavaspalten oder im Gebüsch. Sie sind für den Menschen ungefährlich.

Wirbellose

Im Vergleich zu Vögeln oder Reptilien fanden Wirbellose bisher nur wenig Beachtung auf Galápagos. Das Wissen über Insekten, Schnecken und andere Kleintiere ist noch lückenhaft, und die Artenlisten sind weit von der Vollständigkeit entfernt. Im Folgenden werden deshalb nur einige der häufiger zu sehenden Gruppen genannt.
Die Landschnecken der Gattung *Bulimulus* (S. 46) stellen ein weiteres Beispiel adaptiver Radiation dar. Mit etwa 60 endemischen Arten kommen sie in allen Vegetationszonen vor.
Nur etwa 1000 Arten fand man bislang bei den Insekten, was schon Charles Darwin trocken kommentierte: »...außer Feuerland sah ich nirgendwo ein (insekten)ärmeres Land.« Dabei dominieren meist unauffällige, an die Trockenheit angepaßte Formen mit oft nächtlicher Lebensweise. Wasserabhängige Arten fehlen weitgehend; andere Arten treten nur in der Regenzeit in Erscheinung, wenn frische Pflanzen und Blüten ihre Nahrungsgrundlage sichern; so z. B. die meisten Schmetterlinge (S. 145), Schwärmer und Heuschrecken (S. 128). Hautnah zu spüren sind dann auch Moskitos, deren Brutgebiete hauptsächlich in den Mangrovenzonen liegen. Ungefähr 200 Käferarten kennt man, 20 Ameisenarten, aber nur eine Biene – die endemische Galápagos-Holzbiene.
Weitere wirbellose Tiere sind die tagsüber unter Steinen versteckten Skorpione mit 2 Arten, der bis 30 cm lang werdende, giftige Galápagos-Hundertfüßer und über 50 Spinnenarten.

Das Meer

1923 schrieb der amerikanische Naturforscher William Beebe: »Das Leben im Meer um Galápagos kontrastiert so stark mit dem Leben an Land wie der tropische Dschungel mit der arktischen Region. Die Landlebewesen sind wenig zahlreich und düster gefärbt, die Meeresorganismen aber bilden eine ungeheuere Fülle und viele können mit den buntesten Schmetterlingen und Vögeln konkurrieren.«
Beebes Feststellung kann heute jeder Taucher oder Schnorchler bestätigen. Die Meeresströmungen, die im Gebiet der Galápagos-Inseln zusammenlaufen (s. S. 17), trugen ein Kaleidoskop von Arten aus den verschiedensten Gewässern zusammen: Tropische

Eine der 50 Spinnenarten der Galápagos-Inseln ist die netzbauende *Argiope argentata*.

und subtropische Arten kamen aus Zentralamerika, dem nördlichen Südamerika und (zu einem geringeren Teil) vom Westpazifik, die an kühlere Bedingungen angepaßten Arten stammen von den Küsten Perus und Chiles. Innerhalb des Archipels fanden alle ihren Lebensraum: die tropischen Arten im Norden, die Kaltwasserbewohner vorwiegend im Westen und Süden. Das Ergebnis dieser geordneten Einnischung ist ein »Schmelztiegel« mariner Lebewesen mit hohem Endemismus (etwa 25%) oder, wie Meeresbiologen es nennen, eine eigene Galápagos-»Provinz«.
5 Lebensgemeinschaften können unterschieden werden: die der Felsküsten, der Sandstrände, der Mangrovenwälder, der Korallenriffe und des offenen Meeres.

Felsküsten
Zerklüftetes Lavagestein bildet den weitaus größten Teil der Galápagos-Küsten. Ein reiches marines Leben ist mit ihm verbunden, denn Löcher und Höhlen geben einer Vielzahl von Lebewesen Unterschlupf. Von der höchsten Flutlinie nimmt die Artenzahl in Richtung des tieferen Wassers stetig zu.
In der **Spritzwasserzone** (Supralitoral) – dem Übergang vom Land zum Meer – existieren nur wenige Spezialisten. Das Überleben auf dem heißen Gestein bei hohen Lufttemperaturen und nur gelegentlicher Wasserbenetzung erfordert besondere Anpassungen. Strandschnecken z. B. können in ihrem stabilen Gehäuse, das bei Bedarf durch eine erhärtende Schleimschicht ganz verschlossen werden kann, Temperaturen von mehr als 40 °C überstehen. In Galápagos sind sie mit der etwa 5 mm großen Art *Littorina modesta* und der doppelt so großen *Nodolittorina galapagiensis* vertreten.
Sehr viel mehr Arten kommen in der **Gezeitenzone** (Litoral) vor. Aber immer noch wirkt der Wechsel zwischen Überflutung und Sonneneinstrahlung stark selektiv und führt zu einer oft auffälligen vertikalen Zonierung der Arten, die eine Folge der unterschiedlichen Toleranz gegenüber der Dauer der Trockenlegung ist. Die auffallendsten Tiere sind hier die Roten Klippenkrabben (s. S. 80), die in der schwarzen »Eintönigkeit« für Farbtupfer sorgen. Besonders bei Ebbe treten auch andere Organismen in Erscheinung. Seepocken der Gattungen *Tetraclite* und *Balanus* formen manchmal regelrechte weißgelbe Bänder an Felsen; die an ihren stumpfen, dicken Stacheln kenntlichen Bleistiftseeigel (S. 141) oder die endemischen Grünen Seeigel besetzen Löcher und Höhlungen. In Gesteinsspalten drängen sich bisweilen Seeanemonen der Art *Anthopleura dovii* und an Steilwänden kleben bunte Schwämme, Steinkorallen, Kalkalgen, Röhrenwürmer und Manteltiere. Die kurze Zeit der Ebbe bietet auch Landtieren einen gedeckten Tisch: Meerechsen (s. S. 58) »weiden« dann auf den grünen Rasen aus Meersalat, und Lavareiher (S. 70) interessieren sich für Krabben und kleine in Fluttümpeln gefangene Fische.
Die größte Lebensvielfalt aber findet man **unterhalb der Gezeitenzone** (Sublitoral), wo dauernde Wasserbedeckung ein stabiles marines Milieu garantiert. Dies ist Beebes »tropischer Dschungel«, in dem vor allem die Fische auffallen. Charles Darwin sammelte 1835 15 Fischarten in Galápagos; heute sind über 300 Arten bekannt, darunter so farbenprächtige wie die Engelfische (S. 86) oder so elegante wie die Gaukler (S. 39). Mehr als 20% sind endemisch; einige werden als beliebte Speisefische gefangen, so z. B. die zu den Sägebarschen gehörenden »Bacalaos« und »Camotillos«. Häufig trifft man auf Haie, vor allem auf Galápagos-Haie, Weißspitzen-Hundshaie und Hammerhaie (*Sphyrna*). Höhlen und Löcher im Gestein werden von Langusten, Muränen und anderen versteckt lebenden Tieren bewohnt. Bärenkrebse sowie Rote und Blaue Langusten gehören zu den heute am stärksten ausgebeuteten Galápagos-Tieren. Seit den 60er Jahren kommerziell gefangen, sind die Bestände mittlerweile so stark reduziert, daß Minimalgrößen für den Fang vorgeschrieben und ab 1985 ein Fangverbot für die Monate Juni/Juli und Dezember/Januar eingeführt werden mußten.

Sandstrände

Von schneeweiß über rot bis pechschwarz präsentieren sich die Strände auf Galápagos, je nach Anteil organischen Materials (Bruchstücke von Korallen, Kalkalgen, Muscheln und Schnecken) oder erodierten vulkanischen Gesteins. Trotz der Schönheit und wechselvollen Farben sind aber Sandböden – verglichen mit der eindrucksvollen Lebensgemeinschaft der Felsküsten – arm an Arten. Fehlende Versteckmöglichkeiten und die ständige Veränderung durch Wellen und Strömungen beschränken die Bodenfauna auf sich eingrabende Schnecken, Würmer, Krebse und wenige Fische. Oberhalb der Wasserlinie beleben Geisterkrabben (s. S. 80) den Strand und stellen den Beobachter auf eine harte Geduldsprobe. Ein anderes Tier dieser Zone – fast schon ein Landtier – ist der Einsiedlerkrebs *Coenobita compressus.* Er verrät seine nächtlichen Ausflüge durch charakteristische »Panzerspuren« im Sand. Tagsüber versteckt er sich in sein Gehäuse zurückgezogen unter Büschen.

Im seichten Wasser flacher Strände halten sich gerne Stachelrochen (*Urotrygon*) auf. Die grau bis schwarz gefärbten Tiere suchen am Boden nach Nahrung und sind dabei oft mit Sand bedeckt. Sie sind scheu und fliehen bei Annäherung. Nur im Überraschungsfall wehren sie sich durch Ausschlagen mit dem stachelbewehrten Schwanz.

In den tieferen Zonen kann man manchmal die endemischen Galápagos-Meeraale entdecken. Diese seltsamen Tiere fangen ihre planktonische Nahrung halb herausschauend aus selbstgegrabenen Höhlen, in die sie sich bei Gefahr sofort zurückziehen.

Mangrovenwälder

Die Mangroven werden auf Seite 72 beschrieben. Neben ihrer Bedeutung als Kinderstube für größere Meerestiere sind sie auch für eine spezifische Fauna wirbelloser Tiere wichtig, die im Schlick zwischen den Wurzeln angesiedelt ist. Unter ihnen fällt besonders die endemische Galápagos-Winkerkrabbe (s. S. 80) auf.

Korallenriffe

Korallenriffe beherbergen die artenreichsten Lebensgemeinschaften des Meeres. In ihrer Komplexität entsprechen sie den tropischen Regenwäldern. Einem Vergleich mit den beeindruckenden Riffen des Westpazifiks oder des Indischen Ozeans können diejenigen des Ostpazifiks allerdings nicht standhalten. Damit riffbildende Korallen wachsen können, darf die Wassertemperatur nicht unter 20 °C fallen, eine Bedingung, die in den Gewässern um Galápagos nicht immer erfüllt ist. Ein Zerstörer der Korallenriffe auf Galápagos ist außerdem der Bleistiftseeigel (S. 141). Das im Ostpazifik weitverbreitete, sonst nicht von Korallen lebende Tier hat sich auf die Geweihkorallen (*Pocillopora*) spezialisiert, die es mitsamt den oberen Teilen ihrer Kalkskelette abraspelt. Bei entsprechender Häufigkeit können Bleistiftseeigel das Riffwachstum durchaus beeinträchtigen. Korallenriffe auf Galápagos sind somit in der Verbreitung und Mächtigkeit beschränkt. Einige größere, auch von Tauchern gern besuchte finden sich um die nördlichen Inseln Darwin und Wolf sowie um Bartolomé und um Floreana (dort besonders die Inselchen Enderby und Champion). Die Zerstörungen die der El Niño 1983 in den meisten Riffen anrichtete (s. S. 20) werden aber noch lange sichtbar sein.

Das offene Meer

Nicht nur die küstennahen Gebiete der Galápagos-Inseln faszinieren durch die Unterwasserwelt; auch das freie Meer bietet manche Überraschungen. Auf den oft langen Fahrten zwischen den Inseln kann man nicht selten Wale sehen. Meist handelt es sich um Pottwale oder die kleineren Schwertwale. Fast mit Sicherheit trifft man während einer Kreuzfahrt auf Delphine. Ihre Sprünge rufen Beifallsstürme hervor und niemand bleibt in der Kabine, wenn sich Gruppen von Großen Tümmlern (S. 39) vor dem Bug des fahrenden Schiffes versammeln, um mit ihm durch die Wellen zu gleiten.

Steinkorallen, Seeanemonen, Seepocken und andere Lebewesen prägen die bunte Unterwasserwelt.

Aber auch andere Meerestiere fesseln die Aufmerksamkeit, seien es Schwärme Fliegender Fische, ruhig dahinschwebende Grüne Meeresschildkröten (s. S. 133) oder Galápagos-Seelöwen (s. S. 110) auf Jagdausflügen. Ein unvergeßliches Erlebnis bleibt die Beobachtung eines Mantarochens. Dieser von Plankton lebende »Schatten des Meeres« erreicht bis zu 7 m Spannweite und über 2 t Gewicht.

Adlerrochen der Art *Aetobatus narinari* ernähren sich von Weichtieren und kleinen Krebsen am Meeresboden.

Schutzbemühungen

Meer und Land sind als Lebensraum für viele Galápagos-Tiere nicht zu trennen. Meerechsen, alle Seevögel, die Galápagos-Seelöwen und -Seebären (s. S. 79) sind für Fortpflanzung und Ernährung auf den intakten Zustand beider angewiesen. 1986 wurde deshalb die »**Galápagos Marine Resources Reserve**« per Dekret von der ecuadorianischen Regierung erklärt. Sie stellt die Wasserfläche zwischen den Inseln und eine umgebende 15-Meilen-Zone (zusammen 80 000 km^2) unter Schutz. Ebenso wie in den Landgebieten wird versucht, die verschiedenen Interessen (Artenschutz, Tourismus, Fischerei) durch eine spezielle Zonierung zu berücksichtigen.

»Barberfishes« leben in Putzsymbiose mit anderen Fischarten, von deren Hautparasiten sie sich ernähren.

Ankunft und Überleben der Pflanzen und Tiere

Als vor 3–4 Mio. Jahren die ersten Galápagos-Inseln aus dem Meer auftauchten, bestanden Sie aus lebensfeindlicher frischer Lava. Heute bewohnt eine Vielzahl faszinierender Pflanzen und Tiere den Archipel und gibt Anlaß zu einigen fundamentalen Fragen: Woher kamen sie? Auf welche Weise erreichten sie die Inseln und wie überlebten sie? Warum ist die Fauna und Flora von Galápagos so »disharmonisch«, d. h. warum fehlen einige Gruppen ganz (z. B. die Amphibien), während andere (z. B. die Reptilien oder die Korbblütler) sehr zahlreich und vielgestaltig vertreten sind?

Ursprung der Arten
Die Verwandtschaft der Pflanzen- und Tierwelt von Galápagos mit der des amerikanischen Kontinents ist unübersehbar. Bereits Charles Darwin (s. S. 123) schrieb 1835 in sein Tagebuch: »Der Archipel ... erscheint als Anhängsel von Amerika, von dem er einige verirrte Kolonisten empfing, die den Charakter seiner Lebewesen prägen.«

Verspielt und neugierig – Große Tümmler zeigen ihre Kunstsprünge gerne vor staunenden Touristen.

99% der auf Galápagos wachsenden nicht-endemischen Gefäßpflanzen kommen auch in Südamerika vor (1% in Mittelamerika) und 45% der endemischen Inselpflanzen haben dort ihre nächsten feststellbaren Verwandten. Ebenso sind viele der nicht-endemischen Vögel auf dem Kontinent weitverbreitet; so z. B. Goldwaldsänger, Rubintyrann (s. S. 91), Schleiereule, Sumpfohreule, Kanada- und Silberreiher. Die Verwandten der endemischen Leguanarten, Galápagos-Schlangen, -Reisratten (s. S. 125) und -Seebären (s. S. 79) leben ebenfalls in bzw. um Südamerika. Bei den marinen Lebewesen dominieren die aus dem zentralamerikanischen und peruanisch-chilenischen Bereich stammenden Arten deutlich über die vom Westpazifik her eingewanderten Vertreter.

Möglichkeiten und Bedingungen der Verbreitung

Um isolierte ozeanische Inseln zu erreichen, stehen einem »Reisekandidaten« 3 Transportmittel zur Verfügung: das Meer, die Luft und als Träger dienende Pflanzen oder Tiere. Über sie kann er das Ziel entweder aus eigener Kraft erreichen (aktiv) oder sich treiben und transportieren lassen (passiv). Ob ein Organismus die lange Reise überlebt, bestimmt dabei die artspezifische Widerstandskraft.
Obwohl Südostpassat und Südäquatorialstrom beim Transport vom Kontinent zu den Galápagos-Inseln behilflich sind, spielt auch der Zufall, die Stecknadel Insel im weiten Meer zu finden, eine entscheidende Rolle. Kein Landlebewesen wird sich freiwillig auf eine derartige Reise begeben, sondern wird eher durch äußere Umstände dazu gezwungen. Wieviele dabei im Laufe der Jahrmillionen zugrunde gingen, bleibt Spekulation.

Transport im Meer: Für Seelöwen und Seebären, Pinguine und Fische ist das Meer der gewohnte Lebensraum. Sie sind gute, ausdauernde Schwimmer, die selbständig Inseln erreichen können. Bodenbewohnende Meerestiere wie Schnecken, Krebse und Stachelhäuter können während ihres planktischen Larvenstadiums von Strömungen verdriftet werden.
Auch Pflanzen der Küstenzone sind für das Driften im Meer gut gerüstet. Ihre Samen sind salzwasserresistent und besitzen oft den Auftrieb fördernde Einrichtungen wie Luft- oder Öleinschlüsse, sperrige Anhängsel oder leichtes, korkartiges Gewebe. Da auf Stränden von Inseln gleicher Breitengrade ähnliche Lebensbedingungen herrschen, wird ihnen das Fußfassen erleichtert.

Transport in der Luft: Aktive Flieger erreichen Inseln aus eigener Kraft. Landvögel der Tropen sind zwar meist standorttreu bzw. entfernen sich nicht weit vom Land, werden aber hin und wieder von starken Winden aufs Meer getrieben. Dagegen ist unter den See- und Wasservögeln das Umherziehen weit verbreitet: So nomadisieren z. B. Albatrosse und Wellenläufer zwischen den Brutzeiten auf dem Meer; Seeschwalben, Strandläufer und Odinshühnchen legen mitunter Tausende von Kilometern zwischen Brut- und Überwinterungsgebiet zurück.
Leichte Pflanzensamen können vom Wind oder von Luftströmungen über lange Strekken verweht werden. Hierfür sind besonders die in großen Mengen produzierten, mikroskopisch kleinen Sporen der Farne, Moose und Pilze geeignet. Sie stellen zudem Kondensationskerne für die Luftfeuchtigkeit dar. Da sich Regen vorwiegend über Inseln bildet, besteht eine große Chance, im passenden Lebensraum zu landen.
Aber auch höhere Pflanzen bilden schwebfähige Fortpflanzungsorgane aus. Leerzellen zwischen der Hülle und dem Keimling machen z. B. Orchideensamen federleicht, »Fallschirme« tragen die Samen vieler Korbblütler. Letztere sind deshalb auch auf Galápagos stark vertreten.

Transport durch Träger: Für Landtiere ist Meerwasser feindliches Milieu, in dem die wenigsten länger überleben könnten. Immer wieder kann man aber besonders in den Tropen sog. natürliche Flöße beobachten, die als Bäume oder ganze Vegetationsinseln vom Ufer losgerissen und ins Meer geschwemmt werden. Von Strömungen weitertransportiert, können sie eines Tages an einer fernen Insel landen. Im Falle von Galápagos wurden aufgrund der Wind- und Strömungsverhältnisse etwa 2 Wochen für das Driften vom Kontinent zu den Inseln kalkuliert. Die Größe einer derartigen »Arche Noah« und der Zufall bestimmen dabei die Palette der mitreisenden Lebewesen, die von kleinsten Insekten und Schnecken bis zu größeren Säugetieren reichen kann. Insbesondere Reptilien haben wegen ihrer widerstandsfähigen Haut, ihrem geringen Wasserbedarf und ihrem Vermögen zu »fasten« gute Chancen, auch lange Driftstrecken auf dem Meer zu überstehen; Amphibien mit ihrer empfindlichen Haut hingegen überleben den Kontakt mit Salzwasser nicht.

Kleinere Organismen werden auch durch Vögel transportiert. Neben Insekten, Milben und anderen Körperparasiten der Vögel sind dies besonders Pflanzensamen. Schätzungen gehen davon aus, daß Vögel für etwa 60% der natürlichen Einfuhr der Pflanzen nach Galápagos verantwortlich sind. Hauptsächlich Zugvögel kommen in ständigen Kontakt mit verschiedenen Pflanzen ihrer Rastgebiete und können deren Samen effektiv verbreiten. Sperrige Samen verhaken sich im Gefieder, andere, vom Vogel gegessene passieren den Verdauungstrakt ohne die Keimfähigkeit zu verlieren, und schließlich können Samen in Erd- oder Schlammresten an den Füßen transportiert werden. Zum letzten Punkt führte Charles Darwin ein interessantes Experiment durch. Aus einem Erdballen vom Fuße eines Rebhuhns, das 3 Jahre lang in einer Museumsschublage lag, zog er 82 Pflanzenkeimlinge von 5 Arten!

Das Überleben nach der Ankunft

Hat ein Organismus eine ozeanische Insel erreicht, so ist sein Überleben noch keineswegs gesichert. In der neuen Umgebung werden seine Widerstandskraft und sofortige Anpassungsfähigkeit gefordert. Beste Chancen haben »Generalisten«, die unter den unterschiedlichsten Bedingungen überleben können und keine speziellen Ansprüche stellen.

Aus dem Pflanzenreich sind Moose, Pilze, Flechten und die an extreme Bedingungen angepaßten »Pionierpflanzen« die genügsamsten. Besonders am Anfang der Kolonisation sind sie von großer Bedeutung, da ihrer Tätigkeit die erste Bodenbildung zu verdanken ist.

Tiere haben den Vorteil der Mobilität, die es ihnen gestattet, sofort den – sofern vorhanden – passenden Lebensraum aufzusuchen. Wieder sind anfänglich wenig spezialisierte »Überlebenskünstler« im Vorteil. Zu ihnen zählen viele Wirbellose und Reptilien, die mit geringen Wasser- und Nahrungsmengen lange Zeit auskommen können.

Ein wichtiges Überlebenskriterium ist auch der richtige Zeitpunkt der Ankunft. Die meisten höheren Pflanzen können nur bei schon vorhandener Humusschicht wachsen, und die meisten Tiere brauchen eine Vegetationsschicht für Nahrung, Deckung und Fortpflanzung. Manche stellen dabei besondere Ansprüche wie z. B. nektarsaugende Insekten, die auf spezielle Wirtspflanzen angewiesen sind. Räuber wie der Galápagos-Bussard oder die Galápagos-Schlangen können nicht ohne Beutetiere existieren.

Kolonisieren von Inseln heißt aber nicht nur überleben, sondern auch eine Population aufbauen. Pro Tierart müssen daher mindestens ein schwangeres Weibchen bzw. ein Männchen und ein Weibchen zum gleichen Zeitpunkt auf eine Insel verschlagen werden. Bei Pflanzen sind außer bei den sich vegetativ fortpflanzenden oder selbstbefruchtenden Arten ebenfalls mindestens zwei Exemplare nötig. Arten, die von bestimmten Insekten oder Vögeln befruchtet werden, haben in der neuen Umgebung nur eine geringe Überlebenschance, da eine gleichzeitige Ankunft von Pflanze und Befruchter unwahrscheinlich ist. Aus diesem Grunde liegt der Anteil der vom Wind bestäubten Pflanzenarten auf ozeanischen Inseln besonders hoch.

Wegen der oft kleinen Fläche einer Insel kann bei fortschreitender Einwanderung schnell ein Sättigungspunkt in der Besiedlung erreicht werden. Es stehen dann immer weniger Lebensräume zur Verfügung und zwingen Neuankömmlinge und Eingesessene mit gleichen Umweltansprüchen zur Konkurrenz. Als Ergebnis wird die schwächere der beiden Arten verdrängt, findet eine neue Nische oder stirbt aus. Vor allem letzteres wird immer wieder als Folge der vom Menschen bewerkstelligten Einfuhr inselfremder, konkurrenzstarker Exoten beobachtet (s. S. 50 ff.).

Wie schnell werden ozeanische Inseln besiedelt?

Zwei Beispiele aus neuerer Zeit gestatten die Untersuchung dieser Frage. Im Jahre 1883 wurde die indonesische Insel Krakatoa (zwischen Sumatra und Java) von einer gewaltigen Vulkanexplosion betroffen, die jedes Leben vernichtete und eine Ausgangssituation wie auf einer neu entstandenen ozeanischen Insel schuf. Bereits nach 50 Jahren lebten wieder mehr als 1000 Pflanzen- und Tierarten auf Krakatoa.

Ähnlich rasant verlief die Besiedlung von Surtsey, das 1963 als neue Vulkaninsel bei Island aus dem Meer stieg. Nach 5 Jahren konnten hier schon 50 Arten von wirbellosen Tieren nachgewiesen werden.

Beide Inseln stellen einen Idealfall dar. Sie verdanken die schnelle Besiedlung ihrer Lage nahe den großen Landgebieten. 1000 Kilometer Meerwasser zwischen Südamerika und Galápagos bilden dagegen eine sehr viel wirksamere Barriere, die nur über lange Zeiträume von gelegentlichen Einwanderern überwunden wird.

Evolution auf Inseln

Die Lebensbedingungen auf Galápagos unterscheiden sich in vieler Hinsicht von denen des benachbarten südamerikanischen Festlandes. Weite Teile der nur geringen Landfläche des Archipels werden von lebensfeindlichem Lavaterrain eingenommen, Süßwasser und andere Ressourcen sind Mangelware, und das Klima ist eher warmgemäßigt als tropisch (s. S. 17). Organismen, die die jungfräulichen Inseln unbeschadet und in einer für die Fortpflanzung ausreichenden Anzahl erreicht hatten, wurden deshalb bald in neue Entwicklungsbahnen gedrängt.

Die bekannteste aller Theorien zur Evolution, d. h. zur Entwicklung neuer Arten aus vorhandenen Arten, basiert auf Charles Darwins (s. S. 123) berühmten (r)evolutionären Gedanken, die er erstmals 1859 in seinem Buch »Die Entstehung der Arten durch natürliche Zuchtwahl« veröffentlichte. Dieses Buch erregte die Gemüter wie kaum ein anderes wissenschaftliches Werk, standen doch seine Hauptpostulate des »gemeinsamen Ursprungs aller Lebewesen« und der »Verän-

Hypothetisches Beispiel der Artbildung bei den Darwinfinken (s. Text S. 43).

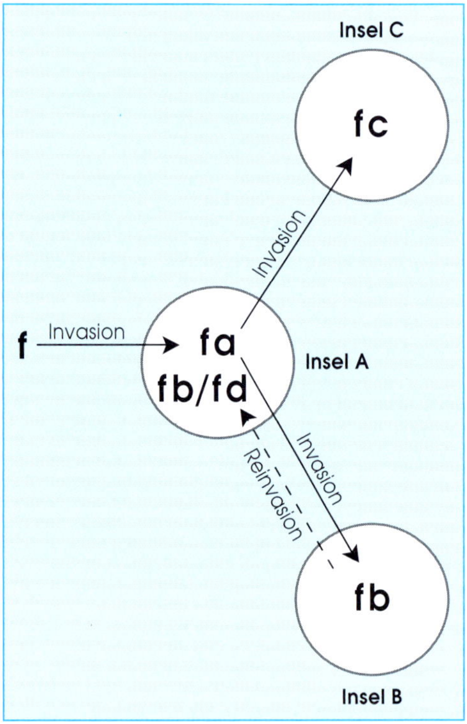

derlichkeit der Arten« im krassen Gegensatz zu dem seit jeher bestehenden Glauben an die Wahrheit und Unwandelbarkeit des biblischen Schöpfungsgeschehens.
Darwins Idee der schrittweisen, von der Umwelt bestimmten Evolution aller Lebewesen setzte sich nach langen, heißen Kämpfen durch und gilt heute als einer der Grundpfeiler der Biologie. Als »Kronzeugen« für eine Artbildung nach dem Darwinschen Modell werden u. a. immer wieder die nach ihm benannten, für Galápagos endemischen **Darwinfinken** (s. auch S. 31) herangezogen – obwohl Darwin selbst sie in seinem grundlegenden Werk von 1859 nie erwähnte. Dabei erklärt die Theorie die Entwicklung der Finken wie folgt (s. Grafik links):
Die gemeinsamen Vorfahren (f) der insgesamt 13 auf Galápagos vertretenen Arten von Darwinfinken brachten einen vom **Zufall** bestimmten, begrenzten Ausschnitt aus dem Erbgut ihrer Art mit auf die Insel A und bildeten eine sog. Gründerpopulation. Deren Erbgut wurde bei der Fortpflanzung immer wieder neu zusammengestellt (**Rekombination**) und veränderte sich außerdem z. T. spontan (**Mutation**). Aus den so entstandenen Variationen las die neue Umwelt die am besten zum Überleben geeigneten aus (**Selektion**), und es entwickelte sich – in der **Isolation** der Insel A – allmählich eine neue, von der Gründerpopulation verschiedene Finkenart fa.
Einige der fa-Finken gelangten dann per Zufall auf die Inseln B und C und wurden dort – geographisch von der Insel A isoliert und neuen Umweltansprüchen ausgesetzt – wiederum dem gleichen Evolutionsprozeß unterworfen. Es entstanden die Finkenarten fb und fc.

Beispiele verschiedener Schnabelformen von Darwinfinken:

Der insektenessende Waldsängerfink (oben), der auf Opuntiensamen und -nektar spezialisierte Kaktusfink (Mitte) und der körneressende Große Grundfink (unten).

Darwinfinken: Schnabelformen, Ernährungsweise und Verteilung auf die Vegetationszonen bzw. Lebensräume der Inseln

1. Kleiner Grundfink *(Geospiza fuliginosa)*
E: weichere Samen, gelegentlich Insekten
V: alle Zonen

2. Mittlerer Grundfink *(Geospiza fortis)*
E: härtere Samen, gelegentlich Insekten
V: alle Zonen

3. Großer Grundfink *(Geospiza magnirostris)*
E: sehr harte Samen
V: alle Zonen

4. Kaktusfink, Kaktus-Grundfink *(Geospiza scandens)*
E: Samen, Nektar
V: Opuntienwälder der Trockenzone

5. Großer Kaktusfink, Opuntien-Grundfink *(Geospiza conirostris)*
E: Samen, gelegentlich Insekten
V: Trockenzone, nie zusammen mit 4

6. Spitzschnabel-Grundfink *(Geospiza difficilis)*
E: weichere Samen, gelegentlich Insekten, Blut (nur auf der Insel Wolf)
V: alle Zonen

Flogen schließlich einige fb-Finken z. B. auf die Insel A zurück, konnten sie dort als fb weiterleben, falls ihre Unterschiede zu fa bereits so groß waren, daß keine Vermischung mehr stattfinden konnte. Falls sich jedoch ihre Umweltansprüche zu stark mit denen der fa-Finken überschnitten, wirkte wieder die Evolution in Richtung der Bildung einer weiteren Art fd!
Äußerlich unterscheiden sich die Darwinfinken vor allem in der **Schnabelform**, die ihre Anpassung an die verschiedenen Ernährungsweisen widerspiegelt (s. Abb. oben). Am auffälligsten sind dabei die Unterschiede zwischen z. B. den feinen, schmalen Schnäbeln der insektenfangenden Waldsängerfinken (S. 43) und den klobigen Schnäbeln von Samenessern wie Großen Kaktusfinken, Mittleren und Großen Grundfinken (S. 43).
Diese Herausbildung neuer Arten oder Unterarten aus einer Ausgangsart durch Anpassung an verschiedene Umweltbedingungen wird auch als **adaptive Radiation** bezeichnet. Für sie gibt es neben den Darwinfinken noch viele weitere Beispiele auf Galápagos: Die Galápagos-Spottdrosseln (s. S. 139), die Ga-

E: = Ernährungsweise
V: = Vorkommen

7. Waldsängerfink, Laubsängerfink *(Certhidea olivacea)*
E: Insekten von Blättern, Zweigen, gelegentlich auch aus der Luft
V: alle Zonen

8. Vegetarierfink, Dickschnabel-Darwinfink *(Platyspiza crassirostris)*
E: Samen, Knospen, Früchte
V: feuchtere Zonen

9. Spechtfink *(Cactospiza pallida)*
E: große Insekten, Larven von Baumstämmen, Ästen, benutzt Werkzeug
V: alle Zonen

10. Mangrovenfink , Mangroven-Darwinfink *(Cactospiza heliobates)*
E: große Insekten, Larven, benutzt gelegentlich Werkzeug
V: Mangrovengebiete

11. Kleiner Baumfink *(Camarhynchus parvulus)*
E: kleine Insekten, Samen, Früchte
V: feuchtere Zonen

12. Mittlerer Baumfink *(Camarhynchus pauper)*
E: Insekten, Früchte
V: feuchtere Zonen

13. Großer Baumfink *(Camarhynchus psittacula)*
E: große Insekten, gelegentlich Samen
V: feuchtere Zonen

lápagos-Riesenschildkröten (s. S. 33), die Landschnecken der Gattung *Bulimulus* (s. S. 35) oder auch die Scalesien (s. S. 98). Beispiele von anderen Inseln oder Inselgruppen wären die Kleidervögel Hawaiis, die Tanreks und Vangawürger Madagaskars oder die Beuteltiere Australiens.
Die besonderen Lebensbedingungen auf den Galápagos-Inseln, vor allem aber die z. T. harte Konkurrenz um die vorhandene Nahrung, förderten einige weitere, ungewöhnliche Anpassungen in Körperbau wie Verhalten. So entwickelten sich die Meerechsen (s. S. 58) zu aktiven Schwimmern und Algenessern, die Lavareiher erfanden mit dem Stoßtauchen von Ästen eine neue Fischfangtechnik für Reiher, und die Gabelschwanzmöwen (s. S. 102) wurden zu nächtlichen Oberflächenfischern auf dem Meer.
Auch die Darwinfinken zeigen in diesem Rahmen einige Besonderheiten: Der **Spechtfink** und gelegentlich auch der **Mangrovenfink** benutzen sorgfältig ausgewählte Kakteenstacheln oder kleine Zweige zum Hervorstochern von Insekten und deren Larven aus Baumrindenspalten. Durch diesen wohl eher

zufällig entdeckten Werkzeuggebrauch machen sie wett, was ihnen die Evolution an Schnabel- bzw. Zungenlänge (bisher) versagte.
Ein ganz spezifisches Verhalten zeigen auch die **Spitzschnabel-Grundfinken** auf der an Nahrungsquellen armen, süßwasserlosen Insel Wolf (S. 147). Als wahre »Vampirfinken« picken sie in die weiche Haut um die Wurzel der Schwanz- oder Flügelfedern von Masken- und Rotfußtölpeln und lecken das austretende Blut auf. Vermutlich entwickelte sich diese Methode des Nahrungserwerbs ebenfalls zufällig aus einer ehemaligen Putzsymbiose.
Andere Evolutionsphänomene auf Galápagos sind allgemeinerer Art und für viele Inseln typisch. Einige Pflanzensamen und Insekten beispielsweise verloren die Flugfähigkeit und schützten sich damit vor einem Verdriften

Wie die Darwinfinken spalteten sich auch die unscheinbaren Landschnecken der Gattung *Bulimulus* in verschiedene Arten auf. Sie besiedeln alle Vegetationszonen der Inseln.

bei starkem Wind. Die Galápagos-Riesenschildkröten entwickelten in dieser, von konkurrierenden pflanzenessenden Säugetieren freien Umwelt enorme Ausmaße, eine Richtung, die auch die Riesenschildkröten der Seychellen und Maskarenen einschlugen.
Vor allem aber das zunächst spärliche Auftreten von Räubern und Beutegreifern auf Inseln erlaubte einige spezifische, auf den Kontinenten nur selten zu beobachtende Entwicklungen:
So war der Verlust der Flugfähigkeit bei Vögeln nur in einer feindfreien Umgebung mit ausreichendem Nahrungsangebot sinnvoll. Die eingesparte Flugenergie konnte dann anderweitig eingesetzt werden und führte oft zu größerem Wuchs. Ein gutes überlebendes Beispiel hierfür ist der Flugunfähige Kormoran von Galápagos (s. S. 60). Die meisten flugunfähig gewordenen Vögel anderer Inseln dagegen hatten weniger Glück und fanden mit dem Einbruch des »Raubtiers« Mensch in ihre bis dahin friedliche Umwelt ein schnelles Ende; so z. B. die Dodo auf Mauritius, der Einsiedler auf Réunion, die Riesenstrauße von Madagaskar oder verschiedene Rallenarten weltweit. Auf Neuseeland verschwand der Moa, und Kakapo wie Takahe-Ralle stehen am Rande des Untergangs.
Eine der bemerkenswertesten Eigenschaften von Inseltieren aber ist – oder besser war – ihre mit Neugier gepaarte Furchtlosigkeit, eine Verhaltensweise, die sich wiederum nur in einer (ehemals) feindfreien Umwelt entwickeln konnte. In den meisten der bereits zitierten historischen Beispiele gab sie dem Menschen den Hauptanlaß für heute unbegreifliche Metzeleien unter den meist als »töricht« abgetanen Lebewesen.
Nur auf Galápagos konnten die strengen Schutzmaßnahmen etwas von der natürlichen Arglosigkeit der Inselbewohner retten bzw. restaurieren. Die weltweit einmalige Zutraulichkeit der meisten Tiere dieses Archipels ist heute einer der bleibendsten Eindrücke für den aufgeschlossenen Besucher, und für viele der wahre Zauber der Inseln.

Neugierig und furchtlos nähert sich ein junger Galápagos-Seelöwe seiner Betrachterin. Dieses ungewöhnliche Verhalten ist typisch für viele Tiere der Inseln.

Der Einfluß des Menschen

Geschichte

Der Zufall führte den Menschen auf die Galápagos-Inseln. 1535 wurde das Schiff des Bischofs von Panama, Tomás de Berlanga, auf einer Reise nach Peru von starker Weströmung erfaßt und schließlich auf unbekannte Inselküsten verschlagen. Das Neuland erwies sich als so unwirtlich und trokken, daß sich die durstige Besatzung mit Feigenkakteen-Trieben am Leben erhalten mußte, bevor sie nach langen Strapazen zum Kontinent zurückkehrte. Dem unfreiwilligen Entdecker sind die ersten Beschreibungen der fremdartigen Inseltiere zu verdanken. Berichte, wonach vor den Europäern bereits Inkas die Galápagos-Inseln erreicht haben sollen, bleiben bisher den Beweis schuldig.

Nach ihrer Entdeckung wurden die Inseln von Seefahrern zunächst weitgehend gemieden. 1570 erschienen sie zwar als »Insulae de los Galopegos« auf der Weltkarte des niederländischen Kartographen Abraham Ortelius, aber unkalkulierbare Strömungen und Wetterverhältnisse machten das Navigieren dorthin schwierig und brachten ihnen den Beinamen »Islas Encantadas« (»Verhexte Inseln«) ein.

Piraten und Freibeutern war dieser Aberglaube höchst willkommen, bot sich ihnen damit doch ein sicheres Versteck, von dem aus sie die spanischen Niederlassungen in Südamerika ungestraft plündern konnten. Über zwei Jahrhunderte (von 1590 bis 1790) war so Galápagos die Basis vorwiegend englischer Piraten im Ostpazifik. Unter ihnen findet man bekannte Namen weltoffener Leute wie William Dampier, Ambrose Cow-

ley oder Lionel Wafer, denen viele wertvolle Beobachtungen zu verdanken sind und die den Inseln die englischen Namen gaben, die heute noch in der wissenschaftlichen Literatur verwendet werden.
Mit den Piraten begann die lange Periode der Ausbeutung von Galápagos, die im Zeitalter der Walfänger (ab etwa 1800) den Höhepunkt fand. Englische und später amerikanische Walfänger jagten im Pazifik hauptsächlich Pottwale und benutzten die Inseln als Station zur Versorgung mit Riesenschildkröten (s. S. 132). Aus dieser Zeit stammt auch die Errichtung der »Postfasses« in der Post Office Bay/Floreana (s. S. 129).
Der erste ausdauernde Siedler sei dem Leser nicht vorenthalten. Es war ein Ire namens Patrik Watson, der von 1807–1809 auf Floreana lebte und vom amerikanischen Kapitän Porter beschrieben wurde: ». . . zerlumpte Kleider, die kaum seine Nacktheit verbargen,

Das Postfaß in der Post Office Bay/Floreana diente früher den Seefahrern als Briefkasten.

und von Ungeziefer bedeckt; sein rotes Haar und der Bart verfilzt, seine Haut von der Sonne verbrannt und so wild in seiner Art und Erscheinung, daß jedermann, der ihn sah, vom Entsetzen gepackt wurde. . . Er war auf dem niedrigsten Stand, auf den ein Mensch sinken kann, und schien nicht mehr Bedürfnisse zu verspüren als die Tiere der Insel, außer dem des ständigen Betrunkenseins.«
1835 kam dann der wohl prominenteste Besucher, Charles Darwin (s. S. 123), nach Galápagos. Im Rahmen seiner 5jährigen Forschungsreise um die Welt blieb er 5 Wochen, besuchte die Inseln Floreana, San Cristóbal, Santiago und Isabela, sammelte Pflanzen und Tiere und gewann so einiges Material für seine spätere revolutionäre Evolutionstheorie (s. S. 42 ff.).
Darwins Besuch lag fast zeitgleich mit dem Beginn der gezielten Besiedlung. 1832 annektierte die kurz zuvor entstandene Republik Ecuador die Inseln. Galápagos wurde als »Archipiélago del Ecuador« zur Besiedlung freigegeben, Floreana, später auch San Cristóbal und der Süden Isabelas wurden kolonisiert. 1892 erneut umbenannt in »Archipiélago de Colón« (zu Ehren des 400. Jahrestages der Entdeckung Amerikas durch Kolumbus), erhielten alle Inseln zu ihren englischen und alten spanischen nun noch neue offizielle spanische Namen, so daß jede heute mindestens 2 und manche sogar 3 Namen aufzuweisen hat (wie Floreana = Santa María = Charles; s. auch Tabelle S. 12).
Bis etwa 1920 führte Galápagos ein Schattendasein, abgelegen in der Weite des Pazifiks und allenfalls bekannt als Hort urtümlicher »Drachen« und riesiger Schildkröten. Auf den Inseln wurde die einmalige Flora und Fauna währenddessen durch die Auswirkungen der Besiedlung zusehends zerstört. Daneben sammelten Expeditionen die seltsamen Inseltiere zu Museumszwecken ab, und auch die Einrichtung von Strafkolonien (s. S. 62) paßte in das damalige Bild von den »sonnendurchglühten, lebensfeindlichen Eilanden«.

Blick auf Puerto Ayora Ende der 1970er Jahre – das ehemalige Fischerdorf auf Santa Cruz ist heute das touristische Zentrum der Inseln.

Erst William Beebes enthusiastisch geschriebenes, 1923 erschienenes Buch »Galápagos – World's End« erschloß die Inselgruppe der Außenwelt. Auswanderungswillige im politisch und sozial turbulenten Nachkriegseuropa suchten nun hier das freie Leben im Palmenparadies, eine Illusion, die sich schnell als trügerisch erwies. Von den Vielen, die kamen, blieben nur wenige Unverwüstliche und gaben Anlaß zu teils wilden Geschichten, von denen die der selbsternannten »Baronin von Floreana« und der Familien Ritter und Wittmer sicher am bekanntesten sind (s. S. 129).
Nach dem 2. Weltkrieg, den Galápagos mit Ausnahme der von den Amerikanern zum Luftstützpunkt umgebauten Insel Baltra unbeschadet überstand, wanderten verstärkt Ecuadorianer ein, die von Fischfang und Landwirtschaft lebten. Ihre einfache, ruhige Existenz änderte sich dramatisch, als 1959 der Nationalpark gegründet wurde.
Der Naturschutzgedanke hatte zwar bereits 1934 Fuß gefaßt, als Ecuador die unbesiedelten Inseln zum »Schutzgebiet« erklärte, konnte aber mangels Kontrolle und Verwaltung nicht in wirksame Maßnahmen umgesetzt werden. Nach alarmierenden Berichten über den desolaten Zustand der Natur auf den Inseln wurde deshalb dann 1959 mit Unterstützung der UNESCO endlich der Nationalpark erklärt und mit entsprechendem Management ausgestattet.
Die Einwohner sahen sich nun plötzlich in ihrer freien Beweglichkeit auf die wenigen vom Nationalpark ausgenommenen kolonisierten Zonen beschränkt und der Inselressourcen beraubt. Sie fanden aber schnell einen lukrativen Ersatz im Tourismus, der 1969 mit dem Einsatz des ersten Kreuzfahrt-

schiffes begann. Damit stieg ihr Lebensstandard, Zivilisationsgüter kamen nach Galápagos, Krankenhäuser und Schulen wurden gebaut, Rundfunk und Fernsehen wurden eingerichtet.
Die guten Arbeits- und Verdienstmöglichkeiten üben zwangsläufig eine Magnetwirkung auf viele Ecuadorianer des Festlandes aus, so daß besonders seit den 1980er Jahren ein enormer Bevölkerungszuwachs zu verzeichnen ist, der die heutige Einwohnerzahl der Inseln auf weit über 15 000 ansteigen ließ (davon gut die Hälfte auf Santa Cruz).
Eine sorgfältige Planung muß für die zukünftige, maximal mögliche Bevölkerungsgröße erwogen werden, sollen sich die bekannten Zivilisationsprobleme wie Umweltzerstörung, Wasserknappheit, Müll usw. auf den bewohnten Inseln nicht noch vergrößern.

Wieviel Tourismus kann Galápagos vertragen?

Bis heute herrscht darüber keine Einigkeit. Im Jahr 1975 wurde eine Obergrenze von 12 000 Besuchern/Jahr empfohlen, in den Jahren 1989 und 1990 kamen bereits über 50 000 und, eingedenk der weiter stattfindenden Erhöhung der Transportkapazitäten nähert sich die jährliche Besucherzahl den 100 000.
Die strengen Nationalparkregeln (Überwachung durch Führer, festgelegte Wege, Beschränkung der Personenzahl pro Schiff und Besuchspunkt) konnten bisher zwar Schäden begrenzen, sind aber bei ständig weiter steigenden Touristenzahlen kaum mehr einzuhalten. Bei einigen besonders beliebten Besuchspunkten bilden sich bereits lange Boots-Schlangen, und kleine Inseln wie Plaza Sur sind schon jetzt an der Grenze ihrer Aufnahmefähigkeit angelangt. Ob die Nationalparkbehörden dem mit der vorgesehenen, umfassenden Routenplanung für jedes Schiff entgegenwirken können, bleibt abzuwarten.
Ein gewisser Sättigungsgrad ist wohl mittlerweile auch bei den menschlichen Bewohnern der Inseln erreicht, die sich im Juli 1990 in einer Abstimmung deutlich gegen die Errichtung eines neuen 5-Sterne-Hotels auf San Cristóbal und damit gegen einen schnellen »Stopover«-Tourismus aussprachen. Die letzte Entscheidung hierüber liegt jedoch bei der Regierung auf dem Festland.
Galápagos ist heute sicher nicht mehr das »Ende der Welt«, sondern fest einbezogen in das umsatzstarke Gewerbe des Tourismus, ohne den es wohl nicht mehr überleben kann. Ob und wie es aber **mit** dem Tourismus überleben kann, wird letztlich auch am einzelnen Reisenden liegen. Mit einem verantwortungsbewußten, »sanften Tourismus« verbindet sich jedoch für jeden die Chance, Natur verstehen zu lernen und das zu empfinden, was Darwin 1835 so ausdrückte: »Hier scheinen wir sowohl im Raum als in der Zeit jener großen Tatsache – jenem Geheimnis aller Geheimnisse –, dem Erscheinen neuer, lebender Wesen auf der Erde nähergebracht zu werden.«

Eingeführte Pflanzen- und Tierarten, deren Auswirkungen und Bekämpfung

Wann immer Menschen den Fuß auf bisher unbewohnte Inseln setzten, war das mit katastrophalen Folgen für die dortigen Lebewesen verbunden. Seeleute nutzten Inseln als Versorgungsstationen und brachten Arten wie z. B. die Galápagos-Riesenschildkröten an den Rand des Aussterbens (s. S. 132). Andere Besucher rotteten Tierarten aus purer Mordlust oder Gewinnsucht in Windeseile aus. Vor allem aber die von Siedlern mitgebrachten, für diese überlebenswichtigen Nutzpflanzen und -tiere richteten großen Schaden an. Sie gerieten außer Kontrolle und vermehrten sich ungehemmt auf Kosten der ursprünglichen, konkurrenzschwächeren Inselbewohner.
Mit zunehmender Verbesserung der Transportmittel wurden schließlich auch die letzten Winkel der Erde erreicht, die abgelegensten Inseln erschlossen. Auf Galápagos blie-

ben von allen größeren Inseln bislang nur noch Darwin, Wolf und Tower im Norden sowie Fernandina im Westen vom Menschen und seinen »Mitbringseln« verschont.

Eingeführte Pflanzen

Die Anzahl der vom Menschen auf die Galápagos-Inseln gebrachten Pflanzen beträgt mittlerweile mehrere hundert und erhöht sich ständig (s. auch S. 23).

Viele Pflanzen wurden zu Schmuckzwecken eingeführt. So säumen Kokospalmen, Hibiscus, Bougainvillien, Trompetenbäume, Geranien und Hortensien Gärten und Häuser. Im Grüngürtel der höheren Inseln erlauben die wechselnden klimatischen Bedingungen (s. S. 26ff.) den Anbau der verschiedensten Früchte und Gemüsesorten. Typische Tropenpflanzen wie Bananen, Papayas, Avocados, Ananas, Zuckerrohr, Kaffee und Zitrusfrüchte wachsen hier neben Bohnen, Karotten, Zwiebeln, Gurken, Kohl und anderem Gemüse kühlerer Klimazonen.

Obwohl nur zum Eigenbedarf in kleinem Stil verwendet, werden doch viele der importierten Pflanzen in die Nationalparkgebiete weiterverbreitet, sei es durch den Wind, freilaufendes Vieh, Hühner, samenessende Vögel oder Unachtsamkeit des Menschen. Einige der besonders agressiven Arten gerieten dabei vollständig außer Kontrolle und stellen heute die Nationalparkbehörden vor kaum lösbare Probleme.

Importierter Pflanzenfeind Nr. 1 für die einheimische Pflanzenwelt ist die **Guave**. Ihre zitronenähnlichen, mit rötlichem Fleisch gefüllten Früchte werden auf den besiedelten Inseln gerne von den frei wandernden Rindern gefressen, die die Samen weit in die Nationalparkgebiete tragen und mit dem Kot ablagern. Von den überall emporschießenden Guavenbäumen sind besonders die Restbestände der *Miconia robinsoniana* (s. S. 27) bedroht, die auf San Cristóbal bereits einem Guaven-Dschungel weichen mußten.

Ein anderer, von den besiedelten Zonen aus vordringer Baum ist der **Chinarindenbaum** (S. 52) auf Santa Cruz. Aus dem tropischen

Beliebt als Fruchtsaft oder Marmelade – tödlich für die einheimische Pflanzenwelt: die Guave.

Südamerika stammend, wurde er um 1940 wohl mit der Absicht eingeführt, aus der Rinde das Antimalariamittel Chinin zu extrahieren – was aber nie geschah. Der großblättrige Baum wächst auf allen Höhenstufen zwischen 200 und 800 m und verbreitet sich rasch durch seine vom Wind verblasenen Samen. In den 1980er Jahren bedeckten Chinarindenbäume bereits über 4000 ha der Insel, davon knapp 3000 ha im Nationalpark.

Elefantengras ist nur eine der verschiedenen Grasarten, die als Viehfutter nach Galápagos gebracht wurden. Die Viehhaltung auf den Inseln ist aber nicht intensiv genug, so daß das bis 2 m hoch und sehr dicht wachsende Gras schnell überhand nahm und heute Straßen regelrecht eindämmt (wie z. B. bei der

Schön, aber gefährlich: Chinarindenbäume überwuchern große Flächen im Hochland der Insel Santa Cruz.

Ortschaft Bellavista auf Santa Cruz). Nur ständiges Abschlagen verhindert dann das totale Zuwuchern.

Das **Wandelröschen**, eine Pflanze des tropischen Amerika, ist in Gärten beliebt. Sie wächst als 1 – 2 m hoher Busch, kann aber ohne Kontrolle zum undurchdringlichen, alles überwuchernden Dickicht werden. Vögel essen die Früchte und verteilen die Samen. Verbreitet auf den bewohnten Inseln, ist das Wandelröschen besonders auf Floreana eine Plage. Seit der Einfuhr 1938 hat es sich dort über 2000 ha und u. a. bis in die Brutgebiete der bedrohten Hawaii-Sturmvögel ausgebreitet. Als Folge meiden die Vögel ihre Erdnester.

Einer der häufigsten Bäume im Hochland von Santa Cruz ist mittlerweile auch der **Avocado**. Zur jährlichen Reifezeit ist die Menge der anfallenden Früchte nicht mehr zu bewältigen. Nur ein kleiner Teil wird auf dem Markt verkauft oder den Schweinen verfüttert, der größere Teil verfault am Boden oder keimt zu neuen Bäumen aus.

Eingeführte Tiere

Als Kahlfraßexperten »par excellence« haben **Ziegen** schon in vielen Teilen der Welt ihre Spuren hinterlassen. Besonders kleinflächige Inseln können sie in kürzester Zeit in vegetationslose Wüsten verwandeln. Galápagos ist hier keine Ausnahme. Auf den meisten Inseln wurden diese Tiere von Seeleuten oder Fischern zur Sicherung einer dauernden Fleischquelle an Land gebracht. Ihr Zerstörungswerk ist besonders drastisch auf der Insel Santiago zu sehen, wo sie bereits seit 1813 anwesend sind (s. auch S. 76).

Die Genügsamkeit und Anpassung der Ziegen zeigt sich sehr beeindruckend auf den kleinen Inseln des Archipels, auf denen Wasser nur in Form einiger Schauer zur Regenzeit (s. S. 19) vorkommt. Die Ziegen müssen also mit den geringen, in den Pflanzen gespeicherten Wassermengen auskommen – oder sie trinken Brackwasser, was mehrmals beobachtet wurde!

Hohe Inseln mit dichter Vegetation bieten den fortpflanzungsfreudigen Ziegen die besten Voraussetzungen zu regelrechten Bevölkerungsexplosionen. Ein immer wieder zitiertes Beispiel ist die Insel Pinta. Dort setzte ein Fischer 1954 eine männliche und zwei weibliche Ziegen an Land. 1970 (!) schätzten Wissenschaftler der Charles-Darwin-Station die Anzahl der Ziegen bereits auf »nicht unter 20 000«, die die einst dichte Vegetation der über 700 m hohen Insel in nur wenigen Jahren in offenes Parkland verwandelt hatten.

Ein Abschußprogramm wurde eingeleitet. Die Ausrottung der Ziegen gelang schließlich im Jahre 1991; seither beginnt sich die Vegetation der über 700 m hohen Insel allmählich zu erholen.

Verwilderte Esel (hier auf dem Vulkan Alcedo/Isabela) zerstören die empfindliche Vegetationsdecke der Inseln. Zusammen mit Ziegen und Schweinen können sie großen Schaden anrichten.

Schweine und **Esel** kommen in verwilderten Populationen auf allen bewohnten Inseln vor. Sie rekrutieren sich aus von Siedlungen entlaufenen oder – wie im Falle der Insel Santiago – aus zurückgelassenen Exemplaren nach der Siedlungsaufgabe. Eseln gelang es außerdem, vom Süden Isabelas bis zum Vulkan Alcedo auf der Nordhälfte der Insel vorzudringen. Beide Tierarten verursachen schwerwiegende Schäden.
Schweine durchwühlen den Boden, entwurzeln Bäume, zerstören die Gelege der Galápagos-Riesenschildkröten (s. S. 92) und Landleguane (s. S. 101) oder die Nester der Hawaii-Sturmvögel. An einigen Stränden haben sie sich auf das Ausgraben der Gelege der Grünen Meeresschildkröten (s. S. 133) spezialisiert, so daß z. B. in der Espumilla Bay/Santiago im Jahre 1979 nur noch aus 2% der Eier Jungschildkröten schlüpften (normale Schlupfrate: 50–80%)!
Esel ruinieren die Vegetation durch Fraß und Zertrampeln. Dabei treten sie auch Kakteen zu Boden, um an die saftigen inneren Teile zu kommen. Mit ihren Hufen zerstören sie Nester der Reptilien und Bodenbrüter.
Mit den ersten Siedlern kamen ab 1832 auch **Hunde** nach Galápagos. Aus entlaufenen Jagd- oder Wachhunden bildete sich über viele Generationen eine Rasse besonders wachsamer und agressiver Tiere, die in Gruppen die Gegend durchstreifen und eine dauernde Gefahr für die einheimische Tierwelt darstellen. Dies zeigte sich drastisch 1976, als Wildhunde in kürzester Zeit fast alle verbliebenen Landleguane im Norden von Santa Cruz und bei Cartago Bay/Isabela töteten. Spätere Untersuchungen ergaben, daß auch an anderen Orten einheimische Tiere schon stark durch Hunde dezimiert waren, wobei besonders der Süden Isabelas zu leiden hatte.
Bisher ist wenig über die Auswirkungen bekannt, die verwilderte **Katzen** auf die einheimische Tierwelt haben. Als scheue Einzelgänger sind sie sehr schwer aufzuspüren. Ihr Beutespektrum ist jedoch weit gefaßt. Als sog. opportunistische Jäger leben sie von Land- und Seevögeln und deren Eiern, Reptilien und Insekten, eingeführten Ratten und Mäusen und in Notzeiten auch von Pflanzen. Wegen dieser breiten Nahrungsgrundlage und der eher punktuellen Verteilung werden Katzen nicht als generelle Bedrohung der Galápagos-Tiere betrachtet, können aber in Gebieten mit hoher Populationsdichte durchaus großen Schaden anrichten.
Haben **Hausratten** einmal im Gefolge des Menschen Fuß in Siedlungsgebieten gefaßt, sind sie kaum mehr kontrollierbar. Auf Schiffen werden diese anpassungsfähigen, intelligenten Nager über die Weltmeere verbreitet und entkommen schwimmend, über Ankerleinen oder versteckt im Frachtgut. Auf den bewohnten Inseln des Galápagos-Archipels sind Hausratten heute ein fester Bestandteil der Tierwelt; sie schafften aber auch den Sprung auf unbesiedelte Inseln wie z. B. Pinzón. Durch den regen Bootsverkehr besteht mehr denn je die Gefahr ihrer Verbreitung auf bisher noch unbesetzte Inseln.
Das Auftauchen dieser anpassungsfähigen Allesfresser hatte auf einigen Inseln katastrophale Folgen. Auf Pinzón z. B. spezialisierten sie sich auf die frischgeschlüpften Galápagos-Riesenschildkröten. Ab dem Zeitpunkt der Ankunft von Hausratten auf der Insel zu Anfang des 20. Jh. blieben die Schildkröten jahrzehntelang ohne Nachwuchs. Auf den größeren Inseln Santa Cruz, San Cristóbal und Santiago werden Hausratten für das Verschwinden der endemischen Galápagos-Reisratten (s. S. 125) verantwortlich gemacht. Ebenso verfolgen und gefährden sie die in den Hochländern in Erdnestern brütenden Hawaii-Sturmvögel.
Seit 1983 haben sich in Santa Cruz und San Cristóbal auch **Wanderratten** festgesetzt.
Ein neuzeitliches Beispiel menschlicher Fehlplanung gibt die in den 1960er Jahren getätigte Einfuhr von Madenhackerkuckucken oder **Anis**. Statt, wie vorgesehen, die Rinder von ihren Parasiten zu befreien, fressen sie lieber Kerbtiere, Insekten, Spinnen und Eidechsen, räubern aber auch Vogelnester aus und greifen sogar erwachsene Vögel an.

Die gesellig lebenden Anis haben sich besonders während des 1982/83er Niños (s. S. 20) vermehrt (reichhaltiges Insektenangebot), und allein im Hochland von Santa Cruz wurde ihre Population danach auf über 5000 Vögel geschätzt. Aber auch auf unbewohnten Inseln wurden sie bereits gesichtet. Für Insekten ist es leicht, mit den verschiedensten Transportmitteln auf isolierte Inseln zu gelangen. Mehr und mehr Arten finden so den Weg nach Galápagos. Ein schmerzvolles Beispiel sind **Feuerameisen**. Die winzigen Tiere kamen mit Landwirtschaftsprodukten auf die besiedelten Inseln und vermehrten sich ungehemmt. Ihre Ameisensäure ist unangenehm schmerzhaft und jedem bekannt, der durch das Unterholz von Santa Cruz streift. Nicht fachgerecht aufbewahrte Nahrung wird von ihnen aufgespürt und attakkiert. Durch ihre Aggressivität haben Feuerameisen bereits viele der einheimischen Ameisenarten verdrängt und auch unter anderen Insektenarten Opfer gefordert.

Bekämpfung

Das Problem der Bekämpfung eingeführter Organismen ist sehr komplex. Nicht bei allen treten die Effekte so klar zutage wie bei den Ziegen. Das Verhalten von direkten Freßfeinden, z. B. von Hunden, gegenüber einzelnen einheimischen Arten ist oft nicht vorhersehbar und sorgt immer wieder für Hiobsbotschaften wie im Falle der Landleguane von Santa Cruz. Fehlende finanzielle Mittel zwangen die Nationalparkbehörden von Anfang an, Prioritäten bei der Bekämpfung zu setzen. So war in den 1970er Jahren die Ausrottung der Ziegen auf den kleinen Inseln das erklärte Ziel, das auf Santa Fe, Rábida, Marchena, Pinta und Española erreicht wurde. Mit der Verlagerung des Schwerpunkts auf die großen Inseln oder auf spezielle Arten wurden neben der Jagd auch andere Bekämpfungsmethoden notwendig. Dabei hat der Nationalpark durchaus Erfolge aufzuweisen. Auf der Insel Santiago konzentrierte man sich auf den Abschuß der Schweine und setzte dabei Jagdhunde als Helfer ein. Mit vergifteten Ködern konnte die Zahl der Wildhunde auf Isabela und Santa Cruz stark reduziert werden und auch die Hausratten auf Pinzón wurden mit dieser Methode erfolgreich bekämpft. Die 1988 herausgebrachte Meldung ihrer totalen Ausrottung erwies sich allerdings später als Trugschluß.
Weniger erfolgreich war man bei den Katzen. Ihre wirksame Bekämpfung ist zur Zeit unmöglich, da Abschüsse eher Zufallstreffer sind. Ebenso sind Insekten nicht in den Griff zu bekommen. Haben z. B. Feuerameisen einmal Fuß gefaßt, sind sie mit keiner heute bekannten Methode wieder auszurotten. Um ihre weitere Verbreitung zu verhindern, verbieten die Nationalparkbehörden, Eßbares auf einen Inselbesuch mitzunehmen.
Anders als die so offensichtlich destruktiven, verwilderten Haustiere finden importierte Pflanzen weit weniger Beachtung. Sie wirken eher »im Stillen«, sind aber auf lange Sicht äußerst bedrohlich für die Inselflora, die ihrem »Wachstumsdruck« nichts entgegenzusetzen hat. Die Bekämpfung der widerstandsfähigen Arten durch Abschlagen ist endlos ermüdende Arbeit und nur eine kurzfristige Lösung, da die meisten Pflanzen sofort wieder neu ausschlagen. Die Anwendung von chemischen Bekämpfungsmitteln befindet sich noch im Experimentierstadium und stößt verständlicherweise auf Widerstand. Bis jetzt begnügt man sich damit, wenigstens die weitere Ausbreitung der inselfremden Pflanzen einzugrenzen.
In Zukunft sollte das Augenmerk mehr auf Kontrolle und Verhinderung weiterer Importe gelegt werden. Z. B. scheint es wenig sinnvoll, die Ausrottung der Wildhunde anzustreben, solange deren Populationen durch Nachschub aus Siedlungen und Farmen immer wieder aufgefüllt werden, oder Hunde weiterhin auf die Inseln gebracht werden.
Die Einfuhr von Fremdorganismen nach Galápagos ist illegal. Kontrolle kann Zufallsimporte von Insekten und Samen zwar nicht immer verhindern, aber aus Unwissenheit oder bewußter Rechtsbrechung betriebene Einfuhren weitgehend ausschließen.

1 **Fernandina** – Narborough

Gewaltiger, aktiver Schildvulkan mit aufregender Geschichte; Pahoehoe- und AA-Lavaströme mit gelben Lavakakteen; Galápagos-Bussarde und Lavaechsen; verschiedene Mangroven entlang der weißen Sandbuchten; Rote Klippenkrabben, Galápagos-Seelöwen und große Kolonien von Meerechsen auf den zerrissenen Lavaplateaus der Küsten; Flugunfähige Kormorane, Galápagos-Pinguine und viele Wasser- und Watvögel als Gäste.

Fernandina, die westlichste Insel des Archipels, sitzt zusammen mit der benachbarten Insel Isabela direkt auf dem Hot Spot (s. S. 11). Sie besteht aus einem einzigen, riesigen Schildvulkan (s. S. 15) und hat eine Fläche von 643 km^2. Der 1494 m hohe Gipfel trägt eine 4 x 6 km große Caldera. Fernandina ist ein äußerst aktiver Vulkan, der verschiedentlich von sich reden machte. Im Jahre 1825 war Kapitän Benjamin Morell einer der ersten Augenzeugen einer heftigen Eruption. Er schreibt: »Es begann mit einem Getöse wie von 10 000 Donnerschlägen auf einmal. Im gleichen Moment leuchtete die gesamte Hemisphäre in einem so schrecklichen Glanz, daß es selbst das tapferste Herz fast zum Stillstand brachte. Hätten Miltons Höllenfeuer ihre steinernen Grabgewölbe zerbrochen und die Himmel mit Feuersbrunst bedroht, seine Beschreibung jenes Geschehens wäre diesem angemessen gewesen . . .«. Und später: »Flammen schossen aus dem Gipfel von Narborough, mindestens 2000 Fuß hoch. Der riesige Kessel kochte über, und ein Wasserfall flüssigen Feuers, ein Fluß aus geschmolzenem Gestein strömte zum Meer. . .«.

Morells Segelschiff, die Tartar, ankerte nur wenige Kilometer entfernt vor Isabela. Hier lag sie gefangen, denn »nicht ein Lufthauch regte sich«. Die Lufttemperatur stieg auf 45 °C, die Wassertemperatur auf 40 °C, »das geschmolzene Pachwerk rann aus den Plankenfugen und der Teer tropfte von der Takelage«. Als die Tartar endlich mit Hilfe einer plötzlichen Brise durch den schmalen Kanal zwischen Fernandina und Isabela entkommen konnte, war die Wassertemperatur auf unglaubliche 65 °C gestiegen. . .

Kein seltener Anblick: Sonnenuntergänge über dem Schildvulkan der Insel Fernandina sind oft besonders prächtig.

Aber auch in jüngerer Zeit kam der Vulkan einige Male in die Schlagzeilen, vor allem 1968, als sich der Boden seiner Gipfelcaldera plötzlich von 600 m auf über 900 m absenkte. Das 10 Tage andauernde Spektakel war von vielen Erdbeben, Explosionen und dem Ausstoß einer großen Aschenwolke begleitet. Es konnte von Anfang bis Ende von Wissenschaftlern verfolgt und genauestens dokumentiert werden.
Die starken Eruptionen von 1988 veränderten die Caldera erneut. Der in der Nordostecke liegende See wurde vorübergehend völlig trockengelegt, der Boden stellenweise wieder gehoben, und frische Lava ergoß sich über die Hänge.

Ein Besuch der küstennahen, älteren Pahoehoe- und AA-Lavaströme (s. S. 16) gibt nur einen kleinen Einblick in das Wirken dieses gewaltigen Vulkans. Vielleicht hat ein Besucher aber auch das Glück, einmal bei Nacht den Feuerschein einer seiner kleineren Ausbrüche sehen zu können.

Pflanzen und Tiere

Die andauernde vulkanische Aktivität kann die Tier- und Pflanzenwelt nicht ganz unberührt lassen. So starb die Fernandina-Unterart der Galápagos-Riesenschildkröten (s. S. 33) vermutlich aus diesem Grund aus. Auch die um die Caldera lebende große Po-

pulation von Landleguanen (s. S. 101) muß immer wieder schwere Schläge hinnehmen. Ansonsten ist das Bild der Tierwelt Fernandinas äußerst bunt. Eine der zwei auf Galápagos überlebenden, endemischen Reisrattenarten bewohnt die Hänge des Vulkans (s. auch S. 125), Galápagos-Schlangen (s. S. 35), Lavaechsen (s. S. 139), Galápagos-Bussarde (s. S. 76) und Schleiereulen sind häufig. Im August 1988 wurde mit dem Ani (s. S. 54) auch der erste Exot beobachtet. An den Küsten aber konzentriert sich das eigentliche Leben. Verschiedene Mangrovenarten (s. S. 72) säumen zusammen mit Salzbüschen (S. 128) die kleinen, weißen Sandbuchten. Von den schwarzen Lavaplateaus heben sich gelbe Lavakakteen (S. 60) ab. Braunmantel-Austernfischer (S. 61), Wanderwasserläufer und Kanadareiher gehen in den Gezeitentümpeln auf Nahrungssuche, und auf den Felsen mischen sich Galápagos-Seelöwen (s. S. 110) mit Roten Klippenkrabben (s. S. 80) und den hier allgegenwärtigen, bis zu 1 m langen Meerechsen. **Meerechsen**, die »schrecklichen Seedrachen« früherer Seefahrer, wurden von der Evolution in eine für Reptilien ungewöhnliche Nische gezwungen: Sie sind die weltweit einzigen bekannten Echsen, die sich als Weidegänger aus dem Meer ernähren. Die Nutzung der Nahrungsquellen dieses kalten, salzreichen und damit für wechselwarme Tiere feindlichen Lebensraums verlangte einige spezifische Anpassungen: starke Klauen für einen sicheren Halt an den Brandungsfelsen;

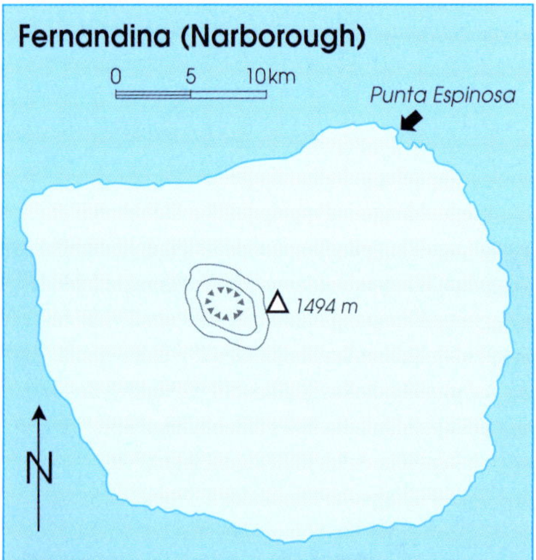

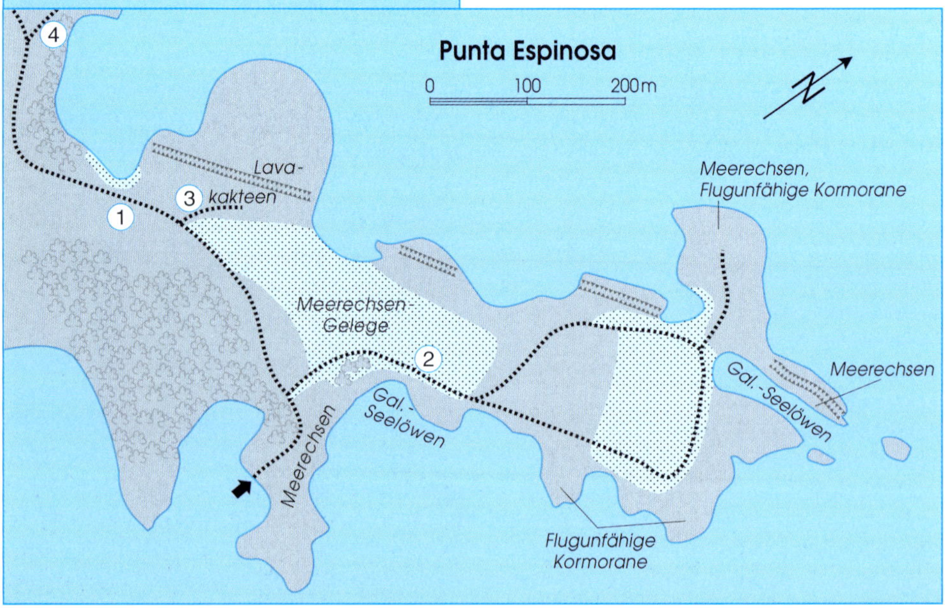

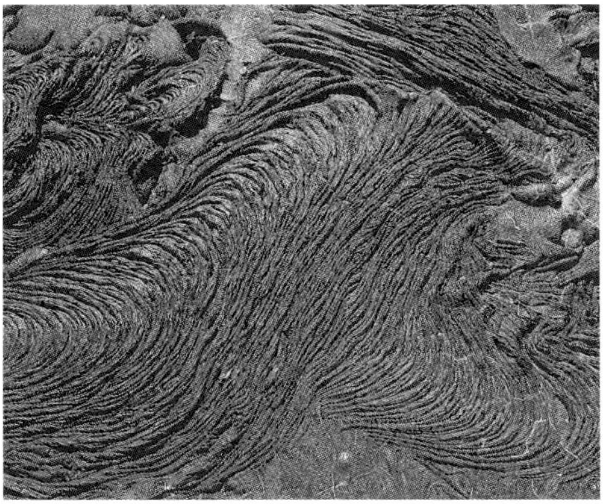

Stricklava bedeckt weite Flächen Fernandinas.

Zahlreiche Wanderwasserläufer besuchen die Inseln.

scharfe, flache Zähne zum Abraspeln der Algen und Seegräser; kräftige, seitlich zusammengedrückte »Schwimm-Schwänze«; spezielle Drüsen zur Exkretion des mit der Nahrung aufgenommenen, überflüssigen Salzes, das dann ausgeniest werden kann; und schließlich eine sorgfältige Wärmeregulation.

Heute weiß man, daß Meerechsen ihre Körpertemperatur an Land vor allem über die Körperstellung regeln. Am Morgen oder nach einer Tauchexkursion schmiegen sie sich eng an die Felsen, strecken alle Viere von sich und erreichen so eine größtmögliche Wärmeaufnahme. Ist ihre Körpertemperatur dann auf optimale 35–37 °C gestiegen, richten sie sich auf und stellen sich senkrecht zur Sonne, die Köpfe hoch erhoben. Die Wärmezufuhr ist nun deutlich geringer.

Im Wasser greift ein zweiter Mechanismus in das Geschehen ein: Durch Verlangsamen des Herzschlages von normal 40 auf etwa 10 Schläge/Minute verzögern die Meerechsen den Abkühlungsprozeß und verringern den Sauerstoffverbrauch. Sie können so erstaunlich lange auch unter Wasser aktiv bleiben. Zu den erreichten Tauchzeiten liegt u. a. ein Bericht Darwins über das Experiment eines Matrosen der Brigg »Beagle« vor: Eine von diesem mit einem Stein beschwerte und dann im Wasser versenkte Meerechse war noch nach einer Stunde putzmunter.

Während der Fortpflanzungszeit gegen Jahresende kommt unter den sonst eher phlegmatisch wirkenden Meerechsen Unruhe auf. Die Männchen errichten kleine Territorien und verteidigen sie durch Aufrichten, Zeigen der Breitseite, Aufstellen der Nackenstacheln und heftiges Kopfnicken bei geöffnetem Maul. Hilft alles Imponiergehabe

Der große Kanadareiher ist ein häufig zu beobachtender Vogel der Küstenzone.

Die gut getarnten Meerechsen sind von der dunklen Lava oft kaum zu unterscheiden.

nichts, wird der Gegner schließlich mit dem Kopf aus dem Territorium geschoben. Beißereien sind bei den Meerechsen selten. Die Weibchen legen einige Wochen nach der Befruchtung 1–3 große, weiße Eier in eine flache Nistmulde im Sand. Die weitere Entwicklung verläuft dann wie bei den Landleguanen.

Ein anderer, höchst interessanter Bewohner von Fernandinas Lavaküsten ist der **Flugunfähige Kormoran**. Die Flugunfähigkeit dieses einzigen »Fußgängers« unter den Kormoranen stellt eine der extremsten möglichen Anpassungen an einen (ehemals) feindfreien, nahrungsreichen Lebensraum dar (s. auch S. 46). Die Vorteile zeigen sich vor allem bei seinen Jagden nach Tintenfischen, Aalen und anderen Fischen am Meeresgrund: Die kurzen Stummelflügel behindern kaum mehr beim Schwimmen, der Abbau von Flugmuskulatur und Brustbeinkamm machte den Körper stromlinienförmiger, die eingesparte Flugenergie wurde in ein höheres Gewicht umgesetzt, was größere Tauchtiefen erlaubt. Nimmt man dazu ein Paar kräftige Füße für den Antrieb unter Wasser, so ist hier ein geradezu idealer Tauchjäger entstanden. Aus seiner beflügelten Zeit übrigbehalten hat er jedoch das Verhalten des Flügeltrocknens – ein ausgesprochen kurioser Anblick.

Ein Lavakaktus in verschiedenen Entwicklungsstadien.

Flugunfähige Kormorane sind mit etwa 700–800 Brutpaaren nur über den westlichen Teil des Archipels verbreitet. In kleinen Gruppen nisten sie an geschützten Stellen in Meeresnähe. Balzende Paare vollführen ein kompliziertes Ritual, das mit einem »Wassertanz« beginnt und schließlich am vorgesehenen Nistplatz endet. Eine typische Bewegung ist hier das »Hals-Schlängeln«, mit dem später auch zum Nest zurückkehrende Partner begrüßt werden. Es wird meist von einem dumpfen Knurren begleitet.

Flugunfähige Kormorane in Alarmstellung – ein überfliegender Galápagos-Bussard wird genau im Auge behalten.

Der Nestbau ist Sache des Weibchens, wobei das Material, vor allem Tange, vom Männchen gesammelt wird. Die Wände des 40–50 cm durchmessenden Nestrunds wachsen mit fortschreitender Brutzeit, da bei jedem Wachwechsel ein Geschenk mitgebracht und in das Nest eingebaut werden muß. Flugunfähige Kormorane legen 1–3 große Eier, bringen aber meist nur 1 Junges hoch. Ist jedoch die Futterlage gut, verläßt das Weibchen seinen Partner für eine zweite Brut mit einem neuen, attraktiven Artgenossen in der gleichen Nistsaison.

Im Gebiet unterwegs

Der einzig freigegebene Besuchspunkt auf Fernandina ist **Punta Espinosa**. Nach einer trockenen Landung auf Lava steht man bereits mitten zwischen den Meerechsen. Ein Weg ① führt dann vorbei an Mangroven und über Pahoehoe-Lavaflüsse zu einem großen AA-Lavafeld. Unterwegs sind dabei u. a. Lavaechsen und eventuell Galápagos-Bussarde zu sehen. Ein zweiter Weg ② überquert eine große Sandfläche und endet – vorbei an Galápagos-Seelöwen – bei den Lieblingsplätzen der Flugunfähigen Kormorane. Außerdem können noch Abstecher zu Gruppen von Lavakakteen ③ und einzelnen Gezeitentümpeln ④ gemacht werden.

ACHTUNG: Die dunklen Meerechsen sind oft kaum von der Lava zu unterscheiden, deshalb trotz aller Ablenkungen Vorsicht beim Gehen! Die Sandflächen sind als Nistplätze der Meerechsen tabu, deshalb unbedingt auf dem Weg bleiben!

TIP: Während einer Fahrt mit dem Beiboot um die Felsküsten von Fernandina sind gute Vogelbeobachtungen möglich, u. a. auch von Galápagos-Pinguinen (s. S. 64)!

Unterricht im Muschelöffnen: Braunmantel-Austernfischer.

2 **Isabela** – Albemarle

Aus 5 Schildvulkanen zusammengesetzte, größte Insel des Archipels; Landvögel, Meerechsen und Galápagos-Pinguine der Tagus Cove; gehobene Felsküste der Urbina Bay mit großen Landleguanen; Seevögel, Mangroven und Lavareiher bei Elizabeth Bay; Lavafelder und Felsentümpel von Punta Moreno; Flamingos und Stelzenläufer der Lagunen bei Puerto Villamil; Riesencaldera des Vulkans Sierra Negra.

Mit 4588 km^2 Fläche trägt die Insel Isabela mehr als die Hälfte zur gesamten Landmasse des Archipels bei. Insgesamt erstreckt sie sich über 130 km von Nord nach Süd und besteht aus zwei durch den schmalen Perry-Isthmus miteinander verbundenen Hälften. Der Nordteil trägt die 3 Vulkane Wolf, Darwin und Alcedo, deren höchster, Wolf, sich 1677 m aus dem Meer erhebt; er liegt genau auf dem Äquator. Ecuador, ein weiterer, alter Vulkan im Nordwesten Isabelas, wurde bereits zur Hälfte vom Meer verschlungen. Den querliegenden, südlichen Teil bilden die Vulkane Sierra Negra und Cerro Azul, von denen letzterer eine Höhe von 1689 m erreicht.
Alle 5 »intakten« Isabela-Vulkane sind klassische Schildvulkane mit großen Gipfelcalderen (s. S. 15). An ihren Hängen reihen sich viele Parasitärkegel (s. S. 16) entlang von Bruchlinien. Entsprechend der Lage der Insel direkt über dem Hot Spot (s. S. 11) sind zumindest Cerro Azul, Sierra Negra und Wolf noch recht aktiv. Am Alcedo dagegen wurden seit 1954 keine Eruptionen mehr beobachtet, und auch Darwin verhielt sich in den letzten Jahrzehnten ruhig.
Man nimmt heute an, daß die 5 Hauptvulkane Isabelas zunächst getrennt voneinander entstanden und erst durch das Zusammenfließen ihrer Lavaströme verbunden wurden. Tatsächlich muß man sie aber auch weiterhin als »ökologische Inseln« betrachten, denn die sie trennenden, kahlen Lavafelder sind als Verbreitungsbarrieren für viele Organismen genauso unüberwindlich wie große Wasserflächen. Ein Beispiel für die Stärke und Dauer des Isolationseffekts gibt die Entwicklung der 5 Unterarten von Galápagos-Riesenschildkröten auf Isabela – eine pro Vulkan (s. S. 33).
Der einzig besiedelte Teil Isabelas ist der Süden, wo der Ecuadorianer Don Antonio Gil 1897 das Hafenstädtchen Puerto Villamil und später auch das Dorf Santo Tomás im Hochland gründete. 1906 lebten hier bereits etwa 200 Menschen hauptsächlich von Akkerbau, Viehzucht und Schwefelabbau. In den 1940er Jahren wurden dann drei Strafkolonien eingerichtet, darunter »Porvenir« im Westen von Puerto Villamil. An die Grausamkeit des damaligen Strafvollzugs erinnert hier die »Muro de las Lágrimas« (= Mauer der Tränen), die, 150 m lang und bis 10 m stark, nur um der Arbeit willen errichtet werden mußte. Die harte Zeit fand mit der Revolte und Flucht der Sträflinge 1959 ein Ende.
Das vom Tourismus über lange Zeit wenig berührte Leben der mittlerweile über 1000 Bewohner von Süd-Isabela erfuhr durch die Eröffnung des kleinen Flughafens im Nordosten von Puerto Villamil einige Änderungen. Mehrere neue Hotels sind im Bau und Reiseagenturen siedeln sich an, so daß hier das 3. touristische Zentrum der Galapagos-Inseln entstehen wird.

Pflanzen und Tiere

Die Pflanzenwelt Isabelas ist äußerst vielfältig. Während sich die Trockenzone im Westen und damit im Regenschatten der großen Vulkane weit die Hänge hinaufzieht, wandelt sich das Vegetationsbild der Ostseite rasch mit zunehmender Höhe. Die vorherrschenden Südostpassate drücken die Wolken gegen die Bergflanken und erlauben ein üppiges Pflanzenwachstum. 4–6 m hohe Scalesien (s. S. 98) der Arten *Scalesia microcephala* bzw. *S. cordata* mischen sich mit Sträuchern der Trockenzone und Vertretern der Übergangszone wie *Tournefortia* (S. 66), *Psychotria ruficeps* oder Galápagos-Guaven zu einem dichten Busch. Um die Calderen findet man gelegentlich Galápagos-Baumfarne, unzählige epiphytische Farne und Moose, oder – im besiedelten Süden – eine ausgeprägte, von Gräsern dominierte »Pampa« (S. 28). Eine Zonierung wie auf Santa Cruz (s. S. 24) ist nicht ausgebildet. Erstaunlich ist der oft abrupte Wechsel von Feucht- zu Trockenvegetation auch in größeren Höhen. Jeder Regenschatten wirkt sich aus, und so sind z. B. die Böden der Calderen auf der Leeseite nur mit Balsambäumen (s. S. 105) oder Baumopuntien (s. S. 127) bestanden. Zusammen mit den noch kaum besiedelten Lavaflüssen jüngeren Ursprungs ergibt sich ein sehr buntes Lebensraum-Mosaik.

Entsprechend groß ist das auf der Insel anzutreffende Spektrum an Tieren, von denen nur einige Arten nicht vorkommen. Von den Wasser-, Wat- und Seevögeln fehlen nur wenige und auch nahezu alle Landvögel von Galápagos sind hier zu finden, darunter allein 10 der 13 bekannten Arten von Darwinfinken (s. S. 31). Vor allem auf der noch wenig berührten Nordhälfte leben große, gesunde Populationen von Galápagos-Riesenschildkröten (s. S. 92) aller 3 Vulkan-Unterarten, und auch Landleguane (s. S. 101) sind noch gut vertreten. Von den Galápagos-Reisratten (s. S. 125) allerdings kennt man auf ganz Isabela nur eine ausgestorbene Riesenform.

Unerwartet am Äquator – die kleinen Galápagos-Pinguine bereichern die Tierwelt der Inseln.

Blick über den Darwin-See in Richtung Tagus Cove. Im Hintergrund die Silhouette des Vulkans Cerro Azul/Isabela.

In der Südhälfte haben die verwilderten Haustiere der Siedler leider bereits großen Schaden angerichtet (s. auch S. 53). Die Ausrottung der Landleguan-Population bei Cartago Bay durch Wildhunde im Jahre 1976 ist das bekannteste Beispiel. Aber auch die Fortpflanzungsrate der Galápagos-Riesenschildkröten von Cerro Azul und Sierra Negra ist fast auf Null gesunken, und der Nachwuchs

Blüte und Fruchtstand der Galápagos-Baumwolle.

der Grünen Meeresschildkröten (s. S. 133) wird ebenfalls stark dezimiert. Zum Glück haben die eingeleiteten Vergiftungs- und Abschußprogramme bereits erste Erfolge zu verzeichnen.

Die Küsten Isabelas bieten einige Besonderheiten: schöne, alte Mangrovenbestände (s. S. 72), die größten Meerechsen des Archipels (s. S. 58), Brutplätze von Flugunfähigen Kormoranen (s. S. 60), vielbesuchte Niststrände der Grünen Meeresschildkröten, Flamingo-Lagunen (s. S. 130) und – vor allem – Galápagos-Pinguine.

Der **Galápagos-Pinguin**, der am weitesten nach Norden vordringende Vertreter seiner Familie, stammt wahrscheinlich vom Humboldtpinguin der Südwestküsten Südamerikas ab, ist jedoch deutlich kleiner (nur 35–45 cm Körpergröße).

Die Brutgebiete der Galápagos-Pinguine an den Küsten Fernandinas bzw. an der Westküste Isabelas liegen ganz im Einflußbereich des kühlen Äquatorialen Tiefenstroms (s. S. 19). Er bietet die für Kaltwasserbewohner angenehmsten Temperaturen und reichlich Futter. Die wenigen Tausend Brutpaare

verteilen sich weiträumig über die geeigneten Nistfelsen. Galápagos-Pinguine verpaaren sich fürs Leben. Sie legen 1–2 Eier in kleine Felshöhlen oder -spalten und brüten sie gemeinsam aus. Auch die mit braunen Dunen bedeckten Jungen werden von beiden Eltern versorgt.
Außerhalb der Brutzeit verbringen die Tiere die heißen Tage vorzugsweise im Meer und kehren erst am Spätnachmittag an Land zurück. Dort widmen sie sich dann ganz der notwendigen sorgfältigen Gefiederpflege und nehmen nachbarschaftliche Kontakte auf. Während ihr unbeholfen wirkendes Watscheln an Land oft zum Schmunzeln Anlaß gibt, ist ihre Fortbewegung unter Wasser sehr schnell und geschickt. Angetrieben von ihren Stummelflügeln können sie Geschwindigkeiten bis zu 40 km/Stunde erreichen.

Noddis stehlen oft Braunpelikanen die Beute.

Im Gebiet unterwegs

Die insgesamt 10 auf Isabela möglichen Besuchspunkte geben einen guten Einblick in die Vielfalt der Lebensräume dieser Insel. 5 von ihnen liegen an der Westküste:

Tagus Cove ①
Die Bucht entstand durch den Einbruch eines alten Tuffkegels (s. S. 16) und erhielt ihren Namen von einem britischen Kriegsschiff im Jahre 1814. Sie war ein beliebter Anlaufpunkt für Piraten und Walfänger, die ihre Schiffsnamen und das Besuchsjahr in die Felsen ritzten oder malten. Der Brauch ist heute strengstens verboten. Jenseits der Tagus Cove, vom Meer nur durch einen schmalen Landrücken getrennt, liegt der Darwin-See. Seine türkisblauen, salzigen Wasser füllen den Krater eines weiteren Tuffkegels.
Die Trockenvegetation ist sehr schön ausgeprägt und von vielen Landvögeln besiedelt. Zwischen Balsambäumen, Waltherien, *Croton scouleri*-Sträuchern (S. 128), Gelben Cordien (S. 128) und einigen Exemplaren der Galápagos-Baumwolle findet man verschiedene Darwinfinken, Galápagos-Spottdrosseln (s. S. 139) und Galápagos-Tyrannen (S. 96).

Die Steilküsten um Tagus Cove sind mit großen Meerechsen und Seevögeln besetzt, darunter Blaufußtölpel (s. S. 107), Braunpelikane (s. S. 88), Noddis und – eventuell – Flugunfähige Kormorane und Galápagos-Pinguine.

Unternehmungen: Bei rauher See schwierige Landung auf den schlüpfrigen Felsen; steiler

Der ockerfarbene Kissenseestern *Nidorellia armata.*

Auf bussardfreien Inseln sind Sumpfohreulen meist tagaktiv.

Fruchtstände der *Tournefortia pubescens.*

Blüten der endemischen Korbblütlerart *Macraea laricifolia.*

Aufstieg hinauf auf die Tuffklippen; Blick auf den Darwin-See; schöner Weg durch Trokkenvegetation mit Beständen der beiden endemischen Korbblütlerarten *Scalesia affinis* und *Macraea laricifolia* zu einem weiteren Aussichtspunkt mit Blick auf die Lavafelder des Vulkans Darwin.
Außerdem empfiehlt sich eine Fahrt per Beiboot entlang der Seevogelklippen, bei der man unterwegs auch auf Kissenseesterne und andere Meeresbewohner achten sollte.

Urbina Bay ②

Die Küstenfelsen der Urbina Bay tauchten erst 1954 aus dem Meer auf. Damals wurde ein 6 km breiter Uferstreifen am Fuße des Vulkans Alcedo bis zu 5 m angehoben (s. S. 17), und die Küstenlinie schob sich um etwa 1,2 km ins Meer hinaus. Überall auf dem neu gewonnenen Land findet man Reste verschiedener abgestorbener Meeresorganismen, darunter vor allem Korallen. Die alte Küstenlinie im Inland ist noch als steiler, mit Balsambäumen besetzter Geröllhang erkennbar.
Die Vegetation des neuen Plateaus besteht aus verschiedenen Akazienarten, *Tournefortia psilostachya*- und endemischen *Darwiniothamnus tenuifolius*-Sträuchern. Neben Landvögeln sind vor allem die hier ansässigen, großen Landleguane sehenswert, und auch Galápagos-Riesenschildkröten der Alcedo-Unterart kommen manchmal zur Eiablage in diese Zone.
An der neuen Küste liegen – in der Saison – Brutplätze von Braunpelikanen und Flugunfähigen Kormoranen, die die abgestorbenen Korallen gerne zum Nestbau verwenden. Auch Meerechsen, Grüne Meeresschildkröten und verschiedene Rochen (S. 38, 94) werden regelmäßig beobachtet.

Unternehmungen: Nach nasser Landung am Sandstrand Wanderung zu den Landleguanen; unterwegs oft deutliche Spuren der hier zahlreich vorkommenden, verwilderten Esel (S. 53); Rückweg über die Küste mit gelegentlichen Funden von Seeigel- und Langusten-Skeletten.

Galápagos-Riesenschildkröten lieben Schlammbäder. Die in der Regenzeit mit Wasser gefüllten Senken im Krater des Vulkans Alcedo bieten sich dafür an.

Elizabeth Bay ③

Die beiden Hauptattratktionen dieses Besuchspunktes sind die ausgedehnten Mangrovenbestände an der Küste und die kleinen Seevogelfelsen der Bucht. Auf ihnen wohnen neben Galápagos-Seelöwen und Meerechsen vor allem Blaufußtölpel, Braunpelikane, Flugunfähige Kormorane und Galápagos-Pinguine. Von der Küste führt eine schmale, von riesigen Roten und Weißen Mangroven gesäumte Passage zu einer idyllischen Stillwasserzone, in der sich gute Beobachtungsmöglichkeiten für Grüne Meeresschildkröten, verschiedene Rochen und Haie bieten. Auch Lavareiher (S. 70) sind hier häufig.

Unternehmungen: Fahrt mit dem Beiboot um die Seevogelinseln und Besuch der Stillwasserzone, letzteres vorzugsweise mit abgestelltem Motor.

Punta Moreno ④

Die ausgedehnten Lavafelder zwischen den nördlichen Flanken der Vulkane Cerro Azul und Sierra Negra beeindrucken durch ihre wilde, zerrissene Schönheit. Abgesehen von wenigen Lavakakteen (S. 60) und *Scalesia affinis*-Pflanzen in Felsspalten, konzentriert sich das Leben an der mangrovenumsäumten Küste und um kleine, mit Brackwasser gefüllte Lavabecken in Küstennähe. Umgeben von Gräsern, Seggen und dichter Trockenvegetation bieten diese Felsentümpel Lebensraum für ein überraschend großes Spektrum von Tieren, darunter Bahama-Enten (S. 134), Teichhühner, verschiedene Reiher (s. S. 30), Flamingos und Libellen.

Unternehmungen: Besuch der Felsentümpel nach trockener Landung auf Lava und Überquerung einer kahlen, rauhen Lavafläche; ein etwa 1 km langer Weg (hin und zurück) ist eingerichtet.

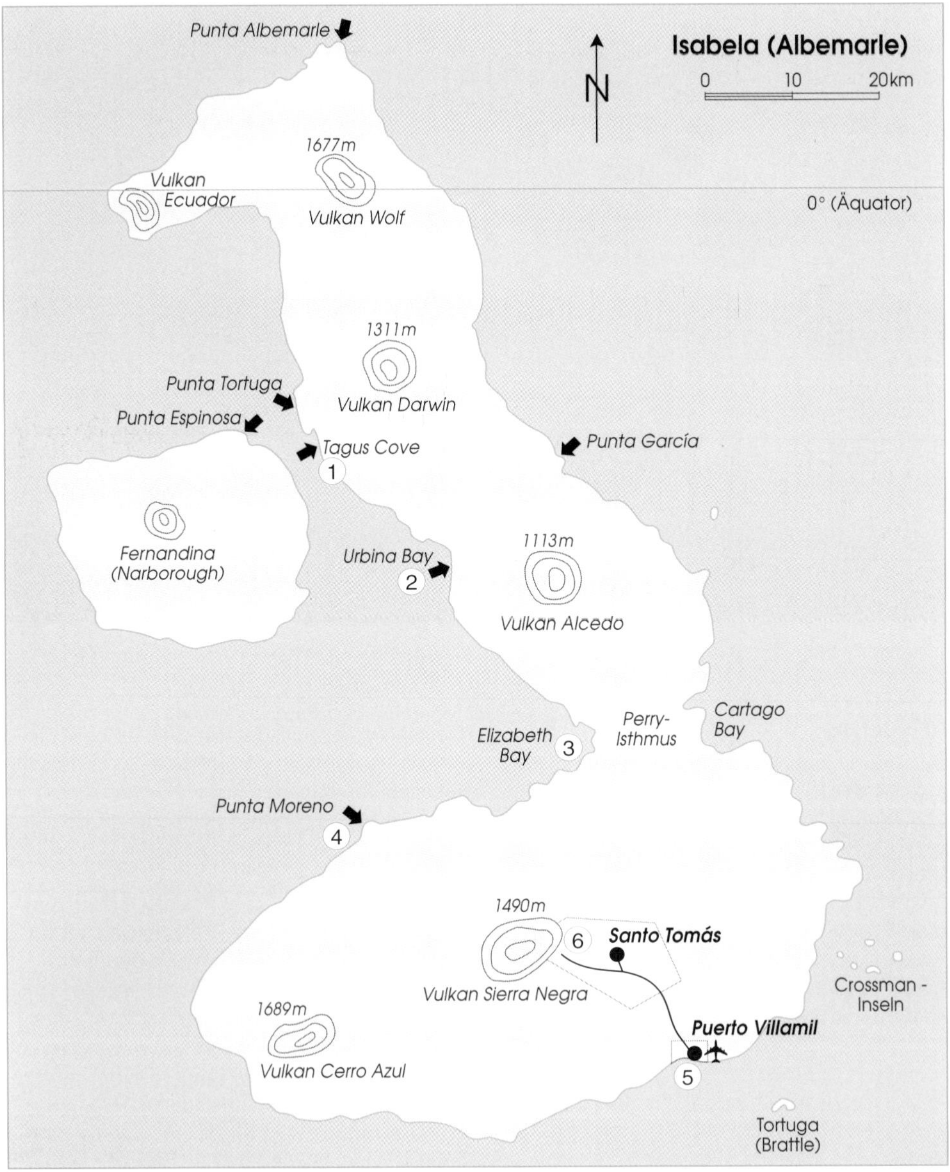

Der letzte Besuchspunkt an der Westküste, **Punta Tortuga** (schwarzer Badestrand, Mangrovenfinken), wird wie **Punta Albermarle** (ehemalige US-Radarstation, Meerechsen) an der Nordspitze der Insel und **Punta García** (AA-Lava, Flugunfähige Kormorane) im Osten nur selten angelaufen.
Interessanter sind wieder die folgenden möglichen Ausflüge in die Umgebung des Hafens von Puerto Villamil bzw. ins Innere der Insel.

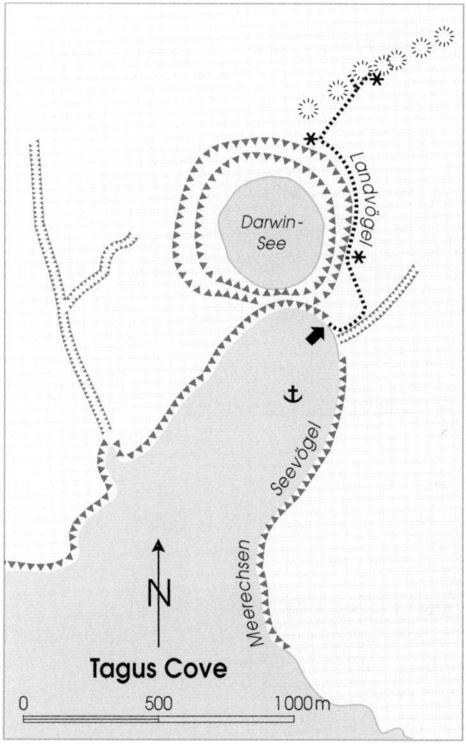

Puerto Villamil ⑤
Das kleine Städtchen Puerto Villamil am Fuße des Vulkans Sierra Negra liegt im Schutz einer Lavabarriere an einem blendend weißen Sandstrand. Hinter den Dünen, die mit einem guten Querschnitt durch die Galápagos-Küstenvegetation (s. S. 24) aufwarten, zieht sich ein weit verzweigtes System von Brackwasserlagunen bis in das Dorf hinein. Strand wie Lagunen eignen sich gut zur Beobachtung von Flamingos, Stelzenläufern und verschiedenen Arten von Zugvögeln, darunter Regenbrachvögel (S. 145), Sanderlinge und Amerikanische Sandregenpfeifer.

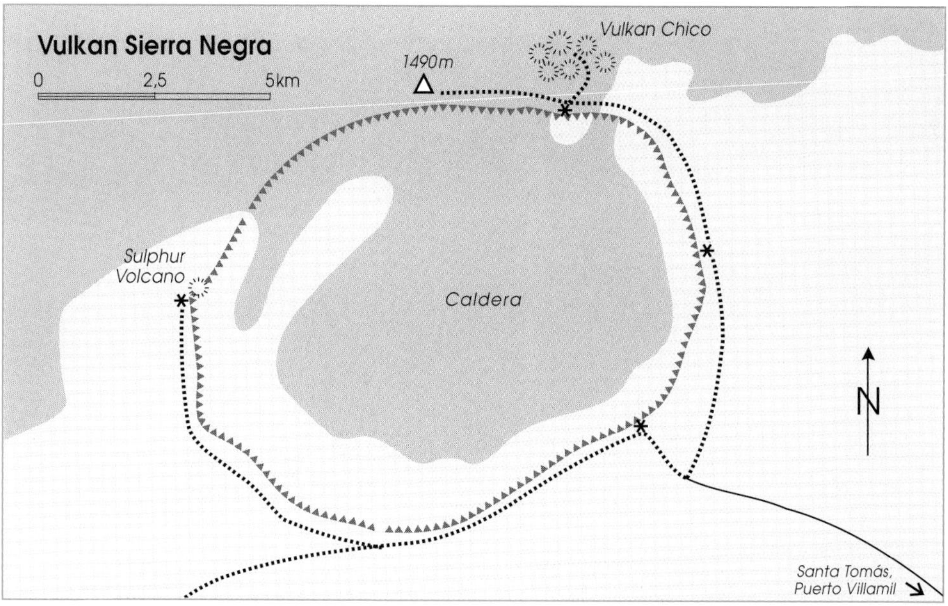

Der kleine, endemische Lavareiher ist im Küstenbereich oft beim Fischen zu beobachten.

Unternehmungen: Wanderung entlang des Strandes und Besuch der Lagunen.

Vulkan Sierra Negra ⑥

Sierra Negra (1490 m), der vermutlich älteste der 5 Isabela-Vulkane, besitzt eine riesige, zwischen 9 und 10 km durchmessende Gipfelcaldera, um deren Rand sich die spärlich von Buschgruppen durchsetzte, menschengemachte »Pampa« dehnt. Im Nordosten, unweit des eindrucksvollen Caldera-Rundes, liegt eine Gruppe kleiner Parasitärkegel, darunter der Vulkan Chico, aus dem beständig heiße Dämpfe hervorquellen.

Unternehmungen: Santo Tomás im Hochland ist der Ausgangspunkt für den (mindestens eintägigen) Besuch Sierra Negras. Man erreicht das im Hochland gelegene Dorf von Puerto Villamil per Anhalter oder Bus über eine 18 km lange Piste. Diese durchquert zunächst die Lavafelder der trockenen Küstenebene und erreicht dann die landwirtschaftlich genutzte, feuchtere Zone um Santo Tomás. Eine Abzweigung kurz vor der kleinen, weitverstreuten Siedlung führt noch einige Kilometer weiter bis in die Nähe des Vulkangipfels. Von hier aus geht es schließlich zu Fuß oder per Pferd (anzumieten in Santo Tomás) durch Guavengestrüpp (S. 51) hinauf zum Rand der Caldera (etwa 1 km), wo sich – bei gutem Wetter – ein fantasti-

Beeindruckendes Beispiel eines Überlebenskünstlers: Der Mancinellenbaum zwängt sich durch eine Lavaspalte bei Punta Moreno/Isabela.

Rote Mangroven in der Elizabeth Bay. Im ruhigen Wasser der geschützten Bucht bilden sie Riesenformen.

scher Ausblick eröffnet. Weiter Richtung Nordosten kann außerdem noch der **Vulkan Chico** (8 km) besucht werden, und in entgegengesetzter Richtung liegen die als **Sulphur Volcano** bezeichneten ehemaligen Schwefelminen (10 km).
Am leichtesten läßt sich dieser Ausflug (Transport, Pferdeanmietung usw.) mit Hilfe der »Amigos de Isabela« (Señor Antonio Gil) organisieren. Ihr Büro befindet sich in Puerto Villamil und ist für Auskünfte oder auch Organisationen von anderen Ausflügen in und um Süd-Isabela gut. Unterkünfte findet man in zunehmender Anzahl in Puerto Villamil, während es in Santo Tomás im Hochland zur Zeit noch keine Übernachtungsmöglichkeiten gibt.

ACHTUNG: Das Wetter ist wenig beständig, deshalb Regen- und Sonnenschutz mitnehmen! Für den anstrengenden und etwas riskanten Ritt zum Vulkan Chico Pferde am Tag vorher bestellen, sehr früh aufbrechen und Wasser nicht vergessen! Der Abstieg in die Caldera selbst ist verboten!

Vulkan Alcedo ⑦

Dieser 1113 m hohe, mächtige Vulkan der Nordhälfte Isabelas ist nur wenig jünger als Sierra Negra. In und um seine große Gipfelcaldera (8 x 6,5 km) beherbergt er 4000–6000 Galápagos-Riesenschildkröten und damit die größte Population dieser Tiere außerhalb des Schutzgebietes auf Santa Cruz (s. S. 97). Die Vegetation des Kraterrandes und des Kraters – dichtes, mit vielen Epiphyten besetztes Strauchwerk – ist heute stark durch die vielen Ziegen zerstört, die seit den 1990er Jahren hier ihr Unwesen treiben. Ein Abschußprogramm ist geplant. Bis auf weiteres ist es nicht mehr möglich, den Vulkan zu besuchen.

Mangroven – In Salz gebadete Pflanzen

Als Mangroven bezeichnet man eine Gruppe von immergrünen baumartigen Küstengehölzen der Tropen und Subtropen, die sich in geschützten Buchten, an Lagunen und Flußmündungen innerhalb des Gezeitenbereichs ansiedeln. Sie bevorzugen einen tonig-sandigen Schlickboden, der bei Flut überschwemmt wird und bei Ebbe trockenfällt. Ihre Arten gehören verschiedenen Familien an, weisen aber die gleichen Anpassungen auf.

Alle Mangrovenarten zeigen spezifische Anpassungen an ihren extremen Lebensraum:

□ Den Einflüssen von Wellenschlag und Gezeitenhub trotzen sie mit breiten Wurzelsystemen und der Entwicklung langer, vom Sproß ausgehenden Stelzwurzeln, mit denen sie sich fest im Boden verankern.

□ Dem Gasaustausch im schlecht belüfteten Schlickboden dienen sog. Lentizellen, über die sie Luftsauerstoff aufnehmen können. Sie liegen auf den Stelzwurzeln, auf »Wurzelknien« oder aber auf eigens entwickelten, senkrecht aus dem Schlick ragenden Atemwurzeln.

□ Dem hohen Salzgehalt des Wassers, der dem Pflanzenkörper Wasser durch Osmose entziehen würde, begegnen sie mit einer noch höheren Salzkonzentration im Zellgewebe. Manche Arten scheiden außerdem überflüssiges Salz an der Oberfläche der Blätter über spezielle Drüsen aus, andere werfen die dicht mit Salz vollgepackten Blätter einfach ab.

□ Mangrovensamen sind mit schwimmfähigen salzresistenten Hüllen umgeben und lassen sich so zu neuen Küsten tragen. Bei manchen Arten entwickeln sie sich bereits auf der Mutterpflanze. So keimen die Früchte der Roten Mangrove zu langen torpedoförmigen Embryonen aus. Fallen diese ab, so verankern sie sich dank ihres Gewichtes an Ort und Stelle oder sie werden verspült und wurzeln beim Trockenfallen.

4 Mangrovenarten kommen auf Galapagos vor. Sie unterscheiden sich in der Wuchs- und Blattform sowie ihren Standorten.

Die häufigste ist die **Rote Mangrove.** Sie bildet starke rote Stelzwurzeln, die die Pflanze in Rissen des Lavagesteins oder im Schlammboden verankern und zugleich der Atmung dienen. Rote Mangroven dringen weit ins Meer vor und wirken als regelrechte Wellenbrecher. In windgeschützten Gebieten entwickeln sie teilweise Riesenformen von über 10 m Höhe.

Mit der Roten Mangrove oft vergesellschaftet ist die durch knorrige, gedrehte Stämme auffallende **Weiße Mangrove.** Sie bevorzugt ruhigere, weniger wasserbewegte Standorte und ist anhand einer im Gegenlicht erkennbaren Kette schwarzer Punkte (Salzdrüsen) am Rand ihrer ovalen Blätter zu identifizieren.

Keimlinge der Roten Mangrove gleichen kleinen, grünen Torpedos. Nach dem Herabfallen verankern sie sich sofort mit kräftigen Wurzeltrieben im Boden.

Die beiden anderen Mangrovenarten ziehen Sandstrände oder die Ufer von Lagunen als Standort vor. Für die **Schwarze Mangrove** sind dabei viele Reihen senkrecht aus dem Schlick ragender, kurzer Atemwurzeln typisch. Bei großen alten Exemplaren ziehen sich diese manchmal über 20 und mehr Meter durch den Schlickboden. Oft bedeckt auch ein weißlicher Überzug aus ausgeschiedenem kristallisiertem Salz die Oberfläche der Pflanze.

Die **Knopfmangrove** schließlich bildet keine Atemorgane. Sie wächst im höheren Strandbereich, wo der Boden besser durchlüftet ist. Charakteristisch für sie ist die namensgebende »Knopf«-Form ihrer Blüten und Fruchtstände.

Abgesehen von ihrer küstenstabilisierenden Wirkung stellen Mangrovengürtel einen wichtigen Lebensraum für viele Tierarten dar. Auf Galapagos finden in ihnen z.B. mehrere Reiherarten, der Goldwaldsänger (S.29), der Galapagos-Tyrann (S.96) oder der Mangrovenfink (s. S.45) Nahrung und Schutz.

Zwischen den Wurzeln siedeln sich verschiedene Wirbellose an. So ist manchmal der Boden von den kleinen Löchern der Winkerkrabben (s. S.80) regelrecht übersät.

Die warmen, seichten Mangrovengewässer sind aber vor allem ein wichtiger Aufenthalts- und Paarungsort für Meeresschildkröten, Rochen, Haie und viele andere Fische. Zudem sind sie als »Kinderstube« für diese Tiergruppen beliebt und unersetzlich. So verbringen z. B. die Jungen vieler Haiarten hier die ersten Lebensjahre, um sich vor den erwachsenen Exemplaren ihrer eigenen Art zu schützen. Die weltweite Zerstörung von Mangrovengürteln für Hafen-, Wohnungs- oder Straßenbau raubt diesen Tieren den Lebensraum.

Blühende Schwarze Mangrove. Auf den Blättern erkennt man kleine Kristalle von ausgeschiedenem Salz.

Die biegsamen Atemwurzeln der Schwarzen Mangrove ragen aus dem Schlick.

3 Santiago – James

Junge Lavalandschaft der Sullivan Bay mit schönen Pahoehoe-Lavastrukturen und Hornitos; Tuffwände der Buccaneer Cove; Mangroven der Espumilla Bay; Galápagos-Bussarde und verschiedene Arten von Darwinfinken; zerrissene Lavaküste südlich der James Bay mit interessanten Gezeitentümpeln und einer Kolonie von Galápagos-Seebären; Braunmantel-Austernfischer, Lavareiher, Krabbenreiher und Rote Klippenkrabben.

Mit einer Fläche von 585 km^2 ist Santiago die viertgrößte Insel des Archipels. Ihr Hauptvulkan erhebt sich im Nordwesten auf 907 m und ist bereits seit langem erloschen. In scharfem Kontrast zu seinen bewachsenen Hängen stehen die kahlen, schwarzen Lavaflüsse der flacheren östlichen und südlichen küstennahen Teile der Insel, die auf gelegentliche, jüngere vulkanische Aktivität hindeuten.

So wurden die Ebenen um die **Sullivan Bay** im Osten erst gegen Ende des letzten Jahrhunderts im Verlaufe verschiedener Eruptionen kleinerer Krater mit einer Decke dünnflüssigen Basalts überzogen. Aus diesem »schwarzen Meer« ragen noch einige ältere, rötliche Schlackenkegel (s. S. 16) wie Inseln heraus und bereichern das Bild dieser urtümlichen Landschaft. Die Oberfläche der jungen Lava besteht aus einem aufgeschobenen Wirrwarr sehr klarer Pahoehoe-Lavastrukturen (s. S. 16), die noch kaum Verwitterungsspu-

Blick auf die Tuffklippen der James Bay bei Puerto Egas; im Hintergrund der Vulkan Wolf, der nördlichste der 5 Isabela-Vulkane.

ren zeigen. Auch einige der kleinen Hornitos (s. S. 17) sind hier gut zu beobachten. Menschen lebten auf Santiago nur im westlichen Teil. Für über 2 Jahrhunderte war die **Buccaneer Cove** im Nordwesten der Insel ein beliebter Piratenunterschlupf. Geschützt von hohen, schön strukturierten Tuffklippen bot die Bucht einen idealen Ankerplatz. Der flache Sandstrand eignete sich zur Ausführung kleinerer Schiffsreparaturen, die Süßwasserversorgung war durch eine heute versiegte Quelle gesichert, die umliegenden Wälder lieferten Feuerholz, und Riesenschildkröten deckten den Frischfleischbedarf (s. S. 132). Bis heute werden hier Werkzeuge, Tonscherben, Waffen und andere Relikte aus dieser Zeit gefunden.

In **Puerto Egas** im südlichen Teil der **James Bay** stößt man auf die Ruinen einiger Häuser und die Überreste verschiedener Arbeitsgeräte. Hier hatten in den 1920er bzw. '60er Jahren zunächst Norweger und später der Ecuadorianer Hector Egas Salzabbau betrieben. Die Ausbeutung der Salzkrusten eines nahegelegenen, mit Meerwasser gefüllten Kraters erwies sich aber als wenig lohnend, und so konnte der Krater später in ein Flamingo-Schutzgebiet umgewandelt werden.

Castela galapageia, ein endemischer Busch der Trockenzone, blüht nach Regenfällen.

Abendstimmung über dem ehemaligen Piratenunterschlupf der Buccaneer Cove mit Blick auf die steilen Tuffklippen. Im Vordergrund zwei große Baumopuntien.

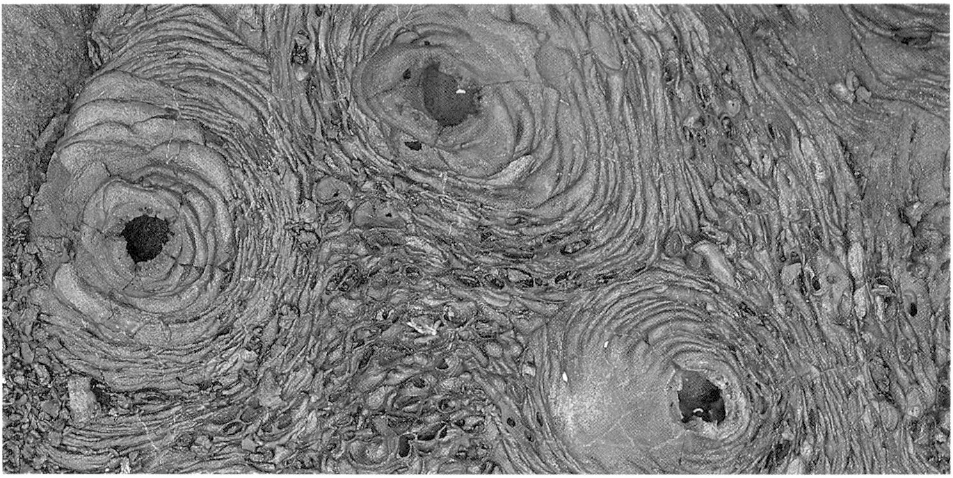

Hornitos in der Sullivan Bay. Sie entstehen durch plötzlich entweichende Gase in einem Lavafluß.

Pflanzen und Tiere

Neben der Küste ist die Trockenzone (s. S. 25) die am häufigsten besuchte Vegetationszone im Westen. Sie zeigt auf Santiago starke Degradationserscheinungen durch den Einfluß der dort überreichlich vorkommenden Ziegen, Esel und Schweine (s. S. 53). Vor allem die noch in den 1980er Jahren auf über 100 000 Tiere geschätzte Ziegenpopulation sorgte für das Verschwinden vieler Trockenpflanzen und reduzierte den Unterwuchs des alten Balsambaumwaldes (s. S. 105) z. T. auf reines Grasland. In weiten Teilen bildete sich auch ein lockerer, einförmiger Busch von *Castela galapageia* und *Scutia pauciflora* (S. 81), zwei Straucharten, die von Ziegen wegen ihres bitteren Geschmacks bzw. ihrer Dornen verschmäht werden. Auch im feuchteren Hochland führten Überweidung durch Ziegen und Esel sowie die Wühltätigkeit der Schweine zu großflächiger Vernichtung der Vegetation und starker Bodenerosion.

Die Balsambaumwälder des Westens sind Heimat für eine ganze Reihe von Landvögeln wie Galápagos-Tauben (s. S. 125), Galápagos-Spottdrosseln (s. S. 139) und Galápagos-Tyrannen (S. 96). Gut sind hier auch die Beobachtungsmöglichkeiten für einige der insgesamt 10 auf Santiago vertretenen Arten von Darwinfinken (s. S. 31) und für den **Galápagos-Bussard**, den einzigen endemischen Greifvogel der Inseln.

Als Charles Darwin 1835 in sein Tagebuch schrieb, daß er mit dem Lauf seiner Flinte einen Bussard vom Ast stieß, übertrieb er sicher nicht. Tatsächlich ist die Furchtlosigkeit der Galápagos-Bussarde bis heute frappierend. Solange ein Sicherheitsabstand von etwa 10 m gewahrt bleibt, beachten diese Vögel den Menschen kaum. In weniger besuchten Regionen verführt sie ihre Neugier oft zu noch näheren Kontakten. Für diese Furchtlosigkeit bezahlten die Galápagos-Bussarde früher einen hohen Preis. Siedler erschlugen sie zum Schutz ihres Hausgeflügels zu Hunderten mit Knüppeln und rotteten sie auf San Cristóbal, Floreana, Baltra und Santa Cruz weitgehend aus. Die größten Bestände findet man daher auf unbesiedelten Inseln wie Santiago, Fernandina, Pinta und auf den nördlichen Vulkanen von Isabela. Obwohl der gegenwärtige Gesamtbestand von knapp 200 Brutpaaren als stabil bzw. leicht zunehmend gilt, konnte bisher kein Versuch der Wiederbesiedlung verlorener Inseln beobachtet werden.

Das Beutespektrum der Galápagos-Bussarde umfaßt die endemischen Galápagos-Reisratten (s. S. 125) und andere eingeführte Nagetiere ebenso wie alle Reptilien- und Landvogelarten, Galapagos-Hundertfüßer oder Heuschrecken. Außerdem übernehmen sie die Rolle der Geier auf den Inseln und wurden deshalb schon von Darwin als »Aas-Bussarde« beschrieben. Auf Santiago profitieren sie heute vor allem von den vom Nationalpark durchgeführten Ziegen- und Schweineabschüssen. Schweine werden hier seit 1988 gezielt bejagt. Auch bei den auf Santiago erlaubten Ziegenjagden der Bootsbesatzungen zur Frischfleischversorgung folgen die Galápagos-Bussarde erwartungsvoll den Jagdgruppen und versammeln sich nach Abschüssen in größeren Zahlen am »Tatort«.

Die südlich der James Bay gelegene zerrissene Lavaküste Santiagos zeichnet sich durch ein besonders reiches Tierleben aus. Lavareiher (S. 70) und Krabbenreiher (S. 119) verraten ihre Anwesenheit durch »Speisereste« – aufgebrochene, vertrocknete Panzer der Roten Klippenkrabben (s. S. 80), die hier mit besonders großen, farbigen Exemplaren vertreten sind. Die attraktiven, rotschnäbeligen Braunmantel-Austernfischer (S. 61) sind häufig, und auch andere Küstenvögel wie Steinwälzer oder Wanderwasserläufer (S. 59) kommen vor. Gezeitentümpel erlauben vor allem bei Ebbe einen interessanten Einblick in die Unterwasserwelt (s. S. 35). Seepocken, Einsiedlerkrebse, die endemischen Grünen Seeigel und Bleistiftseeigel (S. 141) sind nur einige der zahlreichen Bewohner dieses Lebensraums. Bei Ebbe kann man auch häufig Meerechsen (s. S. 58) beim »Grasen« auf den exponierten Meersalat-Feldern beobachten. Auf der Lava ruhen Galápagos-Seelöwen

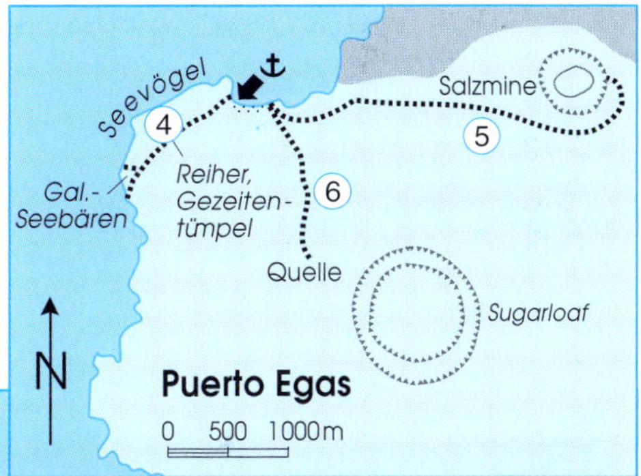

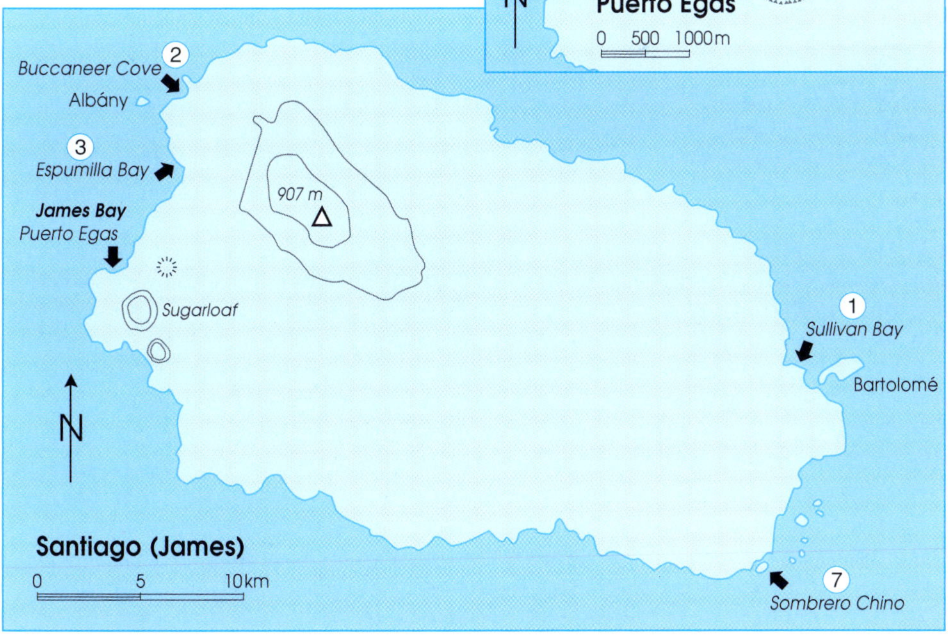

Ein Galápagos-Bussard im Aufwind. Die neugierigen Vögel kreisen gelegentlich in ganzen Gruppen über den von ihnen besiedelten Inseln.

Wegen ihres dichten Haarkleides sind Galápagos-Seebären hitzeempfindlich. Sie dösen deshalb tagsüber gern im Schatten von Lavafelsen. Im Bild ein Männchen.

(s. S. 110) und vor allem Galápagos-Seebären, eine große Attraktion Santiagos.
Der endemische **Galápagos-Seebär** stammt von den Südamerikanischen Seebären ab, die wohl einst mit den kühlen Wassern des Humboldt- bzw. Südäquatorialstromes (s. S. 18) zu den Galápagos-Inseln gelangten und sich dort zur eigenen Art entwickelten. Galápagos-Seebären unterscheiden sich in ihrem Aussehen, ihrem Verhalten wie ihren Umweltansprüchen von den allgegenwärtigen Galápagos-Seelöwen. Sie sind kleiner, besitzen ein dichteres, dunkelbraunes Fell und ihre Flossen scheinen im Verhältnis zum Körper kräftiger. Am auffälligsten aber ist wohl der rundliche Kopf mit einem massigen Nacken, einer eher stumpfen Schnauze, großen Augen und im Vergleich zum Seelöwen größeren Ohrmuscheln. Innerhalb der Kolonien halten die einzelnen Tiere im allgemeinen einen größeren Abstand voneinander als die Seelöwen, und die Aggressivität der territorialen Bullen zur Fortpflanzungszeit (August bis November) ist geringer.
Als Kaltwasserbewohner bevorzugen Galápagos-Seebären von kühleren Strömungen umflossene Inseln. Dort wählen sie aufgelokkerte, felsige Ufer, wo Spalten und Höhlen in der Lava Schatten spenden und ausgewaschene Einbrüche schnellen Zugang zum Meer gewähren. Sie sind geschickte Kletterer und gelangen auch über die steilsten Klippen mühelos zu ihren nächtlichen Jagdgebieten im küstennahen Wasser.
Lange Zeit schien das Überleben der Galápagos-Seebären zweifelhaft. Vor allem im 19. Jh. von Wal- und Robbenjägern zu Tausenden dahingeschlachtet, galten sie nach der Jahrundertwende als so gut wie ausgestorben. In den 1950er Jahren fand man dann wieder einige größere Kolonien, und bis zum El-Niño-Jahr 1983 (s. S. 20) hatte sich die Gesamtzahl dank der strengen Schutzmaßnahmen auf rund 40 000 Tiere erhöht. Nach starken Einbußen in diesem Katastrophenjahr erholten sich die Bestände wieder.

Rote Klippenkrabben stehen sich drohend gegenüber.

Nur selten sind Geisterkrabben auf nahe Distanz zu sehen.

Bei den Männchen der Galápagos-Winkerkrabbe ist eine Schere besonders stark entwickelt.

Krabben – Interessantes im Detail

Viel schönes Kleingetier erwartet den Galápagos-Besucher nach dem Ausbooten an der Küste. So entpuppen sich z. B. die auffallenden roten Tupfer auf der schwarzen Lava als **Rote Klippenkrabben.** Diese häufigen Krebstiere halten sich immer in der Nähe der Wasserlinie auf, gehen aber nur im Notfall »baden«. Ihr Zusammenleben ist durch eine ausgeprägte Rangordnung geregelt. Auseinandersetzungen zwischen Männchen werden ritualisiert gelöst, indem sich die Opponenten hoch aufrichten und gegenseitig mit den mächtigen Scheren drohen, bis der Schwächere nachgibt. Oft werden dem Gegner zur Einschüchterung auch zwei feine Wasserstrahlen aus am Kopf gelegenen Öffnungen entgegengeschossen.
Rote Klippenkrabben weiden Algen und Meersalat vom Fels ab, essen aber auch Reste von toten Tieren und gelegentlich sogar Angehörige der eigenen Art. Dabei attackieren größere Individuen ihre Artgenossen, um diese zum Abstoßen eines Beines zu bringen, das sie dann vertilgen. Die verlorenen Gliedmaßen wachsen zwar wieder nach, aber trotzdem meiden die dunkler gefärbten Jungen nicht zuletzt deshalb die Erwachsenen und bilden eigene Gruppen.
Geisterkrabben, häufige, aber scheue Bewohner von Sandstränden, sind nur mit viel Geduld zu beobachten. Äußerst flink und wachsam, nehmen sie mit ihren hochaufgerichteten Stielaugen die geringste Bewegung wahr und verschwinden sofort in ihren Löchern. Wird ihnen der Weg dorthin abgeschnitten, graben sie sich im Flachwasserbereich blitzschnell in den Sand. Darüber hinaus können sie ihre Körperfarbe der Farbe des Untergrundes anpassen – eine perfekte Tarnung!
Geisterkrabben ernähren sich vorzugsweise von organischen Kleinstpartikeln. Hierzu kratzen sie den Sand bei Ebbe mit den Scheren zusammen, sortieren mit den Mundwerkzeugen das Eßbare heraus und lassen den Rest in Form charakteristischer kleiner Kügelchen zurück. Da dieser Prozeß sehr schnell vor sich geht, sind Strände mit einer hohen Geisterkrabben-Population oft übersät von solchen »Gewöllen«.
Im Schlickboden der Mangrovengebiete lebt eine kleinere, endemische Krabbenart, die oft große Kolonien bildet: die **Galápagos-Winkerkrabbe**. Auch sie ernährt sich von organischer Kleinmaterie und baut Höhlen. Vor allem aber beeindruckt ihr seltsames Liebeswerben: Die Männchen besitzen eine übermäßig vergrößerte linke Schere, deren Gewicht fast die Hälfte des gesamten Körpergewichts erreichen kann. Mit dieser führen sie – meist gruppenweise – stereotyp immer dieselben Winkbewegungen aus, um die angebeteten Weibchen für sich zu interessieren. Der Zweck dieser oft lange andauernden Balz ist erfüllt, wenn ein Weibchen dem Winker zur Begattung in seine Höhle folgt.

Im Gebiet unterwegs

5 freigegebene Besuchspunkte liegen auf und um Santiago.

Sullivan Bay ①: Trockene Landung auf Lava oder nasse Landung am Sandstrand; Rundgang (festes Schuhwerk!) zur Besichtigung der verschiedenen, charakteristischen Formationen der jungen Lava; unterwegs vereinzelte Funde von schwarzem, glasigem Obsidian, Lavakakteen (S. 60), anderen Pionierpflanzen wie *Mollugo* und Lavaechsen (s. S. 139).

ACHTUNG: Bitte auf dem Weg bleiben; viele der empfindlicheren Oberflächenstrukturen der Lava sind bereits zerstört!
Bei einem Strandaufenthalt auf Gelege der Grünen Meeresschildkröten (s. S. 133) achten!

Buccaneer Cove ②: Hier empfiehlt sich eine Fahrt entlang der mit verschiedenen Seevögeln besetzten, schönen Tuffklippen. Dabei fällt die schmale, nach Norden auslaufende Landzunge auf: Sie wurde mit einem Zaun gegen Ziegen und andere »Vielfraße« abgesichert. Mit Hilfe solcher spezifischer Pflanzenschutzgebiete soll die Regeneration der Vegetation nach der Ausrottung der verwilderten Haustiere auf der Insel beschleunigt werden. Auch eine Landung am weiten, braunen Strand ist möglich.

Espumilla Bay ③: Nasse Landung an dem von Geisterkrabben besiedelten Sandstrand. Die seit dem El-Niño-Jahr 1983 verlandete, früher stark besuchte Brackwasserlagune direkt hinter den Küstendünen regeneriert sich nur zögernd. Vorbei an Knopfmangroven und Schwarzen Mangroven (s. S. 72) führt jedoch ein interessanter, wenn auch z. T. stark überwucherter Rundweg durch die umgebenden, schönen Balsambaumwälder. Hier findet man verschiedene Landvogelarten, darunter Galápagos-Tauben, Galápagos-Tyrannen und – gelegentlich – Rubintyrannen (s. S. 91).

ACHTUNG: Auf Gelege von Grünen Meeresschildkröten am Strand achten!

Puerto Egas: Nasse Landung am Sandstrand am Südende der James Bay, umrahmt von attraktiven Tuffklippen; 3 Ausflüge sind möglich:

☐ Wanderung zur **Lavaküste** südlich der James Bay ④ (möglichst bei Ebbe); Lava-/Tufformationen, Gezeitentümpel und Küstenvögel; für kleinere Gruppen bestand bis vor kurzem noch die Gelegenheit in ausgewaschenen Lavagrotten mit Galápagos-Seebären zu schwimmen; dies soll zukünftig jedoch eingeschränkt werden. Vor der Küste sind oft sturztauchende Braunpelikane (s. S. 88) und Blaufußtölpel (s. S. 107) zu sehen, und auch Große Tümmler (S. 39) und verschiedene andere Meeressäugetiere werden hin und wieder beobachtet. Bei ruhiger See liegen hier gute Tauchgründe.

☐ Etwas längere Wanderung (5–6 km) durch Balsambaumwälder zur ehemaligen **Krater-Salzmine** ⑤ am Rand eines jüngeren Lavaflusses; Galápagos-Bussarde und andere Landvögel unterwegs; im Krater eventuell Flamingos (s. S. 130).

☐ Wanderung zu einer oft versiegten, kleinen Süßwasserquelle am Fuß des **Sugarloaf** (S. 15) ⑥, des größeren der zwei dominierenden, alten Tuffkegel; gute Vogelbeobachtungsmöglichkeiten, Heuschrecken (S. 128) und eventuell Skorpione.

Sombrero Chino ⑦: Diese winzige Insel liegt nur etwa 200 m vor der Südostküste Santiagos. Sie wird von einem perfekt geformten alten Krater gekrönt und gleicht in der Silhouette einem Chinesenhut. Der kleine, von Salzbüschen (S. 128) umrahmte Strand ist mit Galápagos-Seelöwen bevölkert. Attraktiv ist hier auch die Unterwasserwelt, die Sombrero Chino zu einem beliebten Ziel für Schnorchler werden ließ.

Die stachelige *Scutia pauciflora* besiedelt die Trockenzone. Sie wird sogar von den Ziegen gemieden.

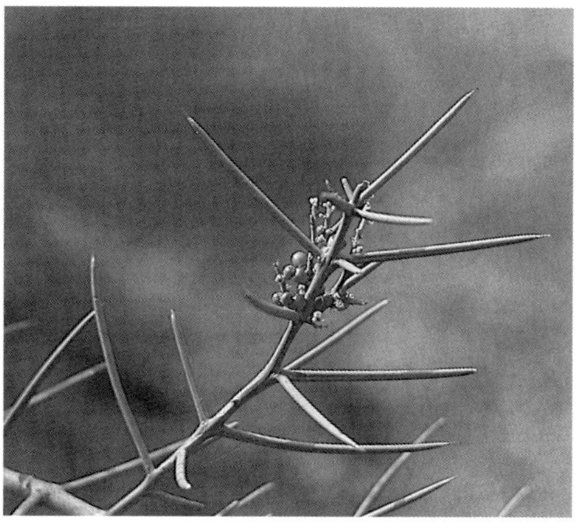

4 Bartolomé – Bartholomew

Faszinierendes Panorama; großes Spektrum vulkanischer Strukturen mit Lavatunneln, Schweißschlacken- und Tuffkegeln; fotogene Felsspitze des Pinnacle Rock; verschiedene Pionierpflanzen; Mangroven und Galápagos-Schlangen; Legestrand der Grünen Meeresschildkröte; Weißspitzen-Hundshaie in der südlichen Bucht; Galápagos-Pinguine und Unterwasserwelt der nördlichen Bucht mit Muränen, Riffbarschen, Engel- und Papageifischen.

Bartolomé liegt dicht vor der Ostküste Santiagos, direkt gegenüber der Sullivan Bay. Die nur 1,2 km² kleine Insel gehört wegen ihrer fantastischen Szenerie zu den am häufigsten besuchten Orten des Archipels. Vor allem der Ausblick vom nur 114 m hohen Gipfel des Eilandes ist atemberaubend: Im Westen kontrastieren das Graubraun der Schlackenkegel und das einförmige Schwarz der Lavaflächen der Sullivan Bay scharf mit dem grellen Weiß der Sandstrände und dem Grün der kleinen Vegetationsinseln, im Vordergrund erhebt sich die bekannte Felsnadel **Pinnacle Rock**, und im Osten ragt die vulkanische Urlandschaft Bartolomés aus den türkisblauen Wassern des Pazifischen Ozeans.
Die karge, wechselvolle »Mondlandschaft« der Insel bietet sich für eine Lehrstunde in Vulkanologie geradezu an. Pahoehoe-Lavaflüsse, Überreste von Lavatunneln, große, vor allem im Ostteil dominierende Schweißschlackenkegel und kleinere Hornitos prägen das Bild (s. S. 16ff.). Im Norden und Westen überwiegen Tuffe und auch der Pinnacle Rock, das Wahrzeichen der Insel, gilt als Rest eines alten , erodierten Tuffkegels. Im Ganzen besitzt Bartolomé ein so umfassendes Angebot der verschiedensten vulkanischen Formationen, daß sich ein phantasievoller Betrachter in die Frühgeschichte der Galápagos-Inseln zurückversetzt fühlen könnte.

Pflanzen und Tiere

Auf den Tuffen des Nordteils findet man bereits einigen Pflanzenwuchs; graue Pionierpflanzen wie *Tiquilia* (S. 85) oder *Cha-*

Blick vom Gipfel Bartolomés Richtung Pinnacle Rock. Über der Insel Santiago im Hintergrund entlädt sich eines der sporadisch auftretenden Regenzeit-Gewitter.

maesyce haben sich ebenso angesiedelt wie einzelne Lavakakteen (S. 60); auf den oberen Hängen der Kegel wachsen Baumopuntien (s. S. 127) und einige Vertreter der *Scalesia stewartii* (s. S. 98).
Im Wesentlichen aber konzentriert sich die Pflanzen- und Tierwelt in der **Küstenzone**. Auf den Lavafelsen tummeln sich Rote Klippenkrabben (s. S. 80), einige Meerechsen (s. S. 58) und Galápagos-Pinguine (s. S. 64). Auf der schmalen, sandigen Brücke zum Westzipfel der Insel wachsen u. a. Weiße und Rote Mangroven (s. S. 72), Salzbüsche (S. 128), *Maytenus octogona* (S. 85) und stachelige *Scutia pauciflora*-Sträucher (S. 81). Zwischen Sesuvien (s. S. 101) und Strandwinden (S. 95) stößt man hier auf Lavaechsen (s. S. 139) und eventuell Galápagos-Schlangen (s. S. 35). Beide Strände der Landenge dienen Grünen Meeresschildkröten (s. S. 133) zur Eiablage und werden von verschiedenen Küstenvögeln besucht. Im seichten Wasser der südlichen Bucht sieht man oft Weißspitzen-Hundshaie bis nahe ans Ufer heranschwimmen.
Vor allem die nördliche Bucht und das Gebiet um den Pinnacle Rock eignen sich sehr gut für Schnorchel- oder Tauchausflüge zur

Schweißschlackenkegel dominieren im Osten Bartolomés.

Besucher beim Aufstieg zum Gipfel Bartolomés. Im Vordergrund ein eingestürzter, kleiner Lavatunnel.

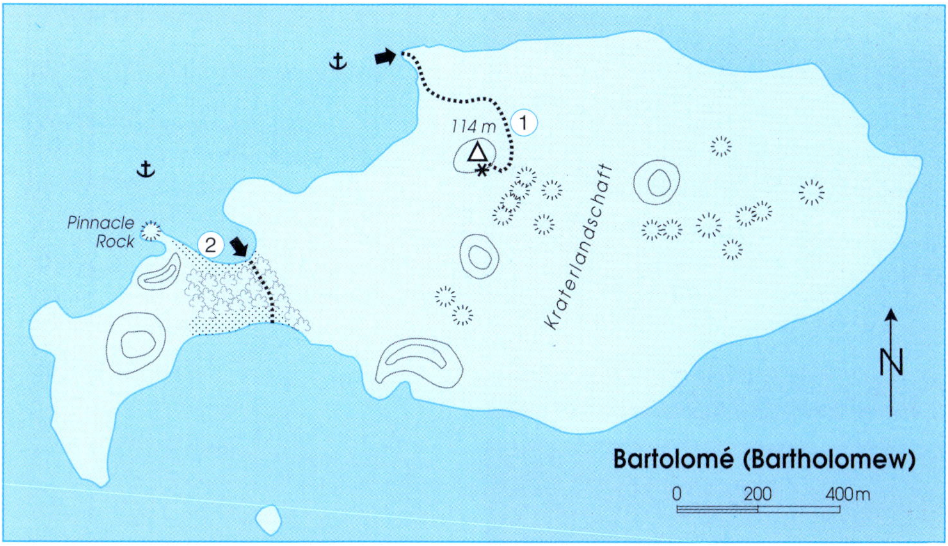

Erkundung der **Unterwasserwelt**. Seeanemonen, Seepocken und Bleistiftseeigel (S. 141) finden sich auf den Felsen nahe der Wasserlinie, und gelegentlich sieht man einige der sich oft mit kleinen Muschel- und Korallenstückchen tarnenden, endemischen Grünen Seeigel. Steinkorallen mischen sich hier in einem bunten Arrangement mit vielfarbigen Schwämmen, Manteltieren und Kalkalgen. Auch Fische sind in großer Vielfalt zu beobachten: Feingepunktete Muränen der Art *Gymnothorax dovii* bewachen ihre Wohnhöhlen, Riffbarsche sind mit kleinen Schwärmen des schwarzgelb gestreiften »Panamic

Maytenus octogona ist einer der häufigsten Büsche in Küstennähe.

Die Pionierpflanze *Tiquilia* auf einem Geröllhang Bartolomés.

Kugelfische können sich bei Gefahr ballonförmig aufblasen.

Sergeant Major« vertreten, Engelfische mit dem Galápagos-Kaiserfisch, Papageifische mit z. B. dem »Bluechin Parrotfish« und die Doktorfische mit dem Halfterfisch, der leicht an seiner fahnenartig verlängerten Rückenflosse erkennbar ist. Der auffällig schwarz-weiß gezeichnete, giftige »Bullseye« aus der Familie der Kugelfische kommt ebenfalls vor. Er ist ausgesprochen häufig und auf seiner Suche nach Abfällen regelmäßig auch um die Schiffe herum anzutreffen.

Galápagos-Kaiserfische schwimmen oft in größeren Schwärmen.

Im Gebiet unterwegs

2 Unternehmungen sind auf Bartolomé möglich:

Lavawanderung ①: Trockene Landung auf einem Steg bzw. Lava an der Nordküste; Weg über eine lange Holztreppe zum Aussichtspunkt nahe dem höchsten Gipfel der Insel; unterwegs verschiedene Lavaformationen und Pionierpflanzen. Oben eröffnet sich der Blick auf ein unvergleichliches Panorama, wobei bei klarem Wetter die Inseln Pinzón, Isabela und vielleicht auch Marchena und Pinta im Norden erkennbar sind.

ACHTUNG: Die hier anliegenden Tuffe sind sehr zerbrechlich, deshalb unbedingt auf dem Weg bleiben!

Strandbesuch mit Schnorchelausflug ②: Nasse Landung am Sandstrand der nördlichen Bucht mit Galápagos-Pinguinen und reichhaltiger Unterwasserwelt; kurzer Weg durch die moskitoreiche Mangrovenzone zur südlichen Bucht; Galápagos-Schlangen und Weißspitzen-Hundshaie.

ACHTUNG: Bei Strandwanderungen besonders in der südlichen Bucht auf Gelege der Grünen Meeresschildkröten achten!

Muränen der Art *Gymnothorax dovii* werden bis 1,5 m lang.

5 **Rábida** – Jervis

Rote Lavaflüsse und silbergraue Balsambaumwälder; Nistplätze des Braunpelikans in den Salzbüschen der küstennahen Dünen; nördlicher roter Strand mit vielen Galápagos-Seelöwen; verschiedene Seevögel in den Klippen; Salzwasserlagune mit Flamingos, Bahama-Enten und anderen Wasservögeln.

Dieses nur 5 km^2 große Eiland ragt wenige Kilometer vor der Südküste Santiagos aus dem Meer. Die Hänge seines Zentralkraters (367 m) bilden ein wirres Durcheinander miteinander verschmolzener Lavaflüsse und Tephra (s. S. 14). Allgemein besitzt Rábida mehr verschiedene Typen von Lava als jede andere Galápagos-Insel. Die vorherrschende Farbe des Gesteins ist Rot. Auch die Sandstrände der Insel sind durch starke Beimengungen eisenoxidhaltiger Lavapartikel rot eingefärbt. Hinter den Küstendünen im Nordteil liegt eine idyllische Salzwasserlagune.

Pflanzen und Tiere

Die Vegetation Rábidas erholt sich langsam von den Fraßschäden durch Ziegen (s. S. 53), deren Ausrottung auf der Insel erstmals 1971, und, nach einer illegalen Wiedereinführung, zum zweiten Mal im Jahre 1975 gelang. Die steilen Hänge sind mit silbrig glänzenden Balsambaumwäldern (s. S. 105) und *Croton scouleri*-Sträuchern (S. 128) überzogen; entlang der küstennahen Lagune wachsen Schwarze Mangroven (s. S. 72). *Maytenus octogona*-Sträucher (S. 85) besiedeln zusammen mit den dominierenden, blattsukkulen-

Rábidas weiter roter Strand ist ein guter Platz zur Beobachtung von Galápagos-Seelöwen.

Ein junger Braunpelikan im weißen Dunenkleid bemüht sich um die Aufmerksamkeit seiner Mutter.

Braunpelikan im Sturzflug. Diese Fangmethode ist nicht ungefährlich – besonders für unerfahrene Jungvögel.

ten Salzbüschen (S. 128) die niedrigen Dünen. Hier hat sich auch eine kleinere Brutkolonie von Braunpelikanen angesiedelt.
Der **Braunpelikan** ist der kleinste der insgesamt 8 weltweit bekannten Pelikanarten und bewohnt außer dem Galápagos-Archipel weite Teile der Küsten Nord- und Südamerikas sowie der Westindischen Inseln. Er ist der einzige Stoßtaucher dieser Familie: Aus mehreren Metern Höhe stürzt er sich ähnlich den Tölpeln kopfüber mit nach hinten gelegten Flügeln ins Meer und füllt seine dehnbare »Schnabelkelle« direkt unter der Wasseroberfläche mit Wasser und – bei erfolgreichem Manöver – den angepeilten Fischen. Braunpelikane nisten in Mangroven und Salzbüschen, in denen sie lockere Zweignester bauen. Die Brutzeit innerhalb einer Kolonie ist für alle Paare gleich, kann aber zwischen den verschiedenen Kolonien bzw. Inseln differieren. Pro Paar werden 2–3 Junge aufgezogen, die nach etwa 10 Wochen flügge werden. Wegen der komplizierten Jagdtechnik sind die Ausfälle unter der Nachkommenschaft hoch.
Weitere Attraktionen Rábidas sind der von zahlreichen Galápagos-Seelöwen (s. S. 110) bewohnte nördliche Strand und die sich im Osten und Westen anschließenden Felsküsten. Diese sind ein beliebter Nistplatz für Seevögel, darunter Noddis (S. 65) und Blaufußtölpel (s. S. 107). Auch die direkt hinter dem Strand gelegene Salzwasserlagune lohnt einen Besuch. Neben Bahama-Enten (S. 134) und gelegentlich besuchenden Amerikanischen Sandregenpfeifern und Stelzenläufern sind Flamingos (s. S. 130) hier nicht selten.

Schmale Wege führen durch die Trockenzone Rábidas.

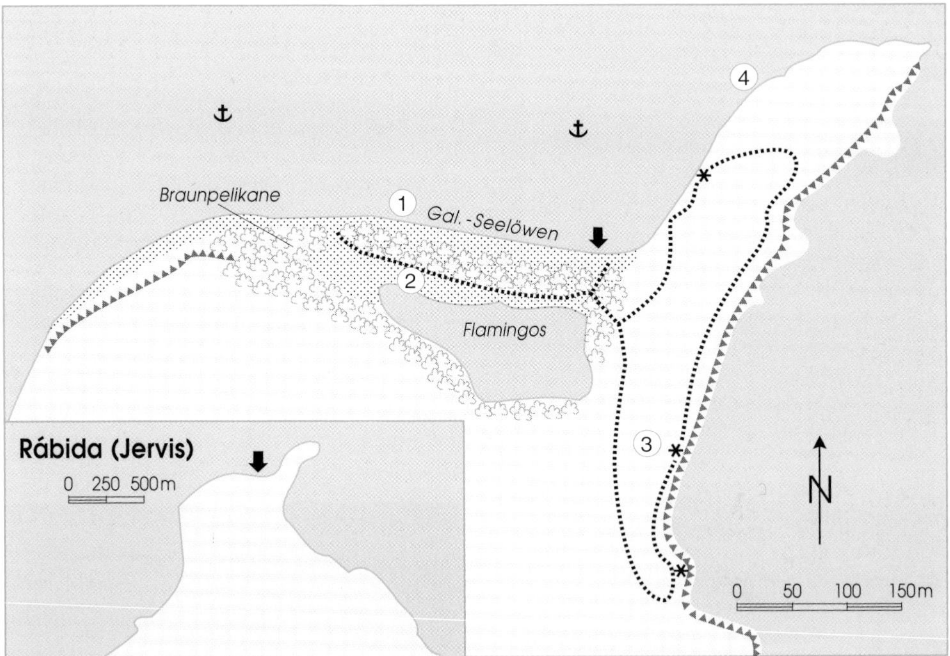

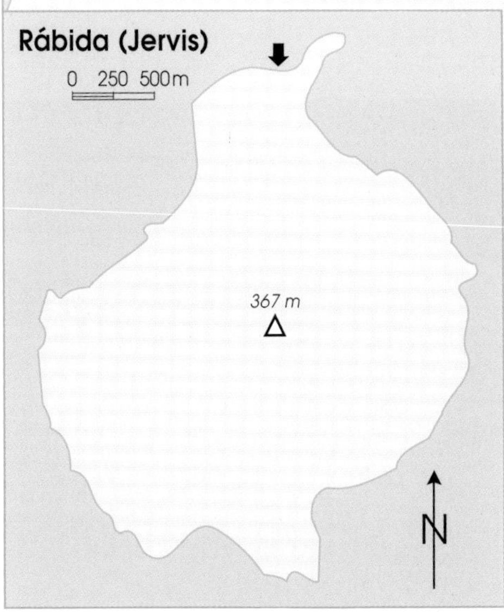

Im Gebiet unterwegs

Nasse Landung am nördlichen Strand von Rábida, dem einzigen freigegebenen Besuchspunkt auf dieser Insel; 4 Unternehmungen sind von hier aus möglich und gut kombinierbar:

Strand ①: Spaziergang entlang des pittoresken, roten, von Geisterkrabben (S. 79) besiedelten Strandes durch die Kolonien der Galápagos-Seelöwen zur Nistkolonie der Braunpelikane (in Saison); Beobachtung der Sturztauchmanöver von Blaufußtölpeln und Braunpelikanen.

ACHTUNG: Territoriale Seelöwen-Bullen respektieren!

Salzwasserlagune ②: Besuch der Lagune direkt hinter dem Strand mit Flamingos und anderen Wasservögeln.

ACHTUNG: Flamingos gehören zu den scheueren Bewohnern der Inseln, deshalb Ruhe bewahren, Abgrenzungen beachten!

Inselinneres ③: Rundweg über die nordöstliche Landzunge zur Ostseite der Insel und zurück zu Lagune und Strand; lohnende Ausblicke, Trockenvegetation mit schönen Balsambäumen und verschiedene Landvögel.

Klippen ④: Vor oder nach der Landung auf Rábida empfiehlt sich eine Fahrt mit dem Beiboot entlang der Felsküsten zur näheren Betrachtung der dort ansässigen Seevögel (s. S. 115). Auch schnorcheln kann hier sehr lohnend sein!

6 Santa Cruz – Indefatigable

Charles-Darwin-Forschungsstation bei Puerta Ayora; großer Lavatunnel unweit von Bellavista; schöner Sandstrand und Reiher-Nistplätze der Tortuga Bay; Galápagos-Riesenschildkröten im Reservat bei La Caseta/El Chato; Scalesien und Vogelwelt um die Einsturztrichter der Los Gemelos; *Miconia*-Busch und Ausblicke am Krater Media Luna; Grüne Meeresschildkröten, Haie und Rochen der Caleta Tortuga Negra.

Mit einer Fläche von 986 km^2 ist Santa Cruz die zweitgrößte Insel des Archipels. Sie setzt sich zusammen aus einem älteren Lavaplateau mit einigen Tuffkegeln im Nordosten und einem jüngeren, zentralen Schildvulkan, der sich auf 864 m Höhe erhebt. Eine geologische Besonderheit des dichtbewachsenen Gebiets um diesen erloschenen Vulkan sind ausgedehnte, noch wenig zerstörte Lavatunnel (s. S. 16), die mehrere Meter Breite bzw. Höhe und oft Hunderte von Metern Länge erreichen können. Sie gehören neben den Lavatunneln von Nordostaustralien und Hawaii zu den größten bisher entdeckten Formationen dieser Art auf der Welt.
In den späten 1920er Jahren erstmals kolonisiert, besitzt Santa Cruz heute die am schnellsten wachsende menschliche Bevölkerung der Inseln (s. auch S. 50). Der Ausbau der Verbindung zum nahegelegenen Flughafen auf Baltra und die Einrichtung der Charles-Darwin-Forschungsstation (1964) wie der Nationalparkverwaltung (1968) ließen das Städten **Puerto Ayora** an der Academy Bay schnell zu einem touristischen Zentrum anwachsen. Hotels, Restaurants und Andenkenläden schossen wie Pilze aus dem Boden, und viele der Fischer und Fischerboote fanden eine neue Bestimmung. Erbaut mit den Geldern der 1959 ins Leben gerufenen, internationalen Charles-Darwin-Stiftung ist die **Charles-Darwin-Forschungsstation** heute der wissenschaftliche Knotenpunkt von Galápagos. Hier arbeiten Biologen aus aller Welt an der speziellen Problematik der Lebewelt der Inseln, hier werden Nationalparkführer ausgebildet, Seminare für Lehrer und Studenten veranstaltet, Veröffentlichungen verfaßt und Gelder organisiert. In Zusammenarbeit mit der Nationalparkver-

Galápagos-Riesenschildkröten ziehen Fliegen an. Ihre hochgewölbten Panzer sind deshalb beliebte Warten für die Männchen der Rubintyrannen.

waltung werden Ausrottungsstrategien für die inselfremden, eingeführten Pflanzen und Tiere entwickelt (s. S. 55) und verschiedene Zuchtprogramme für bedrohte endemische Tierarten durchgeführt (s. S. 93).

Pflanzen und Tiere

Nur wenige Dekaden der menschlichen Besiedlung haben auf Santa Cruz große Veränderungen verursacht. Landwirtschaft und Viehhaltung zerstörten weite Teile der natürlichen Vegetation, und viele der mitgebrachten Pflanzen und Tiere verwilderten und verbreiteten sich auch über die unbewohnten Regionen der Insel. In den noch unberührten Gebieten jedoch zeigt die dichte Vegetation der Hänge des Zentralvulkans eine deutliche, fein abgestufte Zonierung. Übergangs- und *Scalesia*-Wälder sind ebenso wie der *Miconia*-Busch stellenweise noch sehr schön erhalten, die Farn- und Seggenzone oder »Pampa« ist ausgeprägt (s. S. 24 ff.). Entsprechend der Vielfalt der Pflanzenwelt besitzt Santa Cruz ein reiches Vogelleben. Neben den mit 10 Arten vertretenen Darwinfinken (s. S. 31) sind **Rubintyrannen** relativ häufig. Die leuchtend rote Brust der Männchen lenkt den Blick immer wieder auf diesen kleinen Hochlandbrüter, ob er ruhig auf seiner Warte sitzt oder auf Insektenjagd durch die Büsche huscht. Besonders auffällig aber ist sein Balzflug, bei dem er wie eine Feuerkugel singend in den Himmel aufsteigt,

Wissenschaftler der Charles-Darwin-Station betreuen die Aufzuchtprogramme für Landleguane. Die Besucher werden von den empfindlichen Jungtieren ferngehalten.

um sich dann erschöpft neben seiner unauffälligeren, gelbbrüstigen Auserwählten niederzulassen.
Weibliche Rubintyrannen sind leicht mit den ähnlich gefärbten, endemischen Galápagos-Tyrannen (S. 96) zu verwechseln. Diese sind jedoch im Ganzen kräftiger, besitzen einen breiteren Schnabel und haben ihren Verbreitungsschwerpunkt mehr im trockenen Tiefland. Die scheuen Regenkuckucke, Sumpfohreulen (S. 66) und Galápagos-Rallen sind weitere interessante, jedoch seltener zu beobachtende Bewohner der höheren Regionen von Santa Cruz.
Die Hauptattraktion der Insel sind zweifellos die **Galápagos-Riesenschildkröten**. Bei einem Besuch der Charles-Darwin-Forschungsstation wird man mit der traurigen Ausrottungsgeschichte dieser Riesen (s. S. 132) und den deshalb notwendig gewordenen Zuchtprogrammen bekannt gemacht. In ihren Gehegen lernt man einige Individuen der ingesamt 11 überlebenden Unterarten (s. S. 33) kennen, bevor man die Santa-Cruz-Unterart im Schildkröten-Reservat (La Caseta/ El Chato) in freier Wildbahn besucht.
Die Galápagos-Riesenschildkröten haben in Anpassung an die unterschiedlichen Vegetations- und Klimabedingungen der einzel-

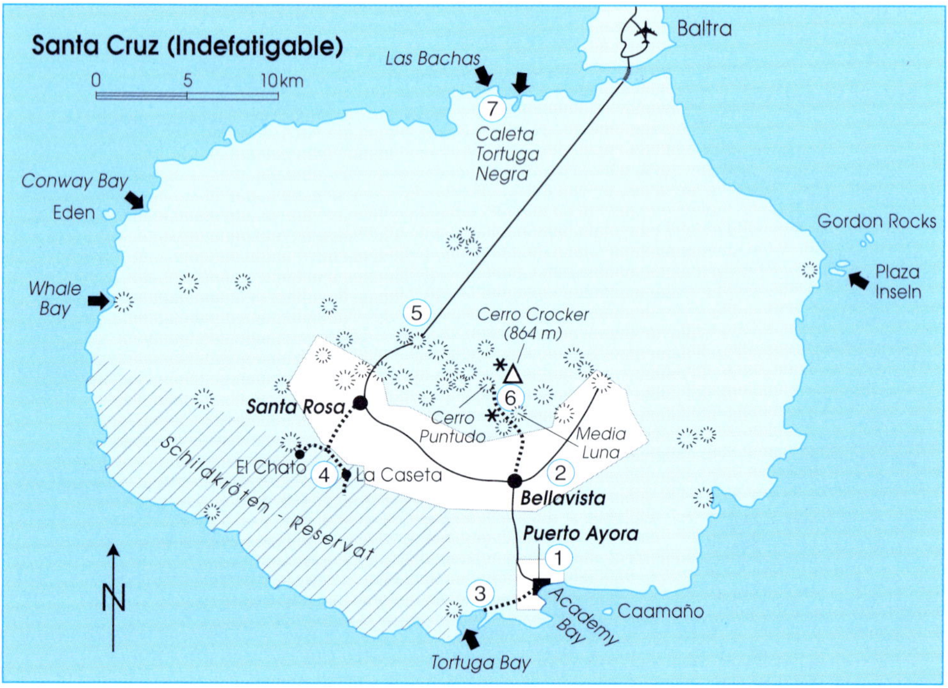

Galápagos-Riesenschildkröten und Landleguane – Rettung durch Zucht

Nur etwa 10 000 **Galápagos-Riesenschildkröten**, verteilt auf 11 Unterarten (s. S. 33), überlebten die Ausbeutung der vergangenen Jahrhunderte (s. S. 132). Um die teils winzigen Populationen vor dem Aussterben zu bewahren, leitete die Charles-Darwin-Forschungsstation 1965 ein Nachzuchtprogramm ein. Dabei kamen die Individuen besonders dezimierter Unterarten komplett als Zuchtgruppe nach Santa Cruz (wie z. B. alle 14 übriggebliebenen Tiere von Española). Von anderen Unterarten bringen Nationalparkwächter die Eier aus markierten Nestern ins Aufzuchtzentrum, wo Inkubatoren das Ausbrüten übernehmen. Die geschlüpften Riesenschildkröten bleiben dann die ersten Jahre ihres Lebens unter ständiger Kontrolle in Gehegen. Erst wenn sie groß genug sind, eventuelle Angriffe von Ratten oder Hunden zu überleben, werden sie auf ihre Heimatinseln zurückgebracht.
Das Programm begann mit der Unterart der Insel Pinzón und schloß später auch die anderen bedrohten Unterarten ein. Mittlerweile wird es routinemäßig und publikumswirksam durchgeführt. Die kleinen Riesenschildkröten sind in Schaugehegen zu sehen; Tafeln und Ausstellungsstücke informieren über ihre Biologie und Naturgeschichte. Insgesamt konnten bereits Tausende in der Forschungsstation großgezogene Exemplare wieder ausgewildert werden.
Die bei den Riesenschildkröten gewonnenen Erfahrungen kamen dem Nachzuchtprogramm für **Landleguane** zugute. Dieses wurde notwendig, nachdem 1976 fast die gesamten restlichen Landleguanpopulationen von Santa Cruz und Cartago Bay/Isabela den Wildhunden zum Opfer gefallen waren. Knapp die Hälfte der 60 überlebenden Landleguane von Santa Cruz brachte man deshalb auf ein hundefreies Inselchen nahe ihrer Heimatküste und versorgte sie mit Erde aus ihrem ursprünglichen Wohngebiet. Die übrigen kamen mit ihren Artgenossen aus Isabela und einigen der heute auf Seymour lebenden Landleguane von Baltra in spezielle Gehege auf der Charles-Darwin-Forschungsstation.

Junge Riesenschildkröten im Zuchtgehege.

Nach ersten Zuchterfolgen bereits 1978 und dank der parallel laufenden wirksamen Bekämpfung der Wildhunde (s. S. 55) konnten bereits Hunderte junger Landleguane wieder in ihrer Heimat ausgesetzt werden. Im Gegensatz zu den Riesenschildkröten, die erst nach etwa 30 Jahren die Geschlechtsreife erreichen, haben sie sich nach ihrer Freilassung schon fortgepflanzt.
Rechtzeitiges Eingreifen des Menschen konnte somit zwei der charakteristischen Galápagos-Reptilien vor dem Untergang bewahren. Dies steht als Beispiel erfolgreicher Naturschutzarbeit, kann aber nicht über die Tatsache hinwegtäuschen, daß erst menschliche Gleichgültigkeit und Gier eine Situation schufen, die es den einheimischen Tieren unmöglich machte, aus eigener Kraft zu überleben.

Galápagos-Riesenschildkröte der Española-Unterart mit Sattelpanzer; Aufnahme aus der Charles-Darwin-Station.

nen Inseln 2 grundsätzlich verschiedene Typen entwickelt. Sattelpanzer, längere Beine und ein geringeres Gewicht sind charakteristisch für die Bewohner trockener, flacher Inseln mit dünner Vegetationsdecke, schwierigem Terrain und hohen Temperaturen (z. B. Pinzón, Española). Die Unterarten der größeren Inseln dagegen besitzen als Bewohner der nahrungsreichen, kühleren

Goldene Rochen gleiten oft in großen Verbänden durch das flache Wasser der Tortuga Bay.

Hochländer runde Panzer und teilweise enorme Körpermassen. Einzelne Männchen dieser »Rundpanzer« können bis zu 350 kg Gewicht erreichen!

Das Nahrungsspektrum der Galápagos-Riesenschildkröten umfaßt Gräser, Blätter, Blüten, Flechten, verschiedene Früchte und – auf trockenen Inseln – die Galápagos-Feigenkakteen (s. S. 127). Da sie das mit der Nahrung oder direkt aufgenommene Wasser in verschiedenen Körperhöhlen in großen Mengen (mehrere Liter) speichern können, überstehen sie Trockenzeiten recht gut. Trotzdem lieben sie Wasser. Tümpel und Schlammlöcher im Hochland sind zentrale Treffpunkte der Tiere, die sich hier abkühlen oder von Parasiten befreien wollen. Bis zu den Nasenlöchern untergetaucht verharren sie oft stundenlang im flachen Wasser.

Galápagos-Riesenschildkröten stellen selbst eine wichtige Nahrungsquelle für andere Inselbewohner dar. Darwinfinken und Galápagos-Spottdrosseln (s. S. 139) picken unverdaute Samen aus ihrem Kot, Lavaechsen

Typische Vegetation der Trockenzone nahe der Ortschaft Puerto Ayora auf Santa Cruz.

(s. S. 139), Rubintyrannen und Galápagos-Tyrannen jagen die sie bedrängenden Insekten. Eine besondere Symbiose hat sich zwischen den Schildkröten und dem Kleinen bzw. dem Mittleren Grundfink (s. S. 44) entwickelt. Verspürt ein solcher Fink Appetit auf Zecken, fliegt er vor einer Schildkröte so lange auf und ab, bis diese sich aufrichtet und den Hals ganz aus dem Panzer herausstreckt. Der Fink hat nun Zugang zu seinen in den Hautfalten sitzenden Leckerbissen, und die Schildkröte ist ihre Lästlinge los.
Der Fortpflanzungszyklus der Galápagos-Riesenschildkröten beginnt in der Regenzeit (s. S. 19). Auf der Suche nach Partnerinnen ziehen die Männchen mit lautem, hirschartigem Röhren ruhelos durchs Hochland. Sie verbeißen Nebenbuhler und leiten schließlich die von tiefem Stöhnen begleitete Kopulation ein. Mit ihren bauchseitig nach innen gewölbten Panzern schmiegen sie sich an den Rückenpanzer der Weibchen, die sich dem zusätzlichen Gewicht entgegenstemmen (S. 32). Am Ende der Regenzeit steigen die trächtigen Weibchen dann hinab zu ihren Nistplätzen in der Trockenzone. Dort graben sie mit den Hinterbeinen ein 20–40 cm tiefes Loch in den vorher durch Urinabgabe aufgeweichten Boden, in das sie 8–20 hartschalige, etwa 5 cm durchmessende, weiße Eier legen. Nachdem sie das Gelege sorgfältig zugedeckt haben, kehren sie in ihre Wohngebiete zurück.

Die Strandwinde befestigt Sanddünen mit ihren langen, kreuz und quer laufenden Ausläufern.

Galápagos-Tyrannen zeichnen sich durch einen breiten Schnabel und oft große Neugierde aus.

Die jungen Galápagos-Riesenschildkröten schlüpfen nach 4–6 Monaten zu Beginn der nächsten Regenzeit. Die Regenfälle weichen den verhärteten Boden auf und ermöglichen bzw. erleichtern ihnen den Weg nach oben. Bleiben sie aus, müssen die Jungen unter Umständen in ihren Nestern gefangen verhungern. Während der ersten 10–15 Jahre bleiben die Jungen in der Trockenzone, wo sie einer strengen Auslese durch das begrenzte Nahrungsangebot unterworfen werden. Sie erreichen die sexuelle Reife mit 20–40 Jahren; ihr vermutetes Höchstalter liegt bei 200 Jahren.

Eine der wenigen Orchideenarten des Hochlands ist die epiphytisch wachsende *Inopsis utricularoides*.

Im Gebiet unterwegs

Die meisten Besuchspunkte auf Santa Cruz sind von Puerto Ayora aus zu erreichen. Da zunächst aber wohl niemand den Einkaufsmöglichkeiten dieses betriebsamen Städtchens widerstehen kann, eine Bitte: Die häufig als Schmuckstücke angebotenen Schwarzen Korallen gelten als bedroht und sollten deshalb nicht erstanden werden!

Charles-Darwin-Forschungsstation ①: Die Forschungsstation ist nur während der Arbeitsstunden von Montag bis Freitag (8–12 Uhr und 13–16 Uhr) und am Samstagvormittag geöffnet. Die für den Besucher zugänglichen Teile sind:

- ☐ die Van Straelen Ausstellungshalle, in der mit Fotos und Diagrammen ein sehr einprägsamer Blick in die Naturgeschichte der Inseln vermittelt wird;
- ☐ der Zuchtpavillon der Galápagos-Riesenschildkröten;
- ☐ einige Schildkröten-Gehege, in denen die auf den Inseln einzige Möglichkeit zum hautnahen Kontakt mit dem »Wappentier« von Galápagos gegeben ist.

Am Landesteg liegt außerdem ein kleines, besuchenswertes Informationszentrum der Nationalparkbehörden.

Lavatunnel ②: Einer dieser großen, begehbaren Tunnel liegt auf Privatgelände unweit von Bellavista, einer kleinen Siedlung nördlich von Puerto Ayora (Busverbindung). Er kann gegen ein geringes Entgelt besucht werden; der Ein- und Ausstieg erfolgt über Dekkeneinbrüche. Pullover und Taschenlampe nicht vergessen!

Tortuga Bay ③: Von der Hauptstraße Puerto Ayoras führt ein schmaler, steiniger Pfad (3 km einfach) durch die Trockenzone zu diesem schönen, grellweißen Strand westlich des Hafenstädtchens. Neben guten Bademöglichkeiten findet man hier mit Strandwinden bewachsene Dünen und Nistplätze von Silberreihern (S. 146), Kanadareihern (S. 59) und Braunpelikanen (s. S. 88) in den umgebenden Mangroven (s. S. 72).

Lava-Stalagmiten bilden sich durch herabtropfendes flüssiges Gestein in Lavatunneln.

La Caseta/El Chato ④: In diesem 1964 geschaffenen Reservat im Südwesten der Insel bietet sich bei La Caseta und El Chato die Möglichkeit zur Beobachtung von Galápagos-Riesenschildkröten in ihrer natürlichen Umgebung. Der Zugangsweg (5 km einfach) zweigt in Santa Rosa (Busverbindung) von der Straße nach Baltra ab und durchquert zunächst die landwirtschaftlichen Nutzflächen. An der Grenze des Schutzgebietes muß man sich dann für einen der beiden gleichwertigen Besuchspunkte entscheiden. Vorbei an Restbeständen von *Scalesia pedunculata* und dichtem Gestrüpp von eingeführten, dornigen *Caesalpinia bonduc*-Büschen (»Mora«) gelangt man schließlich in die Wälder der Übergangszone.
Neben den mittlerweile wieder 2000–3000 Riesenschildkröten leben hier viele gut zu beobachtende Landvögel, wie Sumpfohreulen, Regenkuckucke, Rubin- und Galápagos-Tyrannen. Aus der Gruppe der Darwinfinken sind u. a. Waldsängerfinken (S. 43) und Spechtfinken (s. S. 45) vertreten.

ACHTUNG: Dies kann ein heißer Tagesausflug werden; deshalb früh aufbrechen und ausreichend Wasser mitnehmen!

Los Gemelos ⑤: Von Santa Rosa weiter Richtung Baltra führt der Weg in die obere *Scalesia*-Zone (S. 25), die leider während des El Niños 1983 (s. S. 20) schwere Schäden erlitt. Hier liegen rechts und links der Straße zwei riesige Einsturztrichter (»Gemelos« = Zwillinge), an deren Rand ein schmaler Pfad entlangführt. Neben beeindruckenden Blicken in die Trichter und *Scalesia pedunculata*-Wäldern bietet dieser Ausflug gute Beobachtungsmöglichkeiten für Rubintyrannen und verschiedene Darwinfinken, darunter Vegetarierfinken (s. S. 45).

Media Luna ⑥: Diese Wanderung (5 km einfach) von der Siedlung Bellavista (Busverbindung) zum Media-Luna-Krater führt durch Anbauflächen zu einer weiteren typischen Vegetationsstufe der Insel, der *Miconia*-Zone (S. 25). Der nur noch in diesem Gebiet zusammenhängend erhaltene, farnreiche *Miconia robinsoniana*-Busch ist allerdings auch hier bereits von Chinarindenbäumen (S. 52) durchsetzt. Unterwegs bieten Rubintyrannen Abwechslung, und vom Krater selbst hat man bei schönem Wetter einen herrlichen Ausblick. Unternehmungslustige können die Wanderung durch die angrenzende

Scalesien – die »Sonnenblumenbäume« der Galápagos-Inseln

Die Familie der Korbblütler ist auf den Galápagos-Inseln weit verbreitet. Eine ihrer Gattungen – *Scalesia* – enthält mehrere der interessantesten Inselarten und bietet ein beeindruckendes Beispiel von adaptiver Radiation im Pflanzenreich, das sich durchaus mit demjenigen der Darwinfinken messen kann (s. S. 43). Scalesien besiedeln in Form von niedrigen Büschen bis zu hohen Bäumen alle verfügbaren Lebensräume auf Galápagos und alle Inseln mit Ausnahme von Marchena. Sie kolonisieren Lava (wie die weitverbreitete *S. affinis*), wachsen auf Bimsstein (wie *S. microcephala* am Vulkan Alcedo/Isabela) oder bilden Hochlandwälder auf Santa Cruz (*S. pedunculata*). Bis heute sind 15 Arten und über 20 Unterarten bekannt; die letzte Art wurde erst 1982 auf San Cristóbal entdeckt.
Das Vorkommen von dichten Wäldern dieser bis 15 m hohen, dickstämmigen Verwandten unserer Sonnenblumen überrascht zunächst. Tatsächlich besetzen Korbblütler aber häufig die Baumnische (z. B. die Gattung *Senecio* in Ostafrika). Ihre leicht zu verbreitenden Samen und offensichtliche Anpassungsfähigkeit an extreme Umweltbedingungen machen sie zu effektiven Kolonisatoren. Auf Galápagos ebnete die ausbleibende Konkurrenz von »echten« Waldbäumen (deren meist schwere Samen ungeeignet für lange Transporte sind) dann vollends den Weg zu den entsprechenden evolutiven Veränderungen.
»Sonnenblumenwälder« finden sich auf allen größeren Inseln, variieren aber in ihrer Ausgestaltung. Die eindrucksvollsten und ausgereiftesten werden von *Scalesia pedunculata* gebildet und stehen auf Santa Cruz (ehemals auch auf San Cristóbal, Floreana und Santiago).

Die weichen, lanzettförmigen Blätter der *Scalesia villosa* sind mit feinen Härchen besetzt.

2 weitere Arten (*S. microcephala* und *S. cordata*) formen die eher aufgelockerten Wälder auf den westlichen Inseln Fernandina und Isabela.
Die Blätter der einzelnen *Scalesia*-Arten zeigen eine erstaunliche Vielfalt in Form und Größe: Die aus den hohen kühleren Zonen stammenden erscheinen kompaktgerundet, oval oder lanzettlich, diejenigen aus den trockenen, heißen Gebieten mehr oder weniger geschlitzt bis filigranartig gefiedert. Dies wird als Anpassung an das Klima des Standorts gedeutet: Eine stark zerteilte Oberfläche erleichtert die Wärmeabgabe, eine kompakte Form hält Wärme zurück.
Unglücklicherweise litten besonders die *Scalesia*-Wälder der großen Inseln unter der menschlichen Besiedlung (s. S. 50 ff.). Erst die Einrichtung des Nationalparks änderte dies. Der Schutz der Restbestände, die Bekämpfung der Fremdtiere und -pflanzen sowie die Fähigkeit der Scalesien, verlorenes Terrain schnell zurückzuerobern, lassen auf ihr Überleben hoffen.

Scalesia pedunculata-Bäume auf Santa Cruz erreichen eine Höhe von 10–15 m.

»Pampa« bis zum **Cerro Puntudo** (3 km) oder zum **Mt. Crocker** (6 km), dem höchsten Gipfel der Insel, fortsetzen.

ACHTUNG: Früh aufbrechen; Sonnenschutz und Wasser nicht vergessen. In der Garúa-Zeit (s. S. 19) empfiehlt sich außerdem die Mitnahme eines Regenumhangs.

Von den übrigen freigegebenen Besuchspunkten abseits von Puerto Ayora ist vor allem noch die **Caleta Tortuga Negra** ⑦ im Norden der Insel zu empfehlen. Eine Bootsfahrt durch diese ruhige, von Mangroven umsäumte Meeresbucht ist ein einmaliges Erlebnis. Hier ruhen und begatten sich (Dezember bis Februar) Grüne Meeresschildkröten (s. S. 133); Goldene Rochen (S. 94) und Adlerrochen der Art *Aetobatus narinari* (S. 38) gleiten lautlos durch das flache Wasser, und Weißspitzen-Hundshaie haben ihre Kinderstube zwischen den Stelzwurzeln der Roten Mangroven eingerichtet. Die Vogelwelt ist mit Galápagos-Tyrannen, Goldwaldsängern (S. 29), Lavareihern (S. 70), Braunpelikanen, Blaufußtölpeln (s. S. 107) und Kanadareihern vertreten.

Lohnend ist auch ein Abstecher zu den nahegelegenen Niststränden der Grünen Meeresschildkröten bei Las Bachas. In der kleinen, hinter den Stranddünen gelegenen Lagune sind gelegentlich Flamingos (s. S. 130), Bahama-Enten (S. 134) oder Stelzenläufer anzutreffen.

Die gebuchteten Blätter der *Scalesia bauri* geben ein weiteres Beispiel für die Formenvielfalt der Scalesien.

7 **Plaza Sur** – South Plaza

Landschaftlich reizvolles Lavaplateau mit hohen Baumopuntien und in der Trockenzeit tiefroten Galápagos-Sesuvien; große Populationen von Landleguanen und Galápagos-Seelöwen; Goldwaldsänger und verschiedene Darwinfinken; Nistplätze von Gabelschwanzmöwen, Audubon-Sturmtauchern und Rotschnabel-Tropikvögeln in der südlichen Steilküste.

Die nur 13 ha große Insel liegt zusammen mit ihrer Schwesterinsel Plaza Norte vor der Ostküste von Santa Cruz. Während letztere den Wissenschaftlern vorbehalten bleibt, gehört Plaza Sur zu den beliebtesten Touristenzielen. Die Einhaltung der Nationalparkregeln hinsichtlich der Beschränkung der Besucherzahlen ist hier deshalb ein besonderes Anliegen (s. auch S. 50).
Die in Ost-West-Richtung langgestreckte, flache Insel wird als gehobenes Lavaplateau marinen Ursprungs beschrieben (s. S. 17). Im Süden steigt sie steil aus dem Meer auf und erreicht hier 25 m Höhe; im Norden läuft sie allmählich in einer flachen Felsküste aus. Auf seiner kleinen Fläche beherbergt Plaza Sur eine nahezu unglaubliche Menge pflanzlichen und tierischen Lebens.

Plaza Sur zur Trockenzeit: Baumopuntien erheben sich aus einem roten Teppich von Galápagos-Sesuvien.

Pflanzen und Tiere

Zwei endemische Pflanzenarten dominieren das Vegetationsbild: die bizarren Baumopuntien (s. S. 127) und die am Boden kriechenden, blattsukkulenten **Galápagos-Sesuvien**, nahe Verwandte der auf vielen anderen Inseln verbreiteten »normalen« Sesuvien. Beeindruckend ist der spektakuläre jahreszeitliche Farbwechsel (S. 104) dieser kleinen Halophyten (Salzpflanzen): Das in der Regenzeit intensive Grün ihrer fleischigen Blättchen wandelt sich zu Beginn der Trockenzeit (s. S. 19) in ein tiefes Rot. Durch diesen saisonalen Umbau der Farbpigmente gehen die Galápagos-Sesuvien quasi in eine »Trokkenschlafphase« über und überziehen die Insel mit einem purpurnen Teppich, der lebhaft mit dem Gelbgrün der Baumopuntien kontrastiert. Das Farbenspiel wird von der schwarzgrauen Lava und einem blauen Himmel wirkungsvoll ergänzt.
Eine weitere interessante Pflanze Plaza Surs ist der ebenfalls endemische Galápagos-Portulak, eine wichtige Nahrungsquelle für die etwa 300 hier ansässigen Landleguane.
Die der Art *Conolophus subcristatus* angehörenden **Landleguane** von Plaza Sur dienten als Studienobjekte für den Aufbau der 1976 eingeleiteten Nachzuchtprogramme (s. S. 93). Sie sind etwas kleiner als ihre Verwandten auf anderen Inseln, unter denen Seymour einst das stärkste bisher bekannte Männchen mit einem Gewicht von 12,5 kg und einer Länge von 1,30 m aufzuweisen hatte! Allgemein liegen die Höchstmaße für die heutigen Individuen dieser Art jedoch eher bei 6 kg Gewicht und 1 m Körperlänge.

In der Regenzeit überzieht das Grün des Galápagos-Portulak Plaza Sur und lockt Landleguane »zu Tisch«.

Männliche Landleguane unterscheiden sich von ihren eher graubraunen Weibchen durch die Größe, den gut ausgebildeten Rückenkamm, kräftige Nackenstacheln und eine intensivere Gelbfärbung. Beide Geschlechter ernähren sich bevorzugt von Knospen und Blüten, die ihnen allerdings nur in der Regenzeit zur Verfügung stehen. In der Garúa-Zeit bleibt diesen Trockenzonen-Bewohnern meist nur der Rückgriff auf die Früchte und Sproßabschnitte der Baumopuntien, die sie sogar mit Stacheln gut vertragen. Die nun roten Galápagos-Sesuvien werden von ihnen gemieden.
Im Gegensatz zu den Meerechsen (s. S. 58) besetzen und verteidigen Landleguan-Männchen das ganze Jahr über feste Territorien. Ihre Aggressivität erreicht den Höhepunkt in der Fortpflanzungssaison, wenn sie Nebenbuhler durch Zeigen der aufgeblasenen Breitseite, heftiges Kopfnicken und Schwanzschlagen zu verscheuchen suchen. Nicht auf diese Weise friedlich zu regelnde Auseinandersetzungen können leicht in blutige Beißereien übergehen. Anfang Dezember gruppieren sich dann paarungswillige Weibchen in den Territorien der erfolgreichen Kämpfer und werden nach einigen Verfolgungsjagden begattet.
1–2 Monate nach der Kopulation beginnen die Landleguan-Weibchen mit der Eiablage. Dazu graben sie kurze, schräge Tunnel in den Boden, deponieren an deren Ende 5–15 weiße, pergamentschalige Eier, und verschließen die Höhlen wieder. Da lockere Böden auf Plaza Sur schwer zu finden sind, bewachen die Weibchen ihre Nistplätze die ersten 2–3 Wochen und vertreiben eventuelle Konkurrentinnen. Nach 3–4 Monaten schlüpfen die Jungen, die in der nun beginnenden Trockenzeit und wegen der vielen Feinde einen schweren Anfang haben. Die Sterblichkeitsrate liegt während ihrer ersten 6 Lebensmonate mit etwa 60% entsprechend hoch. Die Überlebenden erreichen die sexuelle Reife mit 6–10 Jahren und können vermutlich über 70 Jahre alt werden.
Weitere Attraktionen von Plaza Sur sind seine große Population von Galápagos-Seelöwen (s. S. 110) und die zahlreichen Seevögel der südlichen Steilküste, vor der auch gute Fischgründe liegen. An größeren Meeresbewohnern kann man hier gelegentlich Grüne Meeresschildkröten (s. S. 133), verschiedene Haie (s. S. 36) und ganze Schulen der gelbflössigen »Yellow-Tailed Mullets« beobachten, einer für Galápagos endemischen Unterart der Gestreiften Meeräsche. In den Klippen selbst nisten Audubon-Sturmtaucher, Madeira-Wellenläufer, Rotschnabel-Tropikvögel (s. S. 114) und zahlreiche Gabelschwanzmöwen.
Gabelschwanzmöwen kommen außer auf Galápagos nur noch auf dem kleinen Inselchen Malpelo nahe der kolumbianischen Küste vor. Einzigartig unter den Möwen: Diese attraktiven, großäugigen Vögel fliegen nachts auf der Jagd nach Fischen und Tintenfischen auf das Meer hinaus. Ihr heller Bauch, eine grauweiße Schnabelspitze und ein auffälliger

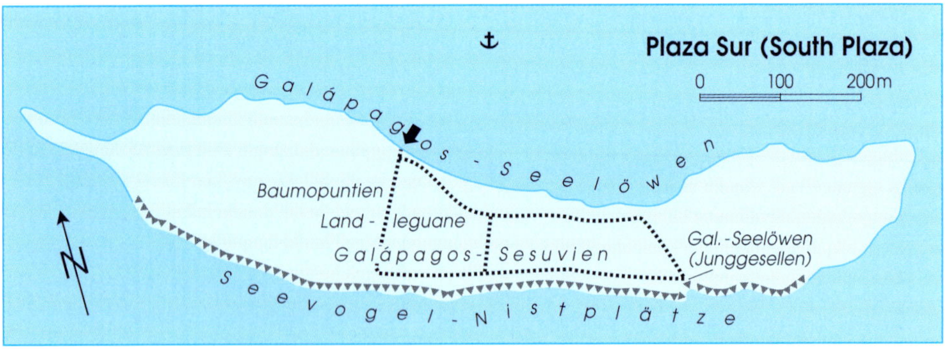

Soziale Gefiederpflege sichert die Paarbindung bei den eleganten Gabelschwanzmöwen.

weißer Fleck am Schnabelgrund ermöglichen den Jungen ein schnelles Erkennen der Elternvögel im Dunkeln und erleichtern die nächtliche Fütterung.
Dieses spezifische Verhalten bewahrt die Gabelschwanzmöwen vor der Konkurrenz anderer tagaktiver Seevögel (s. auch S. 115) genauso wie vor den Piratenakten der Fregattvögel (s. S. 118). Den Tag können sie dann in Ruhe auf dem Nest verbringen und so ihr einziges Junges erfolgreich schützen.

Im Gebiet unterwegs

Die Landung für den Rundgang auf Plaza Sur erfolgt an einem Steg, der oft von einem dominanten Seelöwen-Bullen besetzt ist. Hat man diesen zur vorübergehenden Aufgabe seines Lieblingsplatzes »überredet«, sind zwischen den nahen Baumopuntien bereits die ersten Landleguane zu erwarten. Der Weg führt dann hinauf zur Steilküste, wo neben den zuvor bereits erwähnten Arten auch Braunpelikane (s. S. 88), Prachtfregattvögel (s. S. 106), Blaufuß- (s. S. 107) und gelegentlich Maskentölpel (s. S. 113) gewagte Flugmanöver in den Aufwinden darbieten. Vorbei an einigen Meerechsen, vielen Gabelschwanzmöwen, Seelöwen-Junggesellen und vereinzelten Goldwaldsängern (S. 29) gelangt man schließlich wieder zurück zum Landesteg an der Nordküste.

ACHTUNG: Bitte strikt auf dem Weg bleiben; die Klippenränder sind schlüpfrig und geben leicht nach, die spärliche Vegetationsdecke ist sehr empflindlich, und die oft gut getarnten Landleguane sind leicht zu übersehen!

TIP: Vor der Schwesterinsel Plaza Norte liegt die kleine Felsgruppe der **Gordon Rocks**, die oft von Galápagos-Seebären (s. S. 79) besucht wird. Sie gilt als Nistplatz für Rotschnabel-Tropikvögel und Noddis (S. 65). Viele andere Seevögel sowie Meerechsen nutzen sie als Ruheplatz. Eine Umrundung mit dem Boot ist deshalb durchaus lohnend!

Ein Landleguanmännchen probiert die in der Regenzeit grünen, saftigen Galápagos-Sesuvien.

Galápagos-Sesuvien wechseln von trockenzeitlichem Rot (links) zu Grün (rechts) in der Regenzeit; dies ist auch ihre Blütezeit.

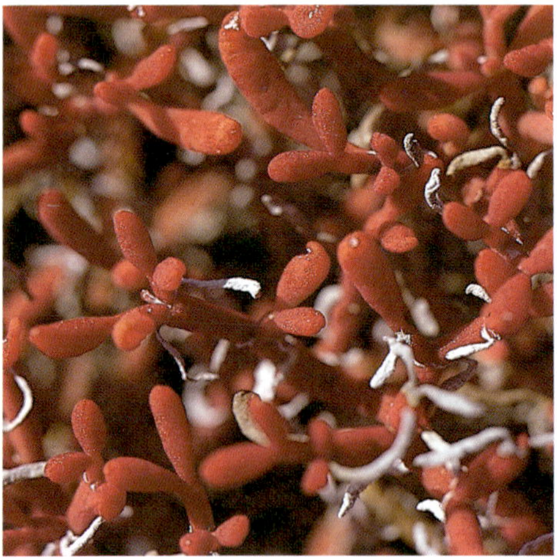

8 **Seymour** – North Seymour

Gehobenes Lavaplateau mit ausgeprägter Trockenvegetation; schöne Bestände silbergrauer Galápagos-Balsambäume; große Nistkolonie von Prachtfregattvögeln; zahlreiche Blaufußtölpel als saisonale Brüter; Galápagos-Seelöwen, Gabelschwanzmöwen, Meerechsen und Galápagos-Schlangen.

Das 1,9 km^2 große Seymour ist für viele Galápagos-Besucher »die erste Insel«. Eine nur schmale Meeresstraße trennt es von dem sich nördlich an Santa Cruz anschließenden Baltra, das den Hauptflughafen trägt. Bei Seymour wie Baltra handelt es sich um flache Lavaplateaus submarinen Ursprungs (s. S. 17), die vermutlich erst im Laufe der letzten Million Jahre allmählich gehoben wurden. Sie gelten als gute Fundorte für fossile Meeresorganismen.
Die auf Seymour z. T. überbreit ausgetretenen Wege zeigen deutlich die oft noch fehlende Umsicht von Neuankömmlingen, denen die Empfindlichkeit der Vegetation wie auch die Furchtlosigkeit der Tiere auf Galápagos erst allmählich begreiflich werden. Trotzdem bietet die Insel auf engem Raum einen beeindruckenden Einstieg in die Lebensgemeinschaften des Archipels.

Pflanzen und Tiere

Die auffälligsten Vertreter der Trockenvegetation Seymours sind die endemischen **Galápagos-Balsambäume**. Sie kommen nur auf Baltra, Daphne Minor, Daphne Mayor und eben Seymour vor, unterscheiden sich jedoch kaum von ihren auf den übrigen Inseln und dem Kontinent verbreiteten nächsten Verwandten, die im Spanischen allgemein als »Palo Santos« bezeichnet werden. Dieser Name nimmt, wie auch das deutsche Wort »Balsambaum«, Bezug auf den aromatischen, weihrauchähnlichen Geruch ihres Holzes. Balsambäume gehören zu den wohl fotogensten Vertretern der Galápagos-Flora: In der Trockenzeit (s. S. 19) strecken sie ihre blattlosen, silbrig glänzenden Äste geisterhaft in den Himmel; in der Regenzeit beleben sie sich mit frischem Grün und füllen die Luft mit dem süßen Duft ihrer kleinen, weißen Blüten (S. 20, 21).
Weitere typische Pflanzenarten Seymours sind die grünrindigen Parkinsonien, Galápagos-Feigenkakteen (s. S. 127), *Maytenus*

Junger,noch unausgefärbter Prachtfregattvogel im Geäst eines Balsambaumes.

octogona-Sträucher (S. 85) und Salzbüsche (S. 128). Letztere dienen zusammen mit den Büschen der Gelben Cordie (S. 128) als Nistplatz für eine der größten Kolonien von Prachtfregattvögeln des Archipels.
Wie bei den Bindenfregattvögeln (s. S. 120), der zweiten auf Galápagos brütenden Fregattvogelart, ist die Balz der **Prachtfregattvögel** etwa zwischen Februar und Juli ein einmaliges Schauspiel. Während sich die einfarbig schwarzen Männchen beider Arten in Verhalten wie Aussehen gleichen, lassen sich ihre Weibchen und Jungvögel leicht unterscheiden. Weibliche Prachtfregattvögel besitzen einen weißen Bauch und eine schwarze Brust, bei den Bindenfregattvogel-Weibchen zieht sich das Weiß des Bauches bis zur Kehle hinauf; das Dunenkleid der jungen Prachtfregattvögel ist reinweiß, das der jungen Bindenfregattvögel weiß mit einem Stich ins Rostrote.
Nach erfolgreicher Partnerwerbung bauen beide Arten unordentliche Plattformnester in Büschen, vorzugsweise in der Nähe anderer Seevogelkolonien. Das nach 7 Wochen schlüpfende, einzige Junge wird von den Eltern über 4–6 Monate versorgt. Diese langsame Entwicklung in Kombination mit der spezifischen Ernährungsweise der Fregattvögel (s. S. 118) führt zu hohen Ausfällen un-

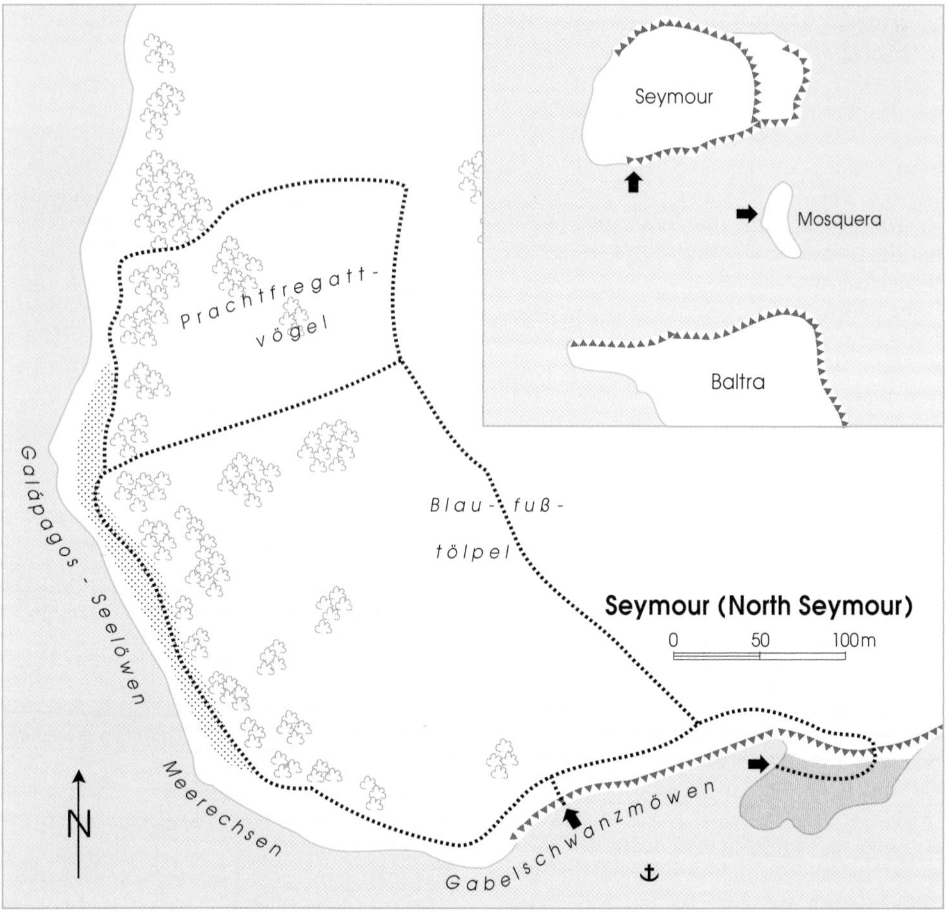

Im Vergleich mit der menschlichen Gestalt (rechts unten) zeigt sich die beachtliche Größe mancher Balsambäume.

Galápagos-Schlangen erwürgen ihre Beute. Sie nehmen u. a. frischgeschlüpfte Jungtiere aller Leguanarten.

ter den Jungvögeln und reguliert die Populationsdichte der »Luftpiraten«.
In unmittelbarer Nachbarschaft ihrer Erzfeinde nisten – in der Saison – **Blaufußtölpel** auf Seymour. Sie sind die häufigste der insgesamt 3 auf Galápagos vorkommenden Tölpelarten. Ihren englischen Namen »Boobies« (= Einfaltspinsel) erhielten sie von frühen Seefahrern, die damit die leichtsinnige Zutraulichkeit und die clownhafte Fortbewegungsweise dieser Vögel an Land beschrieben. In der Luft sind ihre Manöver jedoch keineswegs tölpelhaft (s. S. 114) und auch an Land wirkt ihr gemächliches Schreiten eher bedacht und vornehm als ungeschickt.
Blaufußtölpel-Kolonien bieten zur Fortpflanzungszeit viele Möglichkeiten, das interessante Balzverhalten der liebenswerten Vögel ausführlich zu beobachten. Beide Geschlechter sind an dem Unternehmen beteiligt: das kleinere, helläugige Männchen genauso wie das schwerere Weibchen, dessen Pupillen von einem schwarzen Pigmentring umgeben sind und dadurch größer wirken. Abgesehen von einigen Territorialflügen mit demonstrativen Landungen auf dem vorgesehenen Nistplatz zu Beginn der Brutsaison, spielt sich der Großteil der Balz am Boden ab. Eine in diesem Rahmen typische Körperstellung ist das »Skypointing« (S. 109). Dabei werden die Flügel in akrobatischer Weise nach vorne gebracht, so daß die Flügeloberseiten und -spitzen genauso zum Himmel zeigen wie Schwanz und Schnabel. Das Ganze wird von einem lauten, hellen Pfiff (beim Männchen) bzw. einem dunkleren, heiseren Ruf (beim Weibchen) untermalt. »Skypointing«-Figuren werden oft mit Paarparaden kombiniert. Steifbeinig und mit erhobenen Schnäbeln umkreisen sich die zukünftigen Partner und zeigen sich gegenseitig ihre leuchtend blauen Füße. Der letzte Schritt zur festen Paarbindung ist schließlich der rituelle Nestbau. Übergabe und Arrangement der Stöckchen und Steinchen werden mit vielen Verbeugungen, Schnäbeleien und Paraden gemeinsam zelebriert und bekräftigen das Bündnis. Die funktionelle Rolle des Nests ist dabei ohne Bedeutung.
Blaufußtölpel legen 1–3 Eier im Abstand von jeweils 3–5 Tagen und bebrüten sie für 41 Tage – hauptsächlich mit den gut durchbluteten Schwimmhäuten der Füße. Die bereits nach einer Woche weiß bedunten Jun-

Niedrige Galápagos-Balsambäume und -Feigenkakteen auf Seymour; vorne ein Blaufußtölpel im Nestrund.

Blüten und Blätter einer Parkinsonie der Trockenzone.

gen werden von beiden Eltern gefüttert. Sie verlassen im Alter von 3–4 Monaten, nun im einheitlich braunen Federkleid, das Nest. In guten Zeiten überleben alle Jungen, in Notzeiten allerdings nur das Erstgeborene, das bevorzugt gefüttert wird und die jüngeren Geschwister erfolgreich verdrängt.

Neben diesen und weiteren attraktiven Vogelarten wie z. B. den Gabelschwanzmöwen (s. S. 102) leben auf Seymour auch Galápagos-Seelöwen (s. S. 110), Lavaechsen (s. S. 139), Meerechsen (s. S. 58) und einige Landleguane (s. S. 101). Bei den letzteren handelt es sich um Baltra-Leguane, die in den 1930er Jahren hierher verbracht wurden. Nachwuchs dieser damals bereits geschlechtsreifen Tiere konnte auf Seymour allerdings erst 1989 beobachtet werden. Eine vermutete Ursache für die damit wohl eher als niedrig zu bezeichnende Vermehrungsrate sind die auf der Insel zahlreichen, ungiftigen Galápagos-Schlangen (s. auch S. 35).

»Leg Dein Schwimmfüßchen auf mein Schwimmfüßchen« – die Balz der Blaufußtölpel ist einfach sehenswert.

Ein Blaufußtölpelmännchen beim »Skypointing« (s. Text).

Im Gebiet unterwegs

Trockene, bei hohem Wellengang schwierige Landung auf Lava; der einzig freigegebene Rundweg führt vorbei an Blaufußtölpeln, durch die Nistkolonie der Prachtfregattvögel und zurück zu der mit Galápagos-Seelöwen, Meerechsen und Gabelschwanzmöwen bevölkertern Küste.

ACHTUNG: Blaufußtölpel nisten z. T. direkt auf dem Weg und auch Meerechsen und Seelöwen weichen nicht; der Sicherheitsabstand – auch zu den Prachtfregattvögeln – muß vom Besucher gewahrt werden!

TIP: Das nahegelegene, kleine Inselchen **Mosquera** ist zum Besuch freigegeben und lohnt einen Abstecher. Zahlreiche Galápagos-Seelöwen beleben die Strände, und Beobachtungen von verschiedenen Reihern (s. S. 30), Lavamöwen (s. S. 122), Steinwälzern, Sanderlingen und anderen Küstenbesuchern sind nicht ungewöhnlich.

Galápagos-Seelöwen – die Clowns der Küsten

Der Galápagos-Seelöwe, eine kleinere Unterart des Kalifornischen Seelöwen, ist an fast allen Küsten des Archipels zuhause. Charakteristisch für ihn sind der schlanke, spitze »Hundekopf« und die laute, bellende Stimme, die kein Besucher der Inseln je vergißt. Wie alle Ohrenrobben besitzt der Galápagos-Seelöwe kleine Ohrmuscheln, einen kurzen Schwanz und kann seine hinteren Flossenfüße nach vorn unter den Bauch bringen. Dies ermöglicht ihm eine Fortbewegung auf allen Vieren an Land. Im Wasser dagegen benutzt er ausschließlich seine vorderen Flossenfüße für den Antrieb und kann bei seinen Fischjagden Geschwindigkeiten von über 15 km/Stunde und Tauchtiefen von 200 m und mehr erreichen.

Galápagos-Seelöwen leben in lockeren Kolonien. Die ausgewachsenen männlichen Tiere sind dabei leicht an ihrer enormen Größe (sie werden bis über 300 kg schwer), einem aufgewölbten Schädeldach, dem massigen Nacken und ihrem – in der Fortpflanzungszeit – aggressiven Verhalten zu erkennen: Dann sammeln sie möglichst viele Weibchen um sich, patrouillieren die von ihnen besetzten Küstenabschnitte unter lautem Gebell und verteidigen ihre Reviere erbittert gegen jeden Eindringling. Deshalb Vorsicht: Angriffslust und Beweglichkeit dieser Riesen sind im Wasser wie an Land nicht zu unterschätzen!

Junge oder »momentan ausgediente« Galápagos-Seelöwenbullen tun sich oft zu Junggesellenverbänden zusammen, die am Rande der Territorien auf ihre Chance zur Ablösung der Revierinhaber lauern – die sie auch oft erhalten. Weibliche Galápagos-Seelöwen sind allgemein friedlicher und oft sehr neugierig.

Galápagos-Seelöwenbulle mit aufgewölbtem Schädeldach.

Sie wiegen nur 50–80 kg und schießen im Spiel manchmal wie Torpedos zwischen den Schwimmern und Schnorchlern hindurch. Aber auch hier neigen vor allem Mütter zur Aggressivität und sollten deshalb mit Respekt behandelt werden.

Die Geburten erfolgen meist etwas abseits der Kolonie. Unmittelbar nach dem Ereignis beginnen Mutter und Kind zu rufen und sich ihre Stimmen zum späteren gegenseitigen Erkennen fest ins Gedächtnis einzuprägen. Etwa 2 Wochen danach sind die Weibchen wieder empfängnisbereit und werden von den territorialen Bullen begattet. Das befruchtete Ei setzt sich allerdings erst 2–3 Monate nach der Kopulation in der Gebärmutter fest und beginnt dann seinen 9 Monate dauernden Reifezyklus.

Junge Galápagos-Seelöwen wachsen schnell heran und verdoppeln ihr Geburtsgewicht von 4–6 kg in wenigen Wochen. Sie werden bis zur Geburt des nächsten Jungen im folgenden Jahr gesäugt und sind ausgesprochen verspielt. Sie gehören zu dem Liebenswertesten, was Galápagos zu bieten hat.

Galápagos-Seelöwinnen bekommen im Regelfall pro Jahr nur 1 Junges, das bis zur Geburt des nächsten von ihnen umsorgt wird.

Wie bei vielen Ohrenrobben ist der Spieltrieb junger Galápagos-Seelöwen sehr ausgeprägt.

9 **Daphne Mayor** – Daphne Major

Kleiner, malerisch aus dem Meer aufragender Tuffkegel; von verschiedenen Darwinfinken besiedelte Trockenvegetation; zahlreiche, nistende Rotschnabel-Tropikvögel; große Kolonien von Masken- und Blaufußtölpeln; reiches Seevogelleben um die Insel mit guten Beobachtungsmöglichkeiten für die verschiedenen Jagdtechniken der einzelnen Arten.

Westlich von Baltra tauchen die zwei charakteristischen Silhouetten von Daphne Mayor (32 ha) und der kleineren Insel Daphne Menor aus dem Meer auf. Bei beiden handelt es sich um Spitzen von Tuffkegeln (s. S. 16) mit stellenweise steilen, stark erodierten Flanken.

Daphne Mayors schöngeformte Kegelspitze überragt den Wasserspiegel um 120 m und besitzt einen tiefen, zweigeteilten Krater. Die Insel ist wichtiger Brutplatz für viele Seevögel und kann zur Zeit nur mit einer speziellen Erlaubnis der Nationalparkbehörden in kleinen Gruppen besucht werden. Daphne Menor ist unzugänglich.

Pflanzen und Tiere

Die spärliche Vegetation Daphne Mayors besteht im wesentlichen aus Baumopuntien (s. S. 127) und Galápagos-Balsambäumen (s. S. 105). Am Boden wachsen Galápagos-Sesuvien (s. S. 101) und Pionierpflanzen wie *Chamaesyce* oder *Tiquilia* (S. 85). Die hier lebenden Vertreter der Darwinfinken (s. S. 31) wurden jahrelang intensiv untersucht. Beobachtungen von verschiedenen

Blick in den Krater von Daphne Mayor. Der Boden ist ein beliebter Nistplatz von Blaufußtölpeln.

Stoßtauchender Verband von Blaufußtölpeln in der Nähe der Daphne-Inseln.

Grundfinken oder Kaktusfinken (s. S. 44) mit farbigen Fußringen sind deshalb nicht selten. Hauptattraktion der Insel aber sind die vielen hier brütenden bzw. jagenden Seevögel. In den unterschlupfreichen, meeresnahen Steilabbrüchen haben sich u. a. Audubon-Sturmtaucher, Madeira-Wellenläufer und Gabelschwanzmöwen (s. S. 102) angesiedelt, und in den höheren Lagen findet man weitere auffällige Arten: Rotschnabel-Tropikvögel (S. 116) nutzen Höhlungen im weichen Tuff der Hänge des Kegels als Nistplatz, auf den Kraterböden sind große Blaufußtölpel-Kolonien (s. S. 107) ansässig, und um den Kraterrand wohnen Maskentölpel.

Der **Maskentölpel** (S. 116) ist die größte der 3 auf Galápagos vorkommenden Tölpelarten und fast überall im Archipel zu finden. Die größten Brutkolonien jedoch liegen auf Española, Tower und eben Daphne Mayor. Einzig unter den Tölpeln auf Galápagos haben Maskentölpel einen festen, jahresrhythmischen Brutzyklus, der allerdings von Insel zu Insel variiert. Von den 1–2 Jungen überlebt immer nur das ältere, das seinen jüngeren Bruder bereits wenige Tage nach dem Schlupf aus dem Nest drängt – ein ererbtes Verhalten, das wohl das Überleben in Notzeiten sichern soll.

Der Tuffkegel von Daphne Mayor gilt als Vogelparadies. Die Insel darf nur mit Sondererlaubnis besucht werden.

Wie Pfeile schießen Blaufußtölpel auf das Wasser zu.

Maskentölpel sind sehr territorial und häufig in lautstarke Schnabelgefechte mit Nachbarn verwickelt. Die beiden Geschlechter der sehr distinguiert wirkenden, überwiegend weißen Vögel können an den Stimmen unterschieden werden; Männchen stoßen helle Pfiffe aus, Weibchen einen lauten, trompetenden Ruf. Ihre Balz verläuft weniger reizvoll wie die der Blaufußtölpel, denn nur die Männchen vollführen das »Skypointing« (S. 109). Interessant ist die Beobachtung der verschiedenen Flug- und Jagdtechniken der Seevögel während einer Bootsfahrt um die Küsten von Daphne Mayor.

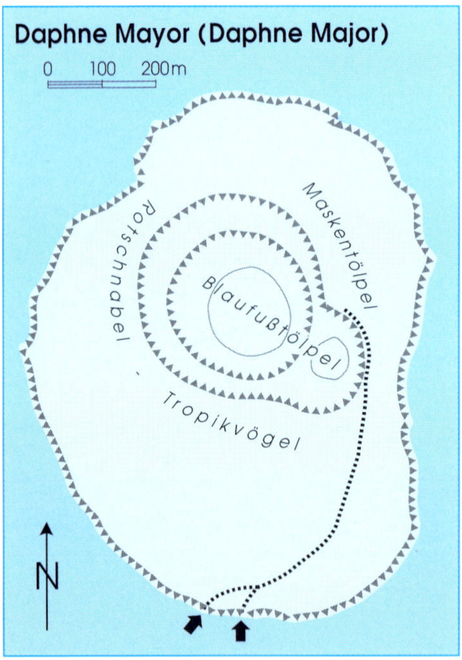

In unübertroffener Schönheit und Eleganz fliegen **Rotschnabel-Tropikvögel** um die Klippen. Zur Brutzeit kreisen sie oft in kleinen Gruppen hoch über dem Ozean und lassen ihre schrillen Rufe ertönen. Immer wieder stoßen dabei einzelne Vögel zu ihren Nistnischen herab, vor denen sie kurz im Flatterflug verharren. Die besten Zeiten für eine Beobachtung dieses Balzschauspiels sind der frühe Vormittag und der späte Nachmittag.

Masken-, vor allem aber **Blaufußtölpel** zeigen ihre erstaunlichen Fähigkeiten als Stoßtaucher. Aus vollem Flug oder hoch in der Luft stehend drehen sich die Tölpel plötzlich und stürzen mit nach hinten gelegten Flügeln wie Pfeile ins Meer. Unter Wasser schützen sie ihre Augen mit einer speziellen Membran und packen die Fische dann beim Auftauchen. Oft kann man ganze Jagdtrupps beobachten, die ihre akrobatischen Sturzmanöver genau synchronisieren und damit in Fischschulen die für einen erfolgreichen Fang notwendige Verwirrung stiften. Jagdgebiet, Beutegröße und Tauchtiefe sind für die einzelnen Tölpelarten bzw. -geschlechter verschieden. So jagen die leichten, männlichen Blaufußtölpel meist nahe der Küste in relativ flachem Wasser. Weibliche »Blaufüße« dagegen bevorzugen tieferes Wasser und größere Beute. Ihr Jagdgebiet grenzt damit an das der Maskentölpel.

Unter diese Flugkünstler mischen sich die übrigen Arten: Schwarzweiße Audubon-Sturmtaucher ziehen in oft größeren Verbänden dicht über der Wasseroberfläche zielstrebig über das Meer, und auf der Jagd nach Plankton oder kleinen Fischen tanzen die zarten, dunklen Madeira-Wellenläufer wie gaukelnde Schmetterlinge auf den Wellen. Häufig zu beobachtende Gäste sind außerdem die kleinen Elliot-Sturmschwalben und – von August bis April – die attraktiven Odinshühnchen.

Seevögel – eine Lektion in Ökologie

Die große Anzahl der verschiedenen Seevögel läßt auf reichlich Nahrung im Meer um Galápagos schließen. Tatsächlich aber ist diese Nahrung nicht immer im gleichen Ausmaß verfügbar. Die Zusammensetzung der marinen Gemeinschaften und die Häufigkeit einzelner Arten sind dauernden Schwankungen unterworfen, deren Bandbreite von den jahreszeitlich wechselnden Meeresströmungen (s. S. 17) bestimmt wird. Die Nahrungsgrundlage ist somit nicht immer gleich gut gesichert – ein Grund mehr, die vorhandenen Ressourcen schonend zu nutzen.
Seevögel geben uns ein praktisches Beispiel, wie dies zum Vorteil aller geschieht. Dazu folgende Tabelle: Sie zeigt, daß die einzelnen Seevogelarten Ort, Zeit und Methode des Nahrungserwerbs sehr unterschiedlich wählen. Vor allem eng verwandte und oft nebeneinander brütende Arten wie die Tölpel gehen verschiedene Wege.

Art	Beute	wie gefangen	wo gefangen
Galapágos-Pinguin	kleine Fische	unter Wasser	an den Küsten
Galápagos-Albatros	Fische, Tintenfische	von der Wasseroberfläche	auf offener See im Bereich des Humboldt-Stroms
Hawaii-Sturmvogel	Fische, Tintenfische	von der Wasseroberfläche	auf offener See
Audubon-Sturmtaucher	Plankton, Krebse, kleine Fische	von/unter der Wasseroberfläche	an den Küsten
Galápagos-Wellenläufer	Plankton, kleinste Fische, Fischreste	nachts von der Wasseroberfläche	zwischen den Inseln
Madeira-Wellenläufer	kleine Fische, Tintenfische	tags von der Wasseroberfläche	auf offener See
Rotschnabel-Tropikvogel	Tintenfische, Fische	stoßtauchend	auf offener See
Blaufußtölpel	Fische	aus großer Höhe stoßtauchend	an den Küsten
Maskentölpel	Fische	aus großer Höhe stoßtauchend	zwischen den Inseln
Rotfußtölpel	Fische	aus großer Höhe stoßtauchend	im Norden auf offener See
Flugunfähiger Kormoran	Fische, Aale, Tintenfische	tauchend vom Meeresboden	an den Küsten
Bindenfregattvogel	Fische, Fischreste, Seevogeljunge und -eier	von der Wasseroberfläche oder durch Kleptoparasitismus (s. S. 118)	auf offener See bzw. am Nistplatz
Prachtfregattvogel	wie oben	wie oben	zwischen den Inseln bzw. am Nistplatz
Lavamöwe	Reste von Fischen u. a.	am Boden	an Fels- und Sandküsten
Gabelschwanzmöwe	Fische, Tintenfische	nachts von der Wasseroberfläche	zwischen den Inseln
Noddi	kleine Fische	von der Wasseroberfläche oder von Pelikanschnäbeln	an den Küsten

Das Fotografieren der attraktiven Rotschnabel-Tropikvögel erfordert viel Geduld.

Im Gebiet unterwegs

Trockene, bei bewegtem Wasser schwierige Landung auf den Klippen; einzig freigegebener Besuchspunkt ist ein kurzer Fußweg hinauf zum Kraterrand zur Besichtigung der Tölpelkolonien; Trockenvegetation, Darwinfinken und Rotschnabel-Tropikvögel unterwegs.

Fehlt die Erlaubnis der Nationalparkbehörden für einen Besuch oder ist die See zu rauh für eine Landung, empfehlen sich Seevogelbeobachtungen von Bord aus.

ACHTUNG: Beim Aufstieg zum Krater auf dem Weg bleiben, das anstehende Tuffgestein ist sehr erosionsanfällig.

Streit unter Maskentölpeln: Ein Altvogel (links) verweist den Nachwuchs des Nachbarn in seine Schranken.

10 **Tower** – Genovesa

Flach aus dem Meer auftauchende Kuppe eines alten Schildvulkans; Balsambaumwälder mit Galápagos-Tauben und Sumpfohreulen; Krabben- und Lavareiher an den Küsten; größte Nistkolonien von Rotfußtölpeln, Bindenfregattvögeln und Galápagos-Wellenläufern auf Galápagos; Klippen um die Darwin Bay mit Gabelschwanzmöwen, Rotschnabel-Tropikvögeln und Maskentölpeln; einige Lavamöwen.

Der einzige bisher freigegebene Besuchspunkt im Norden des Archipels ist Tower. Die 14 km^2 große Insel präsentiert sich als Spitze eines inaktiven Schildvulkans (s. S. 15), dessen Hänge sanft bis zu einer Höhe von 76 m über dem Meeresspiegel ansteigen. Seine nur 1 km durchmessende Gipfelcaldera beherbergt einen kleinen Salzsee. Im Süden der Insel hat die Erosionskraft der Wellen eine große Bucht in die Flanke des alten Vulkans gegraben – die Darwin Bay. Umgeben von hohen Klippen ist sie ein idealer Ankerplatz und damit das Tor zum Vogelparadies von Tower.

Pflanzen und Tiere

Tower ist eine flache und deshalb sehr trokkene Insel. Weißliche Balsambäume (s. S. 105) prägen zusammen mit Galápagos-Feigenkakteen (s. S. 127) und xerophytischen Sträuchern wie *Croton scouleri* (S. 128), Waltherien und Gelben Cordien (S. 128) das Bild. Auf exponierteren Flächen haben sich Lavakakteen (S. 60) und andere Pionierpflanzen angesiedelt, und in Küstennähe finden sich einige Rote Mangroven (s. S. 72) und Salzbüsche (S. 128).
Wegen seiner abgelegenen Position im Nordosten des Archipels wurde Tower mit der Ausnahme von Meerechsen (s. S. 58) nicht von Reptilien besiedelt. Auch die Galápagos-Reisratten (s. S. 125) fehlen auf der Insel. Unter solchen konkurrenzlosen Bedin-

Rotfußtölpel sind für Besucher nur auf Tower zu sehen.

Fregattvögel – die »Piraten der Lüfte«

Schon Südseeinsulaner wußten von dem Flugvermögen und der Orientierungsfähigkeit der Fregattvögel und benutzten sie zur Nachrichtenübermittlung – wie wir unsere Brieftauben. Heute gelten ihre charakteristischen schwarzen Silhouetten hoch im blauen Himmel fast als Sinnbild für tropische Inseln. Auf Galápagos sind es zwei Arten, die den Luftraum beleben: die Prachtfregattvögel (s. S. 106) und die Bindenfregattvögel (s. S. 120).

Fregattvögel sind »Flugmaschinen«; an Land sind sie unbeholfen und ihre kleinen Füße taugen allenfalls dazu, sich mühsam auf einem Ast festzuhalten. Ihr gesamter Körperbau ist auf das Leben in der Luft ausgerichtet. Ganze 2 kg Gewicht (wovon allein Brustmuskeln und Federn die Hälfte wiegen), kombiniert mit schlanken, spitz zulaufenden, 2,50 m spannenden Flügeln geben ihnen eine Wendigkeit und Schnelligkeit, die von keinem anderen Seevogel dieser Größe erreicht wird. Zur Balance dient der tief gegabelte Schwanz, der wie eine Schere geöffnet und geschlossen werden kann. Immer auf der Lauer, stehen sie manchmal lange Zeit ruhig im Wind, um sich im nächsten Moment in reißende Sturzflüge und akrobatische Jagden zu verwickeln.

Fregattvögel haben ein weites Nahrungsspektrum. In elegantem schnellem Flug fangen sie Fliegende Fische und anderes Meeresgetier von der Wasseroberfläche, nehmen aber auch Fischreste, die Nachgeburt eines Seelöwen oder frischgeschlüpfte Meeresschildkröten vom Strand. Gerne räubern sie unbewachte Küken von Seevögeln und verschmähen selbst die Jungen ihrer eigenen Art nicht.

Hat ein Fregattvogel eine Nahrungsquelle entdeckt, so zieht er unweigerlich andere an, die wie aus dem Nichts auftauchen. Gruppen von Vögeln kämpfen dann

Futterneid führt oft zu heftigen Luftkämpfen zwischen Fregattvögeln. Die gegenseitigen Attacken erfolgen ohne Rücksicht auf Alter oder Geschlecht.

vehement um jedes Stückchen, jagen es sich gegenseitig vom Schnabel ab und lassen es wieder fallen, so daß am Ende oft ein ruhig auf dem Wasser wartender Braunpelikan der Nutznießer ist.

Regelrechte Piratenakte aber sind die Luftangriffe der Fregattvögel auf andere Seevögel, mit denen sie diese zur Herausgabe ihrer erbeuteten Fische zwingen. Mit Vorliebe stürzen sie sich – oft in Gruppen – auf Tölpel, Rotschnabel-Tropikvögel und Gabelschwanzmöwen, ziehen sie an den Federn oder versetzen ihnen kräftige Schnabelhiebe. Das Opfer entkommt erst, nachdem es den Kropfinhalt ausgewürgt hat, den die Fregattvögel meist noch in der Luft auffangen und verspeisen. Dabei scheinen sie genau zu wissen, bei wem Nahrung zu holen ist, denn nicht jeder vorbeifliegende Vogel wird angegriffen.

In großen Seevogelkolonien wie z. B. auf Tower ist diese als »Kleptoparasitismus« bezeichnete Art des Nahrungserwerbs häufig und kann in manchen Fällen über Erfolg oder Mißerfolg der Brut der »Opfer« wie der »Jäger« entscheiden.

Ein Fregattvogel hat im Flug Nahrung aus dem Meer gefischt und wird sofort von drei Konkurrenten verfolgt.

gungen und unberührt von eingeführten Tieren konnte sich die Vogelwelt voll entwikkeln. Lava- (S. 70) und Krabbenreiher brüten an den Küsten, und im Inland leben u. a. Galápagos-Spottdrosseln (s. S. 139), 4 Arten von Darwinfinken (s. S. 31), Galápagos-Tauben (s. S. 125) und Sumpfohreulen (S. 66). Am aufälligsten aber sind die großen Populationen von Seevögeln, die die anlaufenden Schiffe schon von weitem begrüßen. Neben Rotschnabel-Tropikvögeln (s. S. 114) und Maskentölpeln (s. S. 113) sind die folgenden 4 Arten besonders erwähnenswert:

Rotfußtölpel treten in 2 Farbformen auf, wobei auf Galápagos die braune stark über die weiße dominiert. Als Hochseefischer (s. auch S. 115) konzentrieren sie sich in ihrer Verbreitung auf die nördlichen Inseln und hier besonders auf Tower. Mit mehreren zehntausend Brutpaaren trägt die Insel die vermutlich weltgrößte Brutkolonie dieser Vögel. Im Gegensatz zu den zwei anderen auf Galápagos verbreiteten Tölpelarten nisten Rotfußtölpel nicht auf dem Boden, sondern auf Salzbüschen, Roten Mangroven oder Balsambäumen. Ihre Nester werden nicht so dicht beieinander gebaut wie die der Blaufußtölpel (s. S. 107), der Aggressionspegel liegt niedriger und die Partnerwerbung ist weniger intensiv. Rotfußtölpel benötigen ihre Kräfte mehr für die kilometerweiten Flüge hinaus auf das offene Meer und die Auseinandersetzungen mit den Fregattvögeln bei der Heimkehr. Diese fangen nicht nur das dem Tölpelnach-

Krabbenreiher gehen nachts auf Jagd. Ihre Hauptbeute sind Rote Klippenkrabben.

Die Darwin Bay im Süden Towers ist der einzig mögliche Ankerplatz der Insel.

wuchs zugedachte Futter unterwegs ab, sondern bedienen sich gelegentlich auch bei den hungernden Jungvögeln selbst. Das Wachstum der flauschigen Kleinen ist entsprechend langsam und die Ausfälle sind hoch. Um so erstaunlicher ist dann die oft große Menge uniform braun gefärbter, junger Tölpel, die neugierig zur Schiffsinspektion an Deck landen (S. 8).

Mitten zwischen den Rotfußtölpeln haben sich **Bindenfregattvögel** angesiedelt. Auch ihr Überleben auf Tower ist nicht einfach und wird vor allem über ihre Hauptfutterquelle, die Rotfußtölpel, reguliert. Schädigen sie diese zu sehr, sinkt langfristig auch die eigene Überlebenschance, denn der von immer weniger Rotfußtölpeln gefangene Fisch kann nicht für zunehmend mehr »Mitesser« reichen. Dies und eine wie bei den Prachtfregattvögeln (s. S. 106) lange Nestlingszeit lassen auf Tower bisweilen nur 5% ihrer Jungvögel überleben.

Die Insel ist der ideale Platz zur Beobachtung der spektakulären Balz der Bindenfregatt-

Galápagos-Wellenläufer sammeln Kleinorganismen von der Meeresoberfläche.

Balzende Männchen der Bindenfregattvögel bemühen sich sehr um die Aufmerksamkeit der wählerischen Weibchen.

vögel ab etwa Januar. Oft sieht man dann ganze Gruppen von Männchen mit ausgebreiteten Flügeln zusammensitzen, die ihre knallroten Kehlsäcke so weit aufblasen, daß deren enormes Volumen die Köpfe in den Nacken drückt. Jedem vorbeifliegenden Weibchen signalisieren diese roten Ballons die Paarungsbereitschaft der Männchen, von denen es außerdem noch mit Flügelschlagen, Kopfschütteln und Schnabelklicken umworben wird.

Vor allem zu Beginn der Brutzeit im Mai/Juni füllen **Galápagos-Wellenläufer** mit in die Zehntausende gehenden Schwärmen den Luftraum um Tower. Ihre hier ansässigen Nistkolonien werden zu den größten der Inseln gerechnet. Sie sind von den verwandten Madeira-Wellenläufern und den selteneren Elliot-Sturmschwalben mit einiger Mühe anhand ihres größeren weißen Bürzelflecks zu unterscheiden. Wie die Gabelschwanzmöwen (s. S. 102) gehen sie hauptsächlich nachts auf Jagd, aber auch tagsüber kann man oft kleine Gruppen mit herabhängenden

Im Gegensatz zu den meisten anderen Möwen brüten Lavamöwen nicht in Kolonien.

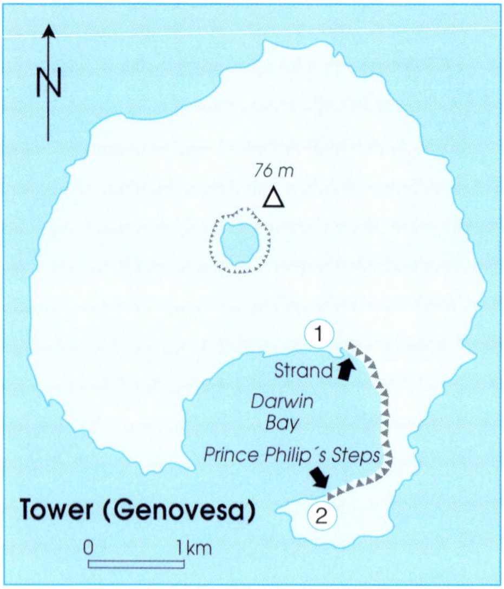

anderem Eßbarem. Da Galápagos nicht allzuviele Strände besitzt, waren Lavamöwen vermutlich nie sehr zahlreich.

Im Gebiet unterwegs

2 Besuchspunkte sind auf Tower freigegeben, wobei die »Prince Philip's Steps« zur Zeit nur von kleinen Gruppen erklommen werden dürfen. Ausgangspunkt für beide Landgänge ist die **Darwin Bay**, deren mit Seevögeln besetzte Steilabbrüche selbst schon eine Attraktion darstellen. Außerdem lassen sich hier gelegentlich Galápagos-Seebären (s. S. 79) und Hammerhaie beobachten. Es empfiehlt sich deshalb, die Anfahrten zu den Ausbootungspunkten etwas auszudehnen.

Darwin-Bay/Strand ①: Nasse Landung an einem kleinen Sandstrand mit Galápagos-Seelöwen (s. S. 110) und Meerechsen. Von hier führt der Pfad vorbei an einigen in Strandnähe nistenden Gabelschwanzmöwen zu einer großen, gemischten Kolonie von Rotfußtölpeln, Bindenfregattvögeln und vereinzelten Maskentölpeln. Gezeitentümpel, verschiedene Reiher, Galápagos-Tauben und Galápagos-Winkerkrabben (s. S. 80) im Mangrovenbereich sind weitere sehenswerte Tiere auf diesem Ausflug, der an einem Aussichtsplatz auf den Klippen endet.

Füßen »auf dem Wasser tanzen« sehen. Die Hauptfeinde der **Galápagos-Wellenläufer** sind die auf Tower gut vertretenen Sumpfohreulen. (S. 66).
Neben den häufigen Gabelschwanzmöwen findet man auch einige der grauschwarzen, endemischen **Lavamöwen** an den Küsten Towers. Mit nur rund 400 über ganz Galápagos verteilten Brutpaaren gelten sie als zoologische Rarität. Wie alle »normalen« Möwen suchen sie am Sandstrand nach Abfällen und

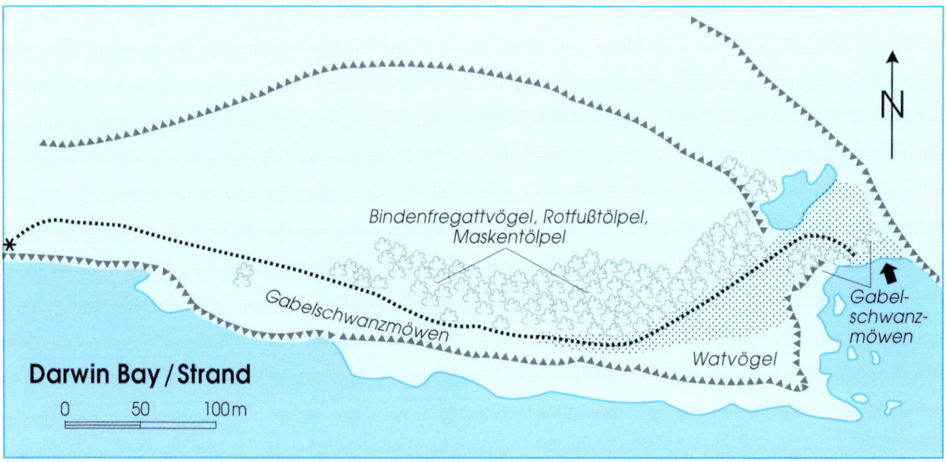

ACHTUNG: Die Eier wie die schwarzweiß gesprenkelten Jungvögel der Gabelschwanzmöwen sind leicht zu übersehen!

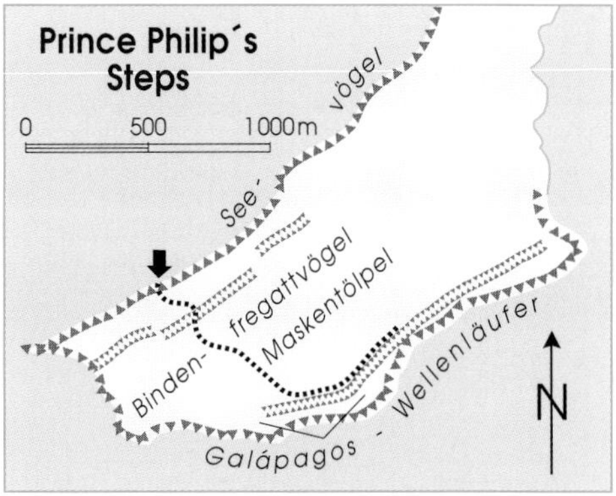

Prince Philip's Steps ②: Nach der manchmal schwierigen Landung auf Lava und dem Aufstieg (Holzgeländer) auf den Klippenrand wird eine Nistkolonie von Maskentölpeln durchquert. Unter sie mischen sich auch Rotfußtölpel und Bindenfregattvögel. Durch einen Balsambaumwald mit guten Beobachtungsmöglichkeiten für Landvögel (darunter Sumpfohreulen) gelangt man zu einem Lavaplateau mit – in der Saison – Tausenden von brütenden Galápagos-Wellenläufern.

Charles Darwin – der »Vater der Evolution«

Charles Darwin wurde am 12. Februar 1809 in Shrewsbury/England geboren. Wie sein Vater und Großvater sollte er Arzt werden, war aber letztlich wenig erfolgreich in seinen medizinischen Studien. Er frönte lieber seiner Jagdleidenschaft und machte unter der Anleitung des Zoologen Grant seine ersten biologischen Entdeckungen. Auch der Entschluß, Landpfarrer zu werden, konnte Darwins Neigung zu den Naturwissenschaften kaum in Zaum halten: Er sammelte leidenschaftlich Käfer, sein Interesse für die Geologie erwachte, und vor allem die botanischen Vorlesungen Professor John S. Henslows sowie die Reiseberichte Alexander von Humboldts beschäftigten ihn stark. Trotzdem bestand er Anfang Januar 1831 sein Bakkalaureus-Examen in Theologie.
Und wieder griff das Schicksal ein: Noch im gleichen Jahr ergab sich für Darwin die Gelegenheit, als Naturforscher eine weltumspannende Vermessungsexpedition zu begleiten. Er traf sich deshalb in London mit Robert Fitz Roy, dem Kapitän Seiner Majestät Schiff »Beagle« und Leiter der Forschungsreise.
Als Charles Darwin, tief geprägt vom religiösen Weltbild der damaligen Zeit, am 27. Dezember 1831 in Plymouth in See stach, war er entschlossen, Beweise für die Richtigkeit der biblischen Schöpfungsgeschichte zu suchen und zu finden. Was er jedoch schließlich sah und sammelte, revolutionierte die Biologie und erschütterte den Glauben der Menschen an ihr einmaliges, unwandelbares Selbst. 5 Jahre dauerte die denkwürdige Weltumsegelung, die ihn vor allem zu den Küsten Südamerikas – einschließlich Galápagos –, aber auch nach Neuseeland, Australien und Afrika führte.
Nach seiner Rückkehr im Oktober 1836 lebte Darwin zunächst in London, verlegte aber nach der Heirat mit seiner Kusine Emma Wedgwood 1839 seinen Wohnsitz aus gesundheitlichen Gründen aufs Land. Hier widmete er sich seiner Familie und seinen wissenschaftlichen Arbeiten. Insgesamt zeugte Darwin 10 Kinder und schrieb unzählige Abhandlungen, darunter sein berühmtestes, 1859 erstmals veröffentlichtes Werk »On the Origin of Species by means of Natural Selection« (s. auch S. 42).
Der »Vater der Evolution« starb am 19. April 1882 auf seinem Landsitz in Down und wurde in der Westminster Abbey in London beigesetzt.

11 Santa Fe – Barrington

Flaches Lavaplateau mit eindrucksvollen, mächtigen Baumopuntien, Balsambäumen und einigen Scalesien; Galápagos-Reisratten und Santa-Fe-Landleguane; reichhaltige Vogelwelt mit verschiedenen Arten von Darwinfinken, Galápagos-Spottdrosseln, Galápagos-Tauben und Galápagos-Bussarden; Galápagos-Seelöwen und Adlerrochen in der Landungsbucht.

Die 24 km^2 große Insel Santa Fe liegt zwischen Santa Cruz im Nordwesten und San Cristóbal im Osten. Ähnlich wie z. B. bei Seymour, handelt es sich um ein reliefarmes, gehobenes Lavaplateau marinen Ursprungs (s. S. 17), das in mehreren flachen Stufen bis zu einer Höhe von 259 m aufsteigt. Da es sonst keinerlei markante vulkanische Strukturen besitzt, konzentriert sich die Aufmerksamkeit auf die Tier- und Pflanzenwelt.

Pflanzen und Tiere

Die Trockenvegetation Santa Fes ist von ungewöhnlich hohen und kräftigen Baumopuntien (s. S. 127) durchsetzt, für die die Insel zu Recht bekannt wurde. Daneben wachsen Balsambäume (s. S. 105) und verschiedene Sträucher, wie *Maytenus octogona* (S. 85), Gelbe Cordien (S. 128) und Galápagos-Wandelröschen. Weiter im Inland trifft man außerdem auf *Scalesia helleri*, den hiesigen Vertreter der endemischen Gattung der Scalesien (s. S. 98). Wie die übrige Vegetation hatte die attraktive Pflanze stark unter den

Baumopuntien charakterisieren das Landschaftsbild der Insel Santa Fe.

ehemals auf Santa Fe verbreiteten Ziegen (s. auch S. 53) zu leiden. Diese verwüsteten die Insel bis 1971, dem Jahr ihrer Ausrottung durch die Nationalparkbehörden.
Neben zahlreichen Galápagos-Seelöwen (s. S. 110) sind aus der Ordnung der Säugetiere auch die endemischen **Galápagos-Reisratten** (s. auch S. 28) mit der inselspezifischen Art *Oryzomis bauri* auf Santa Fe vertreten. Sie sind graubraun gefärbt und etwas kleiner als die eingeschleppten Hausratten, deren Konkurrenz sie anderenorts bereits vielfach erlagen. Galápagos-Reisratten werden erst nachts aktiv und sind deshalb schwer zu beobachten. Wie ihre Verwandten auf dem süd- bzw. zentralamerikanischen Festland ernähren sie sich hauptsächlich vegetarisch.
Eine zweite Besonderheit der Insel sind die großen **Santa-Fe-Landleguane**. Die nur hier vorkommende Art *Conolophus pallidus* unterscheidet sich von ihrem weiter verbreiteten Verwandten (*C. subcristatus*, s. S. 101) durch den kräftiger ausgebildeten Rückenkamm und eine intensivere Gelbfärbung.
Santa Fe besaß einst auch eine eigene Unterart der Galápagos-Riesenschildkröten (s. S. 33), die aber wohl schon vor langer Zeit ausstarb. Die einzigen Nachweise für ihre ehemalige Existenz sind Knochenfunde.
Galápagos-Schlangen (s. S. 35) dagegen kommen auf Santa Fe noch häufig vor, und unter den zahlreichen Landvögeln finden sich Galápagos-Spottdrosseln (s. S. 139), vereinzelte Galápagos-Bussarde (s. S. 76), Goldwaldsänger (S. 29), verschiedene Darwinfinken (s. S. 31) und Galápagos-Tauben.
Die zarten, endemischen **Galápagos-Tauben** mit ihren roten Füßen und hellblauen Augenringen trugen ihren Teil zur Fleischversorgung früher Seefahrer, Siedler und Expeditionsmitglieder bei: »... die Mannschaft erschlug sie mit Stöcken und Steinen, was nicht sehr schwierig war, denn sie waren sehr zahm.« (Kapitän Porter, 1822). Zu Tausenden verschwanden sie in den Mägen der Menschen, auf deren Armen sie vertrauensvoll landeten, und wurden zusehends

Galápagos-Tauben lieben den Nektar von Feigenkakteenblüten.

Lebt in der Trockenzone: die Galápagos-Spottdrossel.

Essensreste locken Galápagos-Reisratten zu Zeltlagern.

scheuer und seltener. Ihre Hauptfeinde sind heute vor allem verwilderte Hauskatzen und -hunde.
Galápagos-Tauben sind als typische Bewohner der Trockenzone über alle größeren Inseln verbreitet. Wie alle Landvögel brüten sie in der Regenzeit (s. S. 19), wobei sie ihre Nester meist gut versteckt unter Felsen oder zwischen dichter Vegetation am Boden anlegen. Bei zufälliger Annäherung zeigen sie dann ein auffallendes Verhalten: Mit hängenden Flügeln mühsam herumflatternd markieren sie so überzeugend den Verletzten, daß sich die meisten Räuber ablenken und vom Nest weglocken lassen.
Die Nahrung der Galápagos-Tauben besteht hauptsächlich aus Pflanzensamen, wobei sie die der Baumopuntien und *Croton scouleri*-Sträucher bevorzugen. Forscher stellten fest, daß viele Tauben ihren Brutzyklus sogar so abstimmen, daß ihre Jungen genau zur Reifezeit der *Croton*-Samen schlüpfen.

Im Gebiet unterwegs

Nach einer nassen Landung am Sandstrand des einzig freigegebenen Besuchspunktes im Nordosten von Santa Fe bieten sich zwei Ausflugsmöglichkeiten an:

Baumopuntien ①: Ein kürzerer Rundweg führt durch Trockenvegetation zu einem »Wald« der hohen, stammbildenden Galápagos-Feigenkakteen auf den Klippen. Er bietet auch recht gute Blicke über Küste und Bucht, sowie Beobachtungsmöglichkeiten für verschiedene Landvögel.

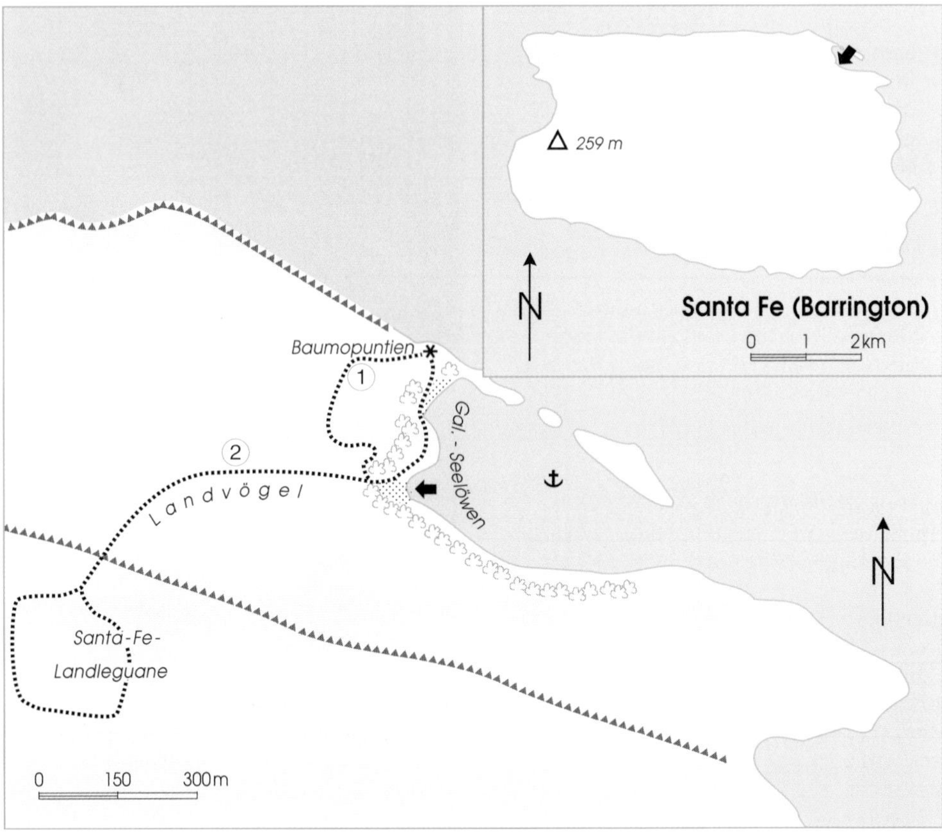

Baumopuntien – die »Kakteenbäume« von Galápagos

Die häufigste der 3 auf den Galápagos-Inseln vorkommenden Kakteengattungen ist die der in Amerika weitverbreiteten Opuntien oder Feigenkakteen. Mit 6 endemischen Arten und einem guten Dutzend Varietäten sind diese Galápagos-Feigenkakteen typische Elemente der insulären Trockenzone. Auch kleinste Inselchen und Felsen wie z. B. die Teufelskrone bei Punta Cormorán/Floreana werden von ihnen besiedelt.
Einige Galápagos-Feigenkakteen weisen eine Besonderheit auf: Statt der sonst für die Gattung typischen »buschigen« Wuchsform bilden sie auf manchen Inseln gerade, unverzweigte Stämme von mehreren Metern Höhe aus. Dabei wird in langen Jahren des Wachstums das dichte Blattdornenkleid des jungen Feigenkakteen-Stammes allmählich durch eine rötliche, harte Rinde ersetzt. Ausgewachsene Baumopuntien der Art *Opuntia echios* können auf Santa Cruz eine Höhe von über 10 m (S. 128) und auf Santa Fe einen Stammdurchmesser von über 1 m erreichen!
Über die Gründe dieser einmaligen Stammbildung wurde viel spekuliert. Manche Forscher nehmen Galápagos-Riesenschildkröten (s. S. 92) als Verursacher an: Die Schildkröten essen gerne Feigenkakteen-Triebe und hätten über diesen Selektionsdruck die Pflanzen veranlaßt, sich mit der Ausbildung hoher Stämme vor dem Fraß zu schützen. Dies fällt mit der Beobachtung zusammen, daß Baumopuntien vor allem auf von Schildkröten bewohnten Inseln vorkommen, auf Inseln ohne Schildkröten dagegen nicht. Allerdings: 2–3 m Stammhöhe würden genügen, sich vor dem Appetit der Schildkröten zu retten ...
Andere Forscher nehmen deshalb an, daß Licht der auslösende Faktor der Stammbildung ist. Um genügend Licht zu bekommen müßten die Feigenkakteen stets höher als die sie umgebende Vegetation wachsen, besonders wenn diese sehr dicht ist.
Für einige Galápagos-Tiere sind Baumopuntien lebenswichtig. Außer den Galápagos-Riesenschildkröten ernähren sich auch Landleguane (s. S. 101) zum großen Teil von ihren Trieben. Galápagos-Tauben (s. S. 125), Galápagos-Spottdrosseln (s. S. 139) und vor allem die 2 Arten von Kaktusfinken (s. S. 44) naschen gerne von den Früchten und den großen gelben Blüten, die sich in der Regenzeit öffnen. Die Kaktusfinken bauen sogar ihr Nest zwischen die dornigen Triebe.

<u>Landleguane ②:</u> Der Weg folgt zunächst einem trockenen, von Sträuchern umsäumten Flußbett. Vorbei an einigen schönen Exemplaren der *Scalesia helleri* geht es dann steil hinauf zur nächsten Plateaustufe mit großen Balsambäumen und Baumopuntien. Dieses Plateau wird in einem Rundgang erforscht, wobei die dort lebenden Santa-Fe-Landleguane allerdings oft schwer zu finden sind. Unterwegs sollte man auf Galápagos-Schlangen, Darwinfinken und Galápagos-Bussarde achten.

ACHTUNG: Die Klettertour auf die Plateaustufe ist anstrengend und für nicht Schwindelfreie ungeeignet!

TIP: Ein Schnorchelausflug entlang der Felsen der Landungsbucht ist durchaus lohnend. Hier können über dem sandigen Grund auch des öfteren Weißspitzen-Hundshaie, ganze Schulen von Adlerrochen der Art *Aetobatus narinari* (S. 38) und andere Fische beobachtet werden. Das Betreten der Uferfelsen ist untersagt.

Baumopuntien erreichen stattliche Höhen von mehreren Metern.

Sukkulente Blätter kennzeichnen den Salzbusch.

Die Blüten der Gelben Cordie beleben die Trockenzone.

Eine bunte Heuschrecke der Art *Schistocerca melanocera*.

Croton scouleri ist oft mit Balsambäumen vergesellschaftet.

12 **Floreana** – Charles

Von hohen Parasitärkegeln dominierte Insel mit aufregender Geschichte; interessante Trockenvegetation mit einigen inselspezifischen Arten; Flamingos und Grüne Meeresschildkröten bei Punta Cormorán; Unterwasserwelt und Seevogelfelsen der Teufelskrone; Postfaß in der Post Office Bay; kleine Siedlung Puerto Velasco Ibarra; gute Tauchgründe um die nahegelegenen Inseln Champion und Enderby.

Die Silhouette Floreanas im Süden der Galápagos-Inseln wird von einer Reihe auffallender Parasitärkegel (s. S. 16) beherrscht, die bis zu 640 m hoch aufragen. Wenn die 173 km^2 große Insel je einen zentralen Vulkan besaß, so ist dieser längst der Erosion zum Opfer gefallen. Die einzige und bis dato letzte Beobachtung einer Eruption im Inselinneren stammt aus dem Jahre 1813.
Die Niederschläge der Garúa-Zeit (s. S. 19) speisen 2 Süßwasserquellen im Hochland, die den Ausschlag für verschiedene Besiedlungsversuche gaben. Piraten lebten zeitweise auf der Insel, und 1793 erschien erstmals die von englischen Walfängern in einer Bucht im Norden eingerichtete »Poststelle« auf den Seefahrerkarten. Jedes Schiff, das Galápagos verließ, besuchte diese Post Office Bay, deponierte eventuelle Nachrichten im dafür vorgesehenen Holzfaß und nahm die Briefe mit, deren Bestimmungsorte auf seiner Route lagen. Der Brauch wird bis heute fortgeführt.
Die düstere Geschichte Floreanas begann mit Partick Watson (s. S. 48), dem frühesten Siedler. Nach 3jährigem Aufenthalt verließ er die Insel 1809 mit der Hilfe von 5 gekidnappten Seeleuten in einem kleinen Boot – und erreichte als einziger des Festland . . . Schlimme Folgen für die Tiere und Pflanzen hatten dann einige nur kurze Zeit bestehende Siedlungen von Ecuadorianern und ein um 1832 eingerichtetes Strafgefangenenlager; viele Haustiere entkamen, verblieben auf der Insel, verwilderten und richten bis heute unter der einheimischen Lebewelt schwere Schäden an (s. auch S. 53). Der Versuch einer kommerziellen Ausbeutung des auf Floreana vorkommenden Färbermooses, einer fast schwarzen, farbstoffreichen Flechte, scheiterte 1870 an der Ermordung des Unternehmers durch seine Arbeiter.
Nach einem kurzen Zwischenspiel norwegischer Siedler (1926/27) begann schließlich die deutsche Ära Floreanas. 1929 erreichte der Berliner Arzt Karl Friedrich Ritter mit seiner Gefährtin Dore Strauch und einem Gebiß aus Edelstahl die Insel – ihr selbstgewähltes Paradies. 3 Jahre später landeten Heinz und Margret Wittmer aus Köln mit ihrem ersten Sohn Harry, und – kurz darauf – die sagenumwobene »Baronin« Wagner-Bosquet. Sie kam mit der Absicht, ein Hotel für amerikanische Multimillionäre einzurichten, und herrschte über ihre anfangs 3 mitgebrachten Liebhaber mit Reitpeitsche und Revolver. Für Dore Strauch kam damit »Satan nach Eden« und Margret Wittmer schreibt in ihrem 1959 erstmals erschienen Buch: »Es war der Anfang einer Kette von Merkwürdigkeiten, die die Insel und später fast die ganze Weltpresse beschäftigte.«
Nach einigen Auseinandersetzungen zwischen den 3 Parteien verschwand die Baronin mit einem ihrer Liebhaber spurlos von der Insel, und von den übrigen beiden Liebhabern überlebte nur einer. Ende 1934 starb der Vegetarier Dr. Ritter an einer Fleischvergiftung, und Dore Strauch endete in einer Nervenklinik in Berlin. Einzig Frau Wittmer und ihre Nachkommen leben heute (1996) noch auf der Insel und betreiben u. a. eine kleine Pension in Puerto Velasco Ibarra, der einzigen Siedlung im Westen Floreanas.

Lecocarpus pinnatifidus ist endemisch auf Floreana.

Die sukkulente *Scaevola plumieri* wächst auf Sanddünen.

Grüne Meeresschildkröten besuchen die Inseln zur Eiablage.

Pflanzen und Tiere

Abgesehen von dem üppigen Pflanzenwachstum des niederschlagsreicheren Hochlandes um die Parasitärkegel herrscht Trokkenvegetation vor. Entlang der Sandstrände wachsen Strandwinden (S. 95) und Sonnenwenden neben verschiedenen Sukkulenten wie *Scaevola plumieri*, Sesuvien (s. S. 101) oder der endemischen *Nolana galapagensis*. Weiter im Inland finden sich Balsambäume (s. S. 105), Parkinsonien (S. 108), Galápagos-Wandelröschen und andere Trockensträucher, um die sich hie und da die Ranken der Galápagos-Passionsblume (S. 27) schlingen. 2 für die Insel spezifische Korbblütlerarten fallen ins Auge: *Scalesia villosa* (s. S. 98) mit ihren behaarten Blättern und *Lecocarpus pinnatifidus*, ein kleiner, gelbblühender Strauch. Auf den Lavafelsen haben sich auch Baumopuntien (s. S. 127) und Galápagos-Säulenkakteen (S. 133) angesiedelt.
Die vielen verwilderten Haustiere machen der Tierwelt der Insel schwer zu schaffen. Sie waren u. a. auch die Ursache für das völlige Erlöschen der durch den Menschen bereits stark dezimierten Galápagos-Riesenschildkröten der Floreana-Unterart (s. S. 33) am Ende des letzten Jahrhunderts. Ähnlich schlecht erging es den Galápagos-Bussarden (s. S. 76) und – vermutlich – den Galápagos-Spottdrosseln (s. S. 139), während Landleguane (s. S. 101) die Insel wohl nie erreicht hatten.
Um Lagunen und Küsten aber konzentriert sich vielfältiges Leben. Neben Galápagos-Seelöwen (s. S. 110), einer reichen Unterwasserwelt und verschiedenen Wasser-, Wat- und Seevögeln bieten sich hier gute Beobachtungsmöglichkeiten für Flamingos und Grüne Meeresschildkröten.
Flamingos (S. 134) sind über weite Teile Süd- und Zentralamerikas sowie die Westindischen Inseln verbreitet. Ihre Gesamtzahl im Galápagos-Archipel wird mit 400–500 Vögeln angegeben und ihre Bruterfolge sind wechselhaft. Oft werden die empfindlichen Vögel bei der Aufzucht ihres einzigen Jungen

Der weiße Sandstrand auf der Ostseite von Punta Cormorán ist bei Grünen Meeresschildkröten als Nistplatz beliebt.

gestört oder ihre Schlammnester werden überflutet. Sie gelten deshalb auf den Inseln als potentiell bedroht.
Flamingos leben von Blaualgen, winzigen Krebsen und Insektenlarven, die sie aus dem Wasser von Salzseen und Brackwasserlagunen herausfiltrieren. Dabei rühren sie den Bodenschlamm mit den Füßen auf und pumpen das so »angereicherte« Wasser mit ihrer Zunge durch ein feines Sieb von Hornlamellen im Oberschnabel.
Da die Lebensbedingungen für Kleinstlebewesen in den einzelnen Lagunen des Archipels durch Wettereinflüsse stark schwanken können, sind die Flamingos oft zum Ortswechsel gezwungen. Genaue Vorhersagen

Die bunten »Harlequin Wrasses« aus der Familie der Lippfische erreichen Längen von über 60 cm.

»Yellow-Tailed Grunts« sind Schwarmfische, die man oft in Bodennähe beobachten kann.

Galápagos-Riesenschildkröten – eine Inseltragödie

Den einst zu Hunderttausenden die Inseln bevölkernden Namensgebern von Galápagos (das span. Wort »Galápago« bedeutet Schildkröte) wurde vom Menschen ein besonderes Schicksal zugedacht. Während Bischof Tomás de Berlanga, der Entdecker des Archipels, 1535 noch von der Fähigkeit der Riesenschildkröten beeindruckt war, »Personen auf dem Rücken zu tragen«, fanden spätere Besucher ganz andere Vorzüge erwähnenswert. 1684 beschrieb z. B. der Freibeuter Dampier die Riesenschildkröten nur noch ganz nüchtern als »außerordentlich zahlreich, groß, fett und zarter als ein Hühnchen« und formuliert damit das Hauptinteresse der damaligen Besucher der Inseln: Proviantbeschaffung!

Denn als geradezu ideal erwies es sich, daß die Riesenschildkröten monatelang ohne Nahrung und Wasser auskommen können, ohne daß ihr Fleisch an Geschmack verliert. Umgedreht in den Laderäumen der Schiffe gestapelt und bei Bedarf geschlachtet, waren sie für Seefahrer eine willkommene Fleischkonserve, derer sich jahrhundertelang jedermann bediente. Der amerikanische Kapitän Porter schrieb 1822: »... wir begannen unseren Vorrat an Schildkröten anzulegen, das große Ziel jedes in Galápagos ankernden Schiffes. 4 Boote wurden morgens losgeschickt und kehrten abends mit jeweils 20 bis 30 Tieren zurück. In 4 Tagen hatten wir so unsere Laderäume mit 14 Tonnen gefüllt.«

Der Höhepunkt der Ausbeutung lag im 19. Jh., als Walfänger verschiedener Nationen den Pazifik befuhren. Beim Studium der Logbücher stellte man fest, daß allein 105 der insgesamt über 700 amerikanischen Walfangschiffe von 1811 bis 1844 etwa 15 000 Tiere abtransportiert hatten, nicht gerechnet die Fangschiffe anderer Nationen, Robbenschläger, Jachten usw. Wieviele Exemplare insgesamt genommen wurden, bleibt Spekulation, aber gegen Ende des 19. Jh. waren die kleineren Galápagos-Inseln von Riesenschildkröten praktisch leergefegt.

Während die Seefahrer ihre Beute hauptsächlich aus den küstennahen Gebieten nahmen, konzentrierten sich die späteren Siedler auf die Hochlandpopulationen der großen Inseln. Sie töteten weniger aus Nahrungsbedarf, als vielmehr wegen des Öls (je nach Größe liefert eine Riesenschildkröte 4–12 Liter), das sie zum Kontinent verschifften. Zusätzlich hatten die Restbestände der Schildkröten unter den von den Siedlern eingeführten Haustieren zu leiden (s. S. 53).

Anfang dieses Jh. standen so fast alle Unterarten des Galápagos-»Wappentiers« vor dem Verschwinden. Von der aussterbenden Spezies sicherten sich dann noch Expeditionen möglichst viele Exemplare für Museen, Zoos, Privatsammlungen und die Wissenschaft. So fing 1905/06 allein die California Academy of Science-Expedition 250 Galápagos-Riesenschildkröten zu wissenschaftlichen Zwecken! Lebende und tote Exemplare, Jungtiere und Panzer waren gesuchte Sammelobjekte und Souvenirs, bis die Gründung des Nationalparks im Jahre 1959 dem einen Riegel vorschob. Riesenschildkröten sind seitdem wie alle einheimischen Tiere und Pflanzen auf Galápagos streng geschützt – eine Maßnahme, die für 3 der 14 Unterarten (s. S. 33) allerdings zu spät kam ...

über die Populationsgröße einer bestimmten Lagune sind daher schwierig. Außer bei Punta Cormorán auf Floreana werden sie aber meist auch auf Rábida, im Salzkrater bei Puerto Egas/Santiago und an der Nordküste von Santa Cruz gesehen. Bei Puerto Villamil im Süden Isabelas liegen ihre größten Brutkolonien.

Die einzige auf Galápagos nistende Meeresschildkrötenart ist die **Grüne Meeresschildkröte** (= Suppenschildkröte; S. 130). Vor allem in der Fortpflanzungszeit zwischen November und Januar sind ruhig im Wasser treibende, kopulierende Paare ein fast alltäglicher Anblick in den stillen Buchten. Oft sieht man dann ganze Eskorten von Männchen einem bereits verpaarten Weibchen folgen, die versuchen, den erfolgreichen Konkurrenten doch noch zu vertreiben.

Nach der bis zu 7 Stunden dauernden Kopulation sind die Weibchen der Meeresschildkröten auf sich gestellt. Sie landen nachts mit der Flut am »angeborenen« Niststrand, suchen einen passenden Platz weit über der Hochwasserlinie und schaufeln zunächst mit allen Vieren eine tiefe Kuhle. Die eigentliche, etwa 30 cm tiefe Nestkammer wird

Der ausgebleichte Panzer erinnert an die Zeit der rücksichtslosen Ausbeutung von Galápagos-Riesenschildkröten.

Ein markanter Galápagos-Säulenkaktus.

dann nur mit den Hinterflossen gegraben und mit durchschnittlich 85 weichschaligen, tischtennisballgroßen Eiern gefüllt. Vor ihrem langsamen Weg zurück zum Meer bedecken die erschöpften Arbeiterinnen die Nistkuhle schließlich wieder mit Sand. Die ganze Prozedur kann bis zu 4 Stunden dauern und wird bis zu 7mal pro Nistsaison und Weibchen wiederholt.

Jedoch nur wenige der zahlreichen Nachkommen überleben. Gelege werden durch Springfluten, andere Meeresschildkröten-Weibchen, den Menschen, verwilderte Hausschweine oder Blatthornkäfer der Art *Trox suberosus* zerstört. Letzterer ist ein erst in jüngerer Zeit importierter Plagegeist auf Galápagos, der nur hier diese besondere Vorliebe für Schildkröteneier entwickelte. Der Käfer bzw. seine Larven durchbohren die Eischale und leben von dem absterbenden, verfaulenden Inhalt.

Auf die nach 7–9 Wochen schlüpfenden Jungen warten dann weitere Gefahren. Wer den Fregattvögeln und Reihern an Land entkommt, auf den lauert eine ganze Kette von Räubern im Meer. Der Weg bis zum ausgewachsenen, bis 150 kg schweren Tier ist lang und gefahrenreich.

Teilansicht der Flamingolagune von Punta Cormorán.

Kaum ein Besucher erwartet Flamingos auf Galápagos.

Bahama-Enten sind die einzigen auf den Inseln brütenden Enten. Rechts das etwas intensiver gefärbte Männchen.

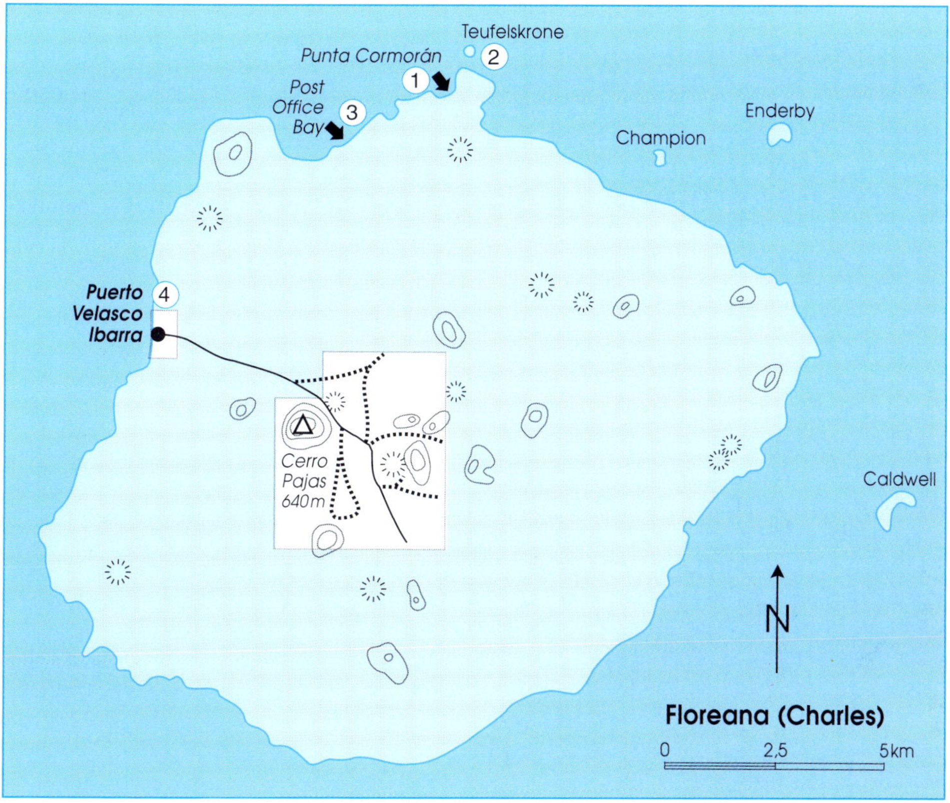

Im Gebiet unterwegs

Neben den 3 freigegebenen Besuchspunkten kann natürlich die nicht zum Nationalpark gehörende, besiedelte Zone besucht werden. Außerdem empfehlen sich die der Nordostküste vorgelagerten Inseln (z. B. Champion und Enderby) für Tauchexkursionen. Die Meeresfauna um Floreana ist außerordentlich artenreich und bietet einige der besten Tauchgründe des Archipels.

Punta Cormorán ①: Nasse Landung an einem mit grünen Olivinkristallen durchsetzten Strand im Norden der Insel; Galápagos-Seelöwen und verschiedene Seevögel; hinter den Küstendünen eine stille, weiträumige Lagune mit verschiedenen Mangroven (s. S. 72), Flamingos, Stelzenläufern, Bahama-Enten und besuchenden Zugvögeln; interessante, z. T. inselspezifische Trockenvegetation der umgebenden Tuffkegel mit vielen Landvögeln; schöner, weißer Sandstrand auf der anderen Seite der Landzunge mit Stachelrochen und Grünen Meeresschildkröten (in der Saison).

ACHTUNG: Die Flamingos nicht erschrekken und am Strand auf Gelege der Grünen Meeresschildkröten achten!

Teufelskrone ②: Hervorragende Tauch- und Schnorchelgründe zwischen den aus dem Meer ragenden Überresten eines stark erodierten Vulkankegels; verschiedene Korallen und viele bunte Fische wie »Yellow-Tailed Surgeonfishes« aus der Familie der Doktor-

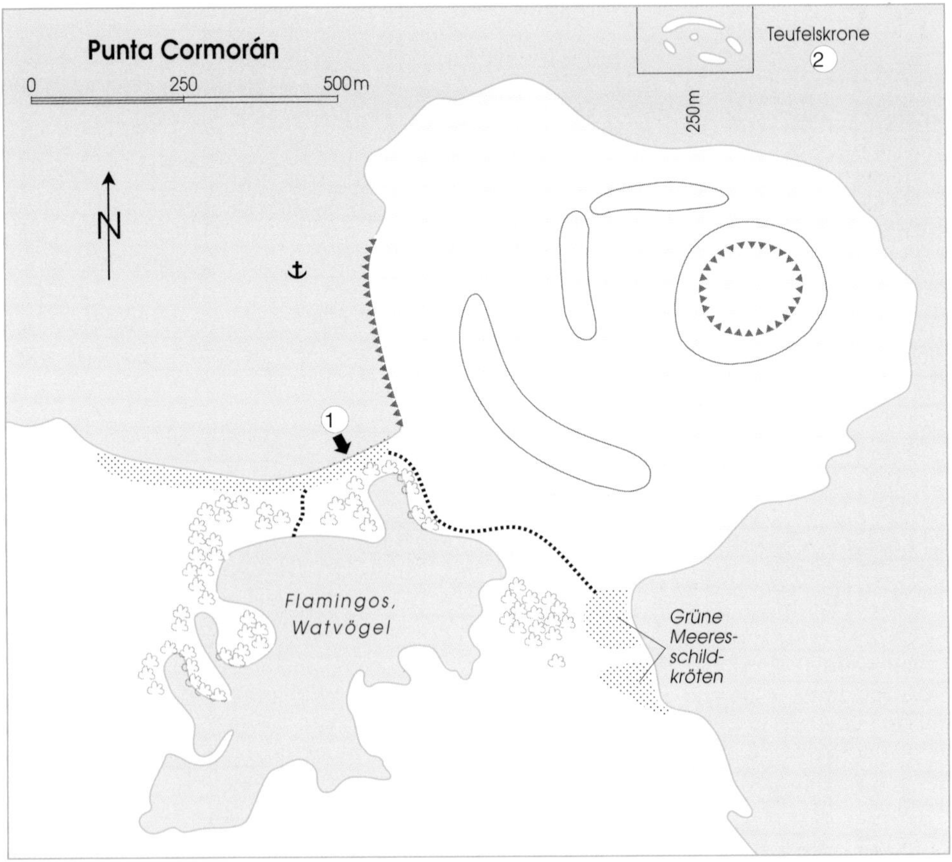

fische, »Yellow-Tailed Grunts«, »Harlequin Wrasses« aus der Familie der Lippfische und »Creole Fishes« aus der Sägebarschfamilie; gelegentliche Beobachtung von Hammerhaien in der Umgebung; auf den Felsen selbst siedeln Rotschnabel-Tropikvögel (s. S. 114) und Gabelschwanzmöwen (s. S. 102) zwischen Baumopuntien und Galápagos-Säulenkakteen; eine Bootsfahrt um die Teufelskrone ist empfehlenswert, ein Landgang jedoch nicht möglich.
ACHTUNG: Wegen der oft starken Strömungen ist das Gebiet für schwache Schwimmer nicht geeignet! Schnorchler sollten nur im Notfall an Korallen Halt suchen und sich keinesfalls auf diesen stehend ausruhen oder sie gar abbrechen!

Post Office Bay ③: Nasse Landung am Sandstrand und kurzer Fußweg zum Postfaß (S. 48); in der Umgebung Überreste einer nur kurze Zeit existierenden Norwegersiedlung aus den 1920er Jahren. Weiter im Inland liegt außerdem eine alte Lavahöhle, die allerdings nur mit Seil, Taschenlampe und einigem Geschick erforscht werden kann.

ACHTUNG: Post nicht vergessen!

Puerto Velasco Ibarra ④: Landung an der Mole; kleines Fischerdorf mit einer Schule und einer kleinen Pension der Familie Wittmer, die auch die Poststelle verwaltet und ein Souvenirgeschäft führt; von hier Ausflugsmöglichkeit zu den Anbaugebieten im Hochland.

13 Española – Hood

Flaches, spärlich bewachsenes Lavaplateau; »Blasloch« nahe der südlichen Steilküste; Galápagos-Seelöwen und neugierige Hood-Spottdrosseln; bunte Meerechsen, Galápagos-Bussarde und große Lavaechsen; enorme Brutkolonien von Blaufuß- und Maskentölpeln; einzige Kolonie des seltenen Galápagos-Albatros.

Die Basaltlava des flachen Plateaus von Española bzw. Hood im äußersten Südosten von Galápagos gehört mit zu den ältesten Gesteinen (s. S. 13) des Archipels. Manche Geologen beschreiben die 60 km^2 große Insel deshalb als Überrest eines völlig erodierten, archaischen Schildvulkans (s. S. 15). Española erreicht ihren mit 206 m höchsten Punkt nahe des südlichen Steilabbruchs und fällt von dort allmählich nach Norden ab. In der Südwestecke der Insel befindet sich ein imposantes »Blasloch«, d. h. ein Einbruch in der Lavadecke mit Verbindungskanal zum Meer. Das vor allem bei starkem Wellengang in diesen Kanal gepreßte Wasser schießt am Ende in einer kräftigen Fontäne bis zu 20 m hoch in die Luft und ergießt sich schließlich über das umgebende Gestein. Es ist der aufregendste Punkt in einer sonst eher gleichförmigen Landschaft, die jedoch eine äußerst vielfältige und interessante Tierwelt beherbergt.

Pflanzen und Tiere

Die dünne Vegetationsdecke Españolas besteht hauptsächlich aus trockenresistenten Büschen, darunter Grabowskien, Peruanische Melden, Mezquite-Sträucher und der endemische Kleine Bocksdorn. Auch die Sukkulenten sind mit Salzbüschen (S. 128) und krautigen Bodendeckern wie *Cacabus miersii* und Galápagos-Sesuvien (s. S. 101) gut vertreten. Entlang der Strände wächst Strandhafer der Art *Sporobolus virginicus*.

Genau festgelegte Bewegungsabläufe bestimmen die Balz der Galápagos-Albatrosse.

Hood-Spottdrosseln bei der Inspektion des Besuchergepäcks.

Galápagos-Albatrosse füttern ihre Jungen mit einer nahrhaften, öligen Flüssigkeit.

Die Fontäne des »Blasloches« an der Südküste Españolas kann bis 20 m aufsteigen.

Neben den unvermeidlichen Galápagos-Seelöwen (s. S. 110) begrüßen den erwartungsvollen Besucher von Punta Suárez, dem attraktivsten Besuchspunkt der Insel, zunächst die neugierigen und völlig respektlosen Hood-Spottdrosseln. Sie gelten als die langschnäbeligste und frechste Unterart der auf dem gesamten Archipel verbreiteten **Galápagos-Spottdrosseln** (S. 125, s. auch S. 31). Die amselgroßen, grauschwarz gefärbten Vögel sind Allesfresser und setzen ihren kräftigen Schnabel zum Öffnen von Rucksäcken, Schnürsenkeln, Samen oder Krabbenpanzern genauso ein wie zum Aufpicken von Seevogeleiern, eine ihrer Hauptnahrungsquellen auf Española.
Wie alle Galápagos-Spottdrosseln schließen sich auch die Hood-Spottdrosseln häufig zu sog. »territorialen Gruppen« mit strenger Hackordnung zusammen. Diese aus 1–2 Dutzend Vögeln bestehenden Verbände besetzen feste Wohngebiete, die sie gemeinsam gegen Nachbargruppen verteidigen. Bei Streitigkeiten reihen sich die Spottdrosseln entlang einer unsichtbaren Grenzlinie auf, wobei auch hier meist alles nach Rängen geordnet abläuft – der dominante Vogel des einen Verbandes steht dem Chef der Gegnergruppe gegenüber, der zweite dem zweiten usw. Dem eigentlichen Kampf geht dann eine von schrillen Rufen begleitete Demonstration der eigenen Stärke voraus, bei der vor allem die Gruppenchefs »imponieren« und abwechselnd Steine, Muscheln oder Zweige hoch in die Luft schleudern. Zeigt sich einer der Gegner entsprechend beeindruckt, weicht er zurück, falls nicht, fliegen die Federn...
Der Sinn dieses ungewöhnlichen Gruppenverhaltens liegt in der größeren Effizienz der gemeinsamen Futtersuche und einer erfolgreicheren Jungenaufzucht, da den Elternpaaren Jungvögel aus der Gruppe als Helfer zur Verfügung stehen. Außerdem bietet es die beste Überlebenschance für die stärksten Vögel des Verbandes in Notzeiten.
Die nächsten bemerkenswerten Tiere am Wege sind die hier außergewöhnlich bunten Meerechsen (S. 142, s. auch S. 58), eventuell ein Galápagos-Bussard (s. S. 76) und **Lavaechsen** (S. 142), die auf Española mit einer eigenen Art vertreten sind. Sie ist die größte der insgesamt 7 auf Galápagos vorkommenden Arten der endemischen Gattung *Microlophus* (Familie Iguanidae) und erreicht bis zu 30 cm Gesamtlänge.
Beide Geschlechter der Lavaechsen sind stark territorial, wobei auf Española ein durchschnittlich 250 m^2 großes Männchen-Territorium bis zu 3 Weibchen-Territorien umfassen kann. Die Grenzen dieser Wohngebiete werden von den Männchen regelmäßig patrouilliert und bei Erblicken eines Gegners durch ganze Serien eindrucksvoller »Liegestützen« verteidigt.
Lavaechsen leben von Fliegen, Schmetterlingen, Grashüpfern und anderen Insekten, im Notfall aber auch von Pflanzen. Wie die Meerechsen und Landleguane (s. S. 101) ver-

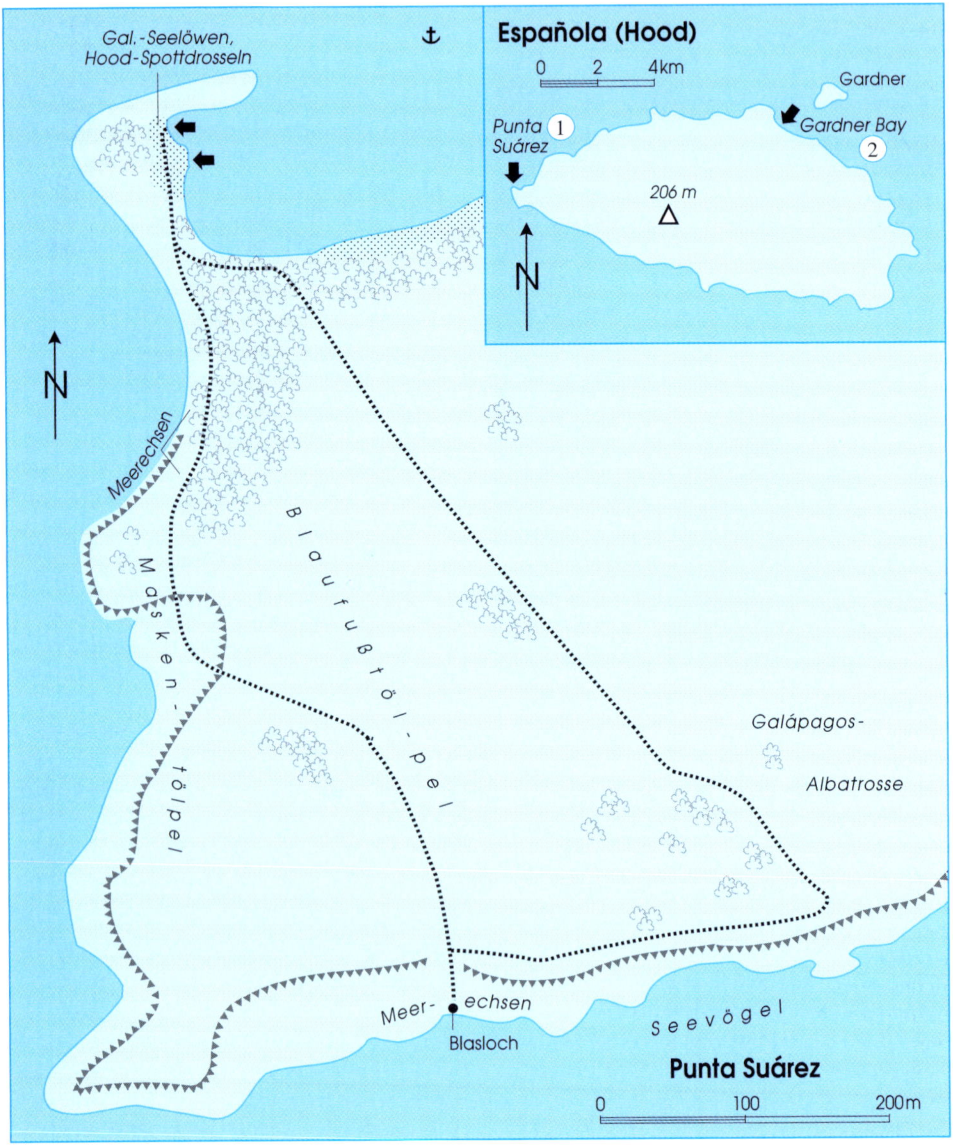

mehren sie sich zur Regenzeit (s. S. 19) und vergraben ihre 3–6 Eier im Sand. Sie haben viele Feinde, vor allem Vögel, und sind damit ein wichtiger Knoten im Nahrungsnetz der Inseln.
3 Seevogelarten bilden große Kolonien auf Española: Blaufußtölpel (s. S. 107), Maskentölpel (s. S. 113) und die Galápagos-Albatrosse, die Hauptattraktion der Insel.
Unter den 13 weltweit verbreiteten Albatros-Arten ist der **Galápagos-Albatros** (S. 137, 138) der einzige reine Tropenbewohner. Abgesehen von wenigen Paaren auf einer kleinen Insel nahe dem ecuadorianischen Festland

brütet die gesamte Weltpopulation von etwa 12 000 Paaren auf Española. Abhängig vom Fischreichtum des kühlen Humboldt-Stroms (s. S. 18) verlassen die Vögel die Insel allerdings mit Beginn der warmen Jahreszeit im Dezember und kehren erst im April zurück. Als Experten im Gleit- und Segelflug verbringen sie die Zwischenzeit hauptsächlich vor den Küsten von Ecuador und Peru.
Albatrosse sind die größten und schwersten Seevögel und in der Luft leicht an ihren langen, schmalen Flügeln erkennbar. Die Galápagos-Albatrosse wiegen 7–11 Pfund und erreichen eine Flügelspannweite von weit über 2 Metern. Ihr Gewicht verursacht wie bei allen Albatrossen Startprobleme. Auf Española watscheln sie deshalb meist von den Brutplätzen auf dem Plateau zu den nahegelegenen südlichen Klippen und lassen sich in die Aufwinde fallen. Weiter im Inland nistende Vögel dagegen benötigen sehr lange, ebene Startbahnen für dieses anstrengende Unternehmen. Bei der Landung ist das Abbremsen des Gewichts aus vollem Schwung entsprechend schwierig, und inspirierte Walt Disney zu einigen amüsanten Zeichentrickszenen.
Galápagos-Albatrosse verpaaren sich im Alter von 4–7 Jahren für das ganze Leben. Ihre kunstvollen, hochritualisierten Balztänze sind unter Vogelliebhabern berühmt und in Kurzform »unbeschreiblich«. Sie finden auf Española vor allem in den letzten Monaten des Jahres statt, wenn die noch nicht verpaarten Jungvögel ihre Geburtsinsel anfliegen, um nach einem Partner zu suchen, und die eingesessenen Paare ihre Bindung vor der langen Trennungszeit nochmals festigen.
Die Eiablage der Galápagos-Albatrosse beginnt Mitte April. Das einzige, große Ei wird von beiden Elternteilen für 2 Monate bebrütet und dabei aus unbekannten Gründen oft weit durch die Gegend gerollt. Nach dem Schlupf erfolgt die Fütterung der braunen, flauschigen Jungen mit einer öligen Flüssigkeit, die im Proventriculus des elterlichen Magens aus Fisch- und Tintenfischresten gebildet wird. Nach Verschlingen von bis zu 2 Kilogramm (!) Öl in einer einzigen Mahlzeit sind die Kleinen zwar meist unfähig sich zu bewegen, können aber die langen Wartezeiten bis zur Rückkehr der Eltern gut überbrücken. Oft tun sich die »Ölfässer« dann zu kleinen, im Schatten der Sträucher dösenden Gruppen zusammen.
Die schnellwachsenden Jungvögel werden schließlich zum Jahresende flügge und verlassen Española spätestens im Januar für ihre ersten freien Jahre auf See.
Neben diesen spektakulären Bewohnern der Insel fallen kleinere Arten wie z. B. Große Kaktusfinken (s. S. 44), Galápagos-Tauben (s. S. 125), Goldwaldsänger (S. 29) oder Galápagos-Schlangen (s. S. 35) kaum noch auf. Selten zu sehen, aber vorhanden sind außerdem (wieder) Galápagos-Riesenschildkröten. Dank der Bemühungen von Charles-Darwin-Station und Nationalparkbehörden konnte der künstlich erbrütete Nachwuchs der 14 geretteten Exemplare der Española-Unterart (s. S. 93) wieder auf der Insel ausgesetzt werden. Seine Überlebenschancen sind vor allem seit der Ausrottung der Ziegen (s. S. 53) im Jahre 1978 sehr gut.

Seine dicken, stumpfen Stacheln gaben ihm den Namen: der Bleistiftseeigel.

Españolas Meerechsen fallen durch ihre Rotfärbung auf.

Im Gebiet unterwegs

2 Landepunkte sind auf Española freigegeben:

Punta Suárez ①: Landung an der Mole am Sandstrand an der Westspitze der Insel; Rundgang vorbei an Meerechsen, dem »Blasloch«, Masken- und Blaufußtölpeln sowie den Galápagos-Albatrossen; unterwegs Hood-Spottdrosseln, 3 Arten von Darwinfinken (s. S. 31), Lavaechsen und Rote Klippenkrabben (s. S. 80); viele Seevögel (s. S. 115) um die südlichen Klippen; Weg insgesamt lang, steinig und etwas beschwerlich.

ACHTUNG: Vor allem die Tölpel nisten manchmal direkt auf dem Weg, deshalb Vorsicht beim Gehen!

Gardner Bay ②: Blendend weißer Sandstrand auf der Ostseite der Insel; nasse Landung; viele Galápagos-Seelöwen und Hood-Spottdrosseln, einige Darwinfinken und Goldwaldsänger; ideal für eine geruhsame Strandwanderung mit näherer Inspektion der angeschwemmten Meeresorganismen; Möglichkeit für Bade- und Schnorchelausflüge.

ACHTUNG: Territoriale Seelöwen im Auge behalten!

Lavaechsen-Männchen von Española in charakteristischer Drohstellung.

Nur die Weibchen der Lavaechsen Españolas besitzen einen so intensiv roten Kopf bzw. Hals.

14 San Cristóbal – Chatham

Alte Insel mit trockenem Nordost- und niederschlagsreicherem, besiedeltem Südwestteil; Guaven-Dschungel und Wiederaufforstungsplantagen im Hochland; Kratersee El Junco mit einigen Wasservögeln; Binden- und Prachtfregattvögel am Frigatebird Hill; Blaufußtölpel und Galápagos-Seelöwen der Isla Lobos; Badestrand der Caleta Sapho; Seevögel auf Punta Pitt.

Die besiedelte Südwesthälfte dieser 558 km^2 großen, östlichsten Insel von Galápagos wird von einem einzigen, seit langem erloschenen Vulkan gebildet. Die grünen Flanken dieses noch 730 m hohen, stark erodierten Berges stehen im krassen Gegensatz zu der flachen, trockenen Nordosthälfte San Cristóbals, die ganz Hermann Melvilles Beschreibung von den »Verwunschenen Inseln« entspricht (s. S. 10).
San Cristóbal ist die einzige Insel des Archipels mit (ehemals, s. unten) reichlichem Süßwasservorkommen. Der größte unter den noch bestehenden Seen der Südwesthälfte, El Junco, durchmißt 270 m und füllt den Boden eines alten Explosionskraters. In 700 m Höhe gelegen, sichern ihm die Nebel der Garúa-Zeit (s. S. 19) eine ausreichende Wasserversorgung. Er ist etwa 6 m tief. Im gleichen Gebiet entsprangen früher auch einige ganzjährig wasserführende Bäche, die bei der Freshwater Bay ins Meer mündeten.
Die Kolonisierung San Cristóbals begann bereits in den 1860er Jahren mit der Gründung des Hafenstädtchens Puerto Baquerizo Moreno in der Wreck Bay im Westen. 1888 entstand dann unter dem selbsternannten Inseldespoten Manuel Cobos die Siedlung Progreso im Hochland, in deren Umgebung er von Sklaven ausgedehnte Zuckerrohrplantagen anlegen ließ. Cobos wurde 1904 von seinen mißhandelten Arbeitern ermordet, die das Zuckerrohr bald durch andere Feldfrüchte und Viehweiden ersetzten und weiteres Land erschlossen. Insgesamt leben mittlerweile etwa 5000 Menschen auf der Insel. Die größte Siedlung, Puerto Baquerizo Moreno, ist heute auch die Hauptstadt der ecuadorianischen Provinz Galápagos und ihr größter Fischereihafen. Seit der Eröffnung des Flughafens 1988 ist sie außerdem zum – nach Puerto Ayora/Santa Cruz – zweitgrößten Touristenzentrum der Inseln geworden. Sie besitzt ein kleines, von Franziskanermönchen eingerichtetes Museum, viele Restaurants, Souvenirgeschäfte, Hotels und Pensionen und ist Startpunkt einiger Kreuzfahrten.

Blick über den Guave-Dschungel des Hochlandes von San Cristóbal; im Vordergrund Reste natürlicher Vegetation.

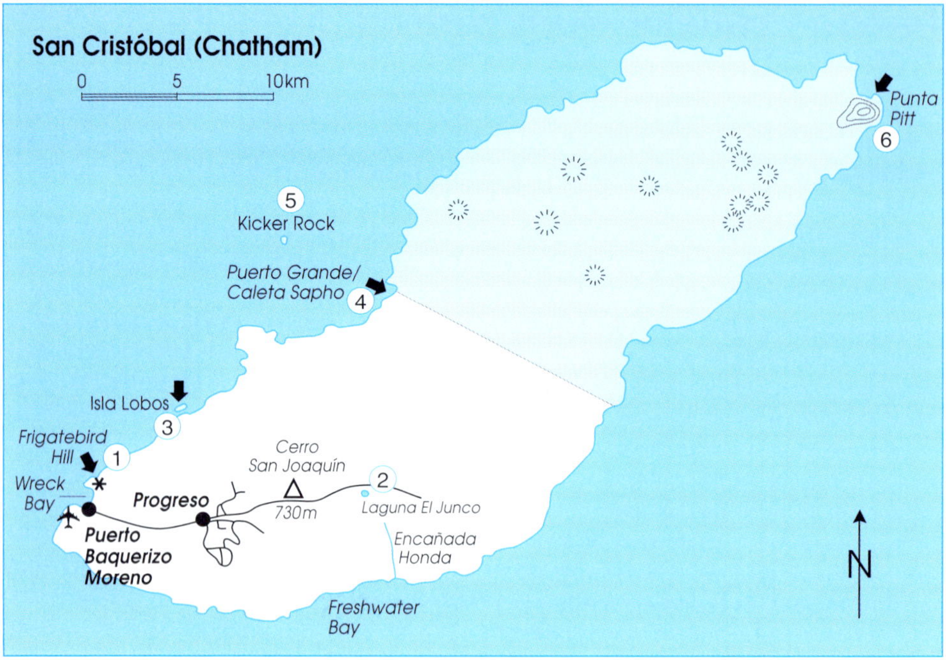

Pflanzen und Tiere

Die Vegetation der feuchten Hochlandzone San Cristóbals entsprach in Artenzusammensetzung und Zonierung früher weitgehend derjenigen von Santa Cruz (s. S. 24). Lange Besiedlung und intensive Bewirtschaftung führten jedoch zu vielen gravierenden Veränderungen. Die einheitlichen *Scalesia pedunculata*-Wälder wurden zerstört, *Miconia robinsoniana* und Galápagos-Baumfarne in unzugängliche Ecken zurückgedrängt. Freilaufende Rinder trugen zudem zur schnellen Verbreitung der eingeführten Guaven (S. 51) bei, deren unverdauliche Samen sie entlang ihrer Wanderwege ausschieden. Weite Teile des Hochlands bestehen deshalb heute aus einer Guave-Monokultur.
Die Folge all dieser Eingriffe ist u. a. ein massiv gestörter Wasserhaushalt: Die geringere Pflanzenmasse bietet der feuchten Luft nicht mehr genug Oberflächen. Viel weniger Wasser kondensiert, Bäche trocknen aus. So konnte auch ein System aus Dämmen und Leitungsrohren die Wasserversorgung der Einwohner während der langen Dürre von 1984/85 (s. S. 22) nicht mehr aufrechterhalten.
Aufforstungen sollen hier in Zukunft wieder Abhilfe schaffen. Als gemeinsames Projekt von lokalen Behörden und der Charles-Darwin-Forschungsstation wurden 1987 im Wassereinzugsgebiet um den Cerro San Joaquín mehrere Hektar große Pilotpflanzungen von *Scalesia pedunculata* (S. 99) und *Miconia robinsoniana* (S. 25) angelegt. Von hier aus soll dann ein Großteil der einstmals von diesen beiden Pflanzenarten bewachsenen Gebiete regeneriert werden.
Auch die Tierwelt der Insel hatte unter dem Menschen, seinen Aktivitäten und den von ihm eingeschleppten Exoten zu leiden (s. auch S. 53). So sind die Populationen der Galápagos-Bussarde (s. S. 76) und Galápagos-Reisratten (s. S. 125) völlig erloschen. Von den Galápagos-Riesenschildkröten

(s. S. 92) der San-Cristóbal-Unterart existieren nur noch wenige hundert erwachsene Tiere im trockenen Nordostteil, die sich kaum mehr vermehren. Um die Küsten aber findet sich noch reichlich Leben in Form von Galápagos-Seelöwen (s. S. 110), Fregattvögeln (s. S. 118) Blaufußtölpeln (s. S. 107) und anderen See- und Watvögeln wie z. B. Silberreihern (S. 146) oder Regenbrachvögeln.

Ein Monarch-Schmetterling besucht Akazienblüten.

Im Gebiet unterwegs

3 der auf San Cristóbal möglichen Besuchspunkte liegen im oder um den besiedelten Südwestteil und sind von Puerto Baquerizo Moreno aus zu erreichen:

Regenbrachvögel sind häufige Gäste von Küsten und Hochland.

Frigatebird Hill ①
Am östlichen Ortsrand von Puerto Baquerizo Moreno, kurz hinter dem Büro der Nationalparkbehörden, zweigt von der Piste ein Fußpfad zum Frigatebird Hill ab. Dieser bietet eine gemischte Kolonie von Pracht- und Bindenfregattvögeln (s. S. 106 und S. 120) und schöne Ausblicke. Der Rundweg führt dann weiter durch Trockenvegetation nach Norden zu einer kleinen Bucht und folgt der Küste westwärts, bis er bei der Playa Mann (Badestrand) wieder auf die Piste stößt.

Das andere Galápagos: die üppig grüne, epiphytenreiche Hochlandvegetation.

El Junco ②
Man erreicht den idyllischen Hochland-Kratersee mit dem Bus oder per Anhalter von Puerto Baquerzio Moreno aus (19 km). Der Anfahrtsweg führt zunächst durch das Anbauzentrum Progreso mit dem Grab des Despoten Cobos und dann vorbei an den Wiederaufforstungen am Cerro San Joaquín. An den Ufern des Süßwasser-Maars von El Junco wachsen die namensgebenden Binsen (= »Juncos«) der Art *Eleocharis mutata*; Bahama-Enten (S. 134), Teichhühner und andere Vögel beleben seine Wasserfläche. In der Umgebung findet man hauptsächlich Guave-Dschungel sowie vereinzelte *Miconia robinsoniana*-Büsche und Galápagos-Baumfarne in wenig zugänglichen Ecken.

Der Silberreiher ist die zweite große Reiherart von Galápagos. Er wird seltener beobachtet.

ACHTUNG: Dieser Ausflug kann sehr feucht bzw. neblig werden, deshalb Regenzeug nicht vergessen!

Isla Lobos ③
30–40 Minuten mit dem Boot fährt man von Puerto Baquerizo Moreno entlang der Nordküste zur »Seelöwen-Insel«. Auf diesem, von der Hauptinsel nur durch einen schmalen Kanal getrennten, winzigen Eiland nisten – in der Saison – Blaufußtölpel, und viele Galápagos-Seelöwen beleben die Szenerie. Ein kurzer Pfad führt ins trockene Innere mit Salzbüschen (S. 128), einigen Balsambäumen (s. S. 105) und Galápagos-Säulenkakteen (S. 133).

Puerto Grande/Caleta Sapho ④
Diese kleine, geschützte Bucht an der Nordküste besitzt einen schönen, weißen Badestrand mit vielen Einsiedlerkrebsen, vor allem an den strandnahen Salzwassertümpeln. Sie war früher ein beliebter Unterschlupf für Piraten, die hier angeblich große Schätze vergruben. Unter den umgebenden Trockenpflanzen findet man Baumopuntien (s. S. 127), einige Exemplare der *Scalesia divisa* und Salzbüsche (S. 128). Entlang der Küste wachsen Rote und Schwarze Mangroven (s. S. 72). Hier kann man auch gelegentlich Blaufußtölpel bei ihren Sturzflugmanövern beobachten.

Kicker Rock ⑤
Nördlich der Caleta Sapho ragt der **Kicker Rock** aus dem Meer, ein kurioser Überrest eines alten Tuffkegels, dessen Silhouette von Westen her betrachtet einem schlafenden Löwen ähnlich sieht. Sein spanischer Name »Leon Dormido« nimmt darauf Bezug.

Punta Pitt ⑥
Im äußersten Nordosten San Cristobals zeigt dieses der Küste vorgelagerte Felsinselchen ein schönes Spektrum der Galapagos-Tiere. Galapagos-Seelöwen haben hier eine Kolonie, an Seevögeln findet man brütende Maskentölpel (S. 116), Rotschwanz-Tropikvögel (S. 116) und – im niedrigen Küstengebüsch – Bindenfregattvögel (s. S. 118) und einige Paare Rotfußtölpel (S. 117).

Die epiphytische Galápagos-Tillandsie ist die einzige Bromelienart der Inseln.

15 (Noch) nicht besuchbare Inseln

Die meisten der kleinsten sowie einige der größeren Inseln sind aus Gründen des Naturschutzes für den Tourismus gesperrt. Unter den größeren Inseln sind dies Pinzón, Pinta, Marchena, Wolf und Darwin. Baltra genießt einen Sonderstatus.

Pinzón (Duncan) durchbricht den Rahmen einer »normalen« Galápagos-Insel. Es ist die einzige Insel des Archipels ohne Balsambäume (s. S. 105) und ohne eine Population der Galápagos-Spottdrossel (s. S. 139). Für das Fehlen dieser zu den »Galápagos-Markenzeichen« gehörenden Organismen auf der zentral gelegenen Insel fanden Wissenschaftler bis heute noch keine befriedigende Erklärung.
Pinzón wird oft im Zusammenhang mit den importierten Hausratten genannt, die jahrzehntelang den frischgeschlüpften Nachwuchs der Galápagos-Riesenschildkröten auffraßen (s. S. 54).

Pinta (Abingdon), eine hohe Insel im Norden, gelangte zu trauriger Berühmtheit durch »Lonesome George«, der als einziger Vertreter seiner Unterart das dortige Massaker des Menschen an den Galápagos-Riesenschildkröten überlebte (s. S. 132). Er befindet sich heute auf der Charles-Darwin-Forschungsstation und soll – sofern die Suche nach einer entsprechenden Partnerin weiterhin erfolglos bleibt – mit einem Weibchen einer anderen Riesenschildkröten-Unterart (z. B. vom Vulkan Wolf/Isabela) gepaart werden.
Die Insel dient außerdem als Paradebeispiel für die schnelle Zerstörung durch eingführte Ziegen und die Schwierigkeit ihrer Ausrottung (s. S. 53).

Marchena (Bindloe) ist eine sehr trockene, heiße Insel, deren Oberfläche zu drei Vierteln von schwarzer, aus neuerer Zeit stammender Basaltlava bedeckt ist. Außerdem weisen Fumarolen (Gas-Wasserdampf-Aushauchungen) auf den unruhigen vulkanischen Status hin. 1968 wurden, trotz 10jähriger Existenz des Nationalparks, Ziegen auf der Insel freigelassen, deren Ausrottung dann bis 1979 dauerte. Auf Marchena sollen eventuell neue Besuchspunkte für den Tourismus geöffnet werden.

Bei den beiden nördlichsten Inseln Darwin (Culpepper) und Wolf (Wenman) handelt es sich um erodierte Spitzen zweier individueller, nicht dem Galápagos-Plateau (s. S. 13) aufliegender Vulkane. Ihre steilen Klippen und eine starke Brandung machen eine Landung und Besteigung schwierig; auf Darwin ist sie sogar unmöglich. Letztere Insel wurde erst 1964 mit Hilfe eines Helikopters besucht, der eine Gruppe von Wissenschaftlern auf dem Plateau absetzte.
Beide Inseln sind eine Domäne tropischer Seevögel wie Binden- und Prachtfregattvogel (s. S. 120 und S. 106), Rotfußtölpel (s. S. 119) und Rotschnabel-Tropikvogel (s. S. 114). Darwin ist außerdem die einzige Galápagos-Insel mit einer Brutkolonie der Rußseeschwalbe.
Wolf wurde durch seine »Vampirfinken« bekannt (s. S. 46); auch entdeckte man eine endemische Geckoart auf der Insel!

Baltra (South Seymour) war von 1941 bis 1948 Luftwaffenstützpunkt der USA. Aus dieser Zeit stammen die Landebahnen, Straßen, Reste von Gebäuden, Tanks und Dockanlagen, die den ersten, oft enttäuschenden Eindruck des frisch gelandeten Galápagos-Besuchers prägen. Die Insel ist heute Hoheitsgebiet des ecuadorianischen Militärs, unter dessen Regie die Flüge zum/vom Kontinent durchgeführt werden (andere Flughäfen wurden auf San Cristóbal und Isabela errichtet). Der Hafen von Baltra ist Ausgangs- und Endpunkt vieler Inselkreuzfahrten und steht unter der Aufsicht der ecuadorianischen Marine. Auf der Insel findet man heute kaum mehr einheimische Tiere; die Wiedereinführung von Landleguanen (s. S. 101) ist seit 1991 im Gange.

Reiseplanung

Vor der Reise

Informationen

Informationen über Reisemöglichkeiten zu den Galápagos-Inseln erhält man bei den verschiedenen Reiseveranstaltern bzw. -büros sowie auch bei den diplomatischen Vertretungen der Republik Ecuador.

Botschaften:

▷ in Deutschland: Kaiser-Friedrich-Str. 90, 10585 Berlin, Tel. 030/2386217;
▷ in Österreich: Goldschmiedgasse 10–11, 1010 Wien, Tel. 1/535-3208;
▷ in der Schweiz: Helvetiastr. 19 a, 3005 Bern, Tel. 031/351-1755 (6254), Fax 031/351-2771.

Konsulate:

▷ in Deutschland: Bremen, Frankfurt, Hamburg, München;
▷ in der Schweiz: Basel, Genf, Lugano, Zürich.

Anreise von Europa nach Ecuador

Mehrere Gesellschaften fliegen die internationalen Flughäfen der Hauptstadt Quito und der Hafenstadt Guayaquil von Europa aus an. Die Flugzeit beträgt je nach Zwischenstops 13 bis etwa 18 Stunden.

Zeitzonen

Das kontinentale Ecuador liegt 6 Stunden hinter der Mitteleuropäischen Zeit, Galápagos 7 Stunden. Zur mitteleuropäischen Sommerzeit verlängert sich dieser Zeitabstand um 1 Stunde.

Reisezeit

Im Prinzip ganzjährig. Es gibt keine »beste Reisezeit« auf Galápagos, da jede Jahreszeit ihre Reize hat und sowohl die kühlere Trokkenzeit (Juni bis November) als auch die warme Regenzeit (Januar bis April) an Land gut erträglich sind. Wer sich allerdings warmes Wasser zum Baden wünscht, sollte sich die Regenzeit zum Besuch aussuchen (s. dazu S. 19).

Ein- bzw. Ausreise nach/aus Ecuador

Für Deutsche, Österreicher und Schweizer genügt für die Einreise ein noch mindestens 6 Monate gültiger Reisepaß. Er berechtigt zu einer Aufenthaltsdauer bis zu 3 Monaten. Außerdem verlangen die ecuadorianischen Behörden ein Aus- oder Weiterreiseticket sowie manchmal den Nachweis ausreichender Geldmittel! Impfungen sind zur Zeit nicht vorgeschrieben, die für Tropenländer üblichen Prophylaxen werden aber dringend empfohlen.
Für die Ein- und Ausfuhr von Landes- und Fremdwährung gibt es keine Beschränkungen. Eingeführte Gegenstände des persönlichen Bedarfs sind zollfrei. Bei der Ausreise per Flugzeug muß eine Flughafengebühr von 25,– US-Dollar bezahlt werden, die in US-Dollar (bar) entrichtet werden kann (Stand 1996).

Devisen

Seit September 2000 ist Ecuador »dollarisiert«, d. h. es gilt allein der US-Dollar als Währung. Dies macht es einfach für den Besucher, da die früher oft horrenden Wechselkursschwankungen wegfallen. Man bringt am besten seine Dollars mit und läßt andere Währungen wie DM, SFr oder Pfund Sterling zu Hause; diese sind kaum oder nur unter großen Schwierigkeiten zu wechseln. Aber Vorsicht: Dollars <u>in bar</u> sind in jedem Fall US-Dollar-Reiseschecks vorzuziehen; letztere lassen sich ebenfalls oft nur unter Schwierigkeiten und nach einer unter Umständen langen Bearbeitungszeit wechseln.
Kreditkarten (Visa, American Express) werden auf einigen der großen Schiffe und bei Reiseagenturen bzw. Geschäften auf den Inseln im allgemeinen akzeptiert und man kann sich damit auf den Banken Geld (gegen hohe Gebühren) holen. Man sollte sich aber keinesfalls nur auf Kreditkarten verlassen!

Gesundheit
Tropen- und Infektionskrankheiten wie Hepatitis, Tuberkulose, Cholera, Typhus und Malaria kommen im kontinentalen Ecuador des öfteren vor, sind aber auf Galápagos selten (z. B. Hepatitis) bis unbekannt (Malaria). Zur Sicherheit sollten die allgemein empfohlenen Verhaltensrichtlinien für tropische Länder beachtet werden: weder ungekochtes Wasser noch unbehandelte Milch trinken und möglichst schälbare Früchte essen. Ins Reisegepäck gehören die üblichen Medikamente für einen Tropenaufenthalt (Arzt oder Tropeninstitut konsultieren). Auch Sonnencreme, Mückenschutz und ein Mittel gegen Seekrankheit sollten nicht fehlen.
Im Notfall stehen Ärzte und Krankenhäuser in den beiden großen Ortschaften der Galápagos-Inseln, Puerto Ayora/Santa Cruz und Puerto Baquerizo Moreno/San Cristóbal, zur Verfügung. Die Behandlung ist kostenlos, nur Medikamente müssen bezahlt werden.

Sicherheit
Mit Ausnahme der Hafenstadt Guayaquil gilt Ecuador (noch) als eines der für Touristen sichersten Länder Südamerikas. Auch auf Galápagos gehören Diebstähle eher zu den Ausnahmen. Trotzdem gilt auch hier die Devise: »Gelegenheit schafft Diebe«. Schmuck läßt man lieber zu Hause; Bargeld und Reiseschecks sollte man im Hotel- bzw. Schiffs-Safe unterbringen oder (bei kleineren Booten) vom Kapitän verwahren lassen!

Diplomatische Vertretungen in Ecuador
Sie können in den meisten Notfällen behilflich sein, wobei eine Fotokopie des Reisepasses bei einer Neuausstellung verlorener Papiere sehr nützlich sein kann.

Botschaften in Quito:
- Embajada de la Republica Federal de Alemania (Deutschland): Avenidas Patria y 9 de Octubre, Edificio Banco de Colombia, Piso 5, Tel. 56 72 31 (56 72 33, 23 26 60); Postanschrift Casilla 17/01/537, Quito;
- Consulado de Austria (Österreich): Veintimilla 878 y Amazonas, Tel. 52 48 11; Postanschrift: Casilla 17/17/318;
- Embajada de Suiza (Schweiz): Avenida Amazonas 3617 y Juan Pablo Sanz, Edificio Xerox, 2. piso,Tel. 43 41 13 (43 49 48, 43 49 49); Postanschrift: Casilla 17/11/4815.

Außerdem existieren **Konsulate** der 3 Länder auch in Guayaquil. Adressen in den Telefonbüchern unter »Consulados«.

Reisen auf Galápagos

Buchung im Heimatland
Eine Vielzahl von europäischen Reiseveranstaltern hat Galápagos-Kreuzfahrten im Programm. Dabei gibt es sowohl Angebote für Gruppenreisende, häufig in Kombination mit kürzeren Besuchsprogrammen auf dem ecuadorianischen Festland, als auch »Reisepakete« für Einzelreisende, die individuell zusammengestellt werden können. Bei dieser Art der Buchung braucht man sich dann um die Organisation vor Ort nicht mehr zu kümmern. Für Reisende mit begrenzter Zeit ist diese Vorgehensweise unbedingt zu empfehlen.

Buchung in Ecuador
Die meisten Agenturbüros liegen in Quito im neueren Teil um die Avenida Amazonas sowie im Zentrum von Guayaquil. Es empfehlen sich Preisvergleiche; außerdem sollten vor einer Buchung genaue Informationen über das von der Gesellschaft gecharterte bzw. angebotene Boot eingeholt werden. Zwei der größeren, bekannten Agenturen sind z. B. Metropolitan Touring (Avenida Republica de El Salvador 970, Quito, PO Box 17/17/1649, Tel. 98 82 00, Fax 005 93 - 2 - 2 46 47 02 von Deutschland aus) und Ecuadorian Tours (Avenida Amazonas 329, Quito, PO Box 17/010/2605, Tel. 56 04 88, Fax 005 93 - 2 - 2 50 10 67 von Deutschland aus).

Von Ecuador zu den Galápagos-Inseln

Nach Galápagos gelangt man – sofern man nicht eine der von Guayaquil ausgehenden Inselkreuzfahrten auf einem der großen Schiffe gebucht hat – mit der nationalen Fluggesellschaft TAME. Diese fliegt an allen Wochentagen nach Baltra und San Cristobal, den Ausgangspunkten der meisten Galapagos-Kreuzfahrten.

Die Flüge gehen, auch wenn sie in Quito starten, immer über Guayaquil. Flugzeit von dort: 1½ Stunden. Die Flugpreise sind vergleichsweise hoch: Im Jahr 2000 kostete ein Rückflugticket von Quito nach Baltra bzw. San Cristobal in der Nebensaison (1. Mai bis 14. Juni und 15. September bis 31. Oktober) 320 US-Dollar, in der Hauptsaison (1. Januar bis 30. April, 15. Juni bis 14. September und 1. November bis 31. Dezember) 371 US-Dollar. Die Flüge kann man entweder direkt bei der Fluggesellschaft oder über ein Reisebüro z. B. in Kombination mit einer Kreuzfahrt buchen.

Studenten bis 26 Jahre erhalten auf die Flugpreise einen Nachlaß, wenn der Ausweis der heimischen Universität und der internationale Studentenausweis vorgelegt werden.

Fluggesellschaft:

▷ TAME: Amazonas 1354 y Colón, 6th floor; Tel. 509375 bis 379, Reservierung: 509382 bis 388; Fax 561052.

ACHTUNG: Die Flüge sind stark bebucht. Individualreisende haben manchmal Probleme, auch bereits reservierte Plätze zu bekommen. In jedem Fall den Flug rechtzeitig (mindestens 2 bis 3 Tage vorher) rückbestätigen, sich dabei die Buchungsnummer geben lassen und früh am Flughafen sein! Außerdem: Die Gewichtsbegrenzung für aufgegebenes Gepäck auf den Flügen nach Galápagos beträgt 20 kg!

Kreuzfahrten

Eine »normale Kreuzfahrt« dauert 1–2 Wochen und startet bzw. endet zumeist auf Baltra bzw. San Cristóbal. Die Routenführung ist unterschiedlich und von den Nationalparkbehörden vorgeschrieben. Dies gilt sowohl für die großen Kreuzfahrtschiffe als auch für die kleinen Charterboote, die mittlerweile in allzu großer Zahl die Inseln bevölkern. Jedes Boot hat außerdem einen ausgebildeten, lizensierten Naturführer an Bord (bei großen Schiffen mehrere), der für die Information der Passagiere und die Überwachung der Einhaltung der Nationalparkvorschriften (s. S. 152) verantwortlich ist. Auch dürfen einige der besonders stark beanspruchten Besuchspunkte derzeit von großen Schiffen nicht mehr angelaufen werden, und es wird sogar erwogen, sie zu Regenerationszwecken vorübergehend ganz zu schließen; an ihre Stelle sollen dann neue Besuchspunkte treten.

Eine Flotte von Schiffen aller Kategorien und Größenordnungen stehen dem Besucher zur Verfügung: vom umgebauten, einfachen Fischerboot über luxuriöse Segel- und Motorjachten bis hin zu großen Kreuzfahrtschiffen. Die Preise variieren entsprechend stark: So kostet z. B. eine 8tägige Kreuzfahrt auf der M/V Santa Cruz (90 Passagiere) zwischen 1500 US-Dollar und 3000 US-Dollar pro Person in einer Doppelkabine (ohne Flug). Die kleineren Schiffe werden zumeist »am Stück« an Gruppen vermietet. Für 8tägige Chartertouren liegen die Preise zwischen ca. 5000 und über 30000 US-Dollar, je nach Bootstyp und Anzahl der Passagiere (jeweils ohne Flug). In einigen Fällen sind auch individuelle Buchungen für 8tägige Kreuzfahrten auf kleineren Schiffen möglich.

Bei allen diesen Touren sind dann meist neben Unterkunft, Verpflegung an Bord (ohne Getränke), den Inselbesuchen und den obligatorischen Naturführer-Diensten auch die Transfers zwischen Flughafen und Schiff sowie Steuern eingeschlossen. Tauchausflüge sind auf vielen Schiffen möglich, werden aber extra berechnet.

Reisen auf Galápagos auf eigene Faust

Als Ausgangspunkt für eigene Unternehmungen auf Galápagos eignet sich am besten das Touristenzentrum **Puerto Ayora auf Santa**

Cruz. Man erreicht es per Kleinbus und Fähre vom Flughafen auf Baltra relativ einfach und bekommt dabei gleich einen ersten Eindruck von den Inseln. Die Unterkünfte in Puerto Ayora sind mannigfaltig, aber zahlenmäßig begrenzt. Preislich bewegten sie sich 2000 zwischen über 100 und unter 15 US-Dollar pro Nacht im Doppelzimmer. Auch Zelten ist auf Santa Cruz möglich; Auskünfte hierzu geben die Nationalparkbehörden.
Neben dem Besuch der Charles-Darwin-Forschungsstation empfehlen sich Fußwanderungen und Ausflüge mit Pferden oder den lokalen Bussen, die regelmäßig zwischen Puerta Ayora und den Hochlandsiedlungen verkehren. Auch Schiffs-Tagestouren zu anderen Inseln wie Plaza Sur, Santa Fe, Bartolomé oder Seymour können über lokale Agenturen am Hafen von Puerto Ayora gebucht werden.
Den individuellen **Transport zwischen den 4 besiedelten Inseln** besorgen Boote der INGALA (Instituto Nacional de Galápagos) etwa zweimal in der Woche ab Puerto Ayora sowie die in unregelmäßigen Abständen einlaufenden kontinentalen Versorgungsschiffe. Die Preise bewegen sich um 25–30 US-Dollar für eine Überfahrt von Insel zu Insel. Besitzer von Privatbooten nehmen auf Anfrage manchmal auch Passagiere mit.
Das größte Hotelangebot neben Puerto Ayora besitzt **Puerto Baquerizo Moreno auf San Cristóbal** (Preise 2000: von etwa 10 US-Dollar aufwärts). Von hier aus fahren Busse ins Hochland und auch Schiffstouren werden angeboten, darunter z. B. ein Tagesausflug auf die Insel Española.
In **Puerto Villamil auf Isabela** werden zusehends mehr Unterkunftsmöglichkeiten aufgebaut. Die Preise für die bestehenden Hotels liegen hier noch etwas unter denen der Hauptbesuchsorte. Für Ausflüge ins Hochland, Reit- und andere Touren kann man sich hier an den Interessenverband der »Amigos de Isabela« (s. auch S. 71) wenden.
In **Puerto Velasco Ibarra auf Floreana** schließlich hält man sich wegen Unterkünften und Ausflügen am besten an die Familie Wittmer.

Sonstiges

Gepäck

Man sollte es auf das Nötigste reduzieren. Mit wenig Gepäck reist es sich leichter und es bleibt mehr Platz in den oft engen Schiffskabinen. Vor allem empfehlen sich Falttaschen oder ähnlich leicht verstaubare Gepäckstücke.

Kleidung

Informell und leicht, auch auf den luxuriösen, großen Kreuzfahrtschiffen. Für die teils langen Bootsfahrten ist aber besonders in der kühleren Jahreszeit (Juni bis November) etwas Wärmeres (Pullover) zu empfehlen. Ebenso sollte eine Regenjacke nicht fehlen. Für die Inselbesuche reichen feste Sportschuhe aus. Badezeug, Badeschuhe und Schnorchelausrüstung nicht vergessen!

ACHTUNG: Zu viel Äquatorsonne verdirbt sehr schnell den Genuß eines Galápagos-Urlaubs. Zum Schutz vor Sonnenbrand/Sonnenstich daher unbedingt eine Kopfbedekkung und Sonnenöl benützen. Auch eine Sonnenbrille ist empfehlenswert!

Fotografie/Film

Galápagos verführt zum vielen Fotografieren und Filmen. Deshalb hier einige Tips:

- ☐ Ausreichend (und noch mehr) Filme mitnehmen; man kann sie auf den Inseln kaum in gleicher Qualität nachkaufen.
- ☐ Die Nähe und Zutraulichkeit der Tiere erfordert oft kein Teleobjektiv. Trotzdem: Zur Wahrung des »richtigen Abstands«, für Details und Aufnahmen z. B. kleiner Vögel sind längere Brennweiten notwendig (135–300 mm).
- ☐ UV- oder Skylightfilter mildern den Blaustich und schützen das Objektiv.
- ☐ Starke Kontraste (z. B. schwarze Lava, heller Strand) und »hartes Licht« herrschen besonders zur Mittagszeit. Sie verfälschen oft Automatik-Belichtungen und erfordern manuelle Korrektur.
- ☐ Die Kameras während der Ausbootungen gut vor Spritzwasser schützen!

Kreuzfahrten im alten Stil: die Pirata vor der Bucht James Bay/Santiago.

Einkaufen

Verschiedene Boutiquen und Souvenirläden in Puerto Ayora/Santa Cruz bieten Ansichtskarten, T-Shirts u. a. Andenken an (s. auch S. 96). Auch auf San Cristóbal, Floreana und Isabela sowie in den Boutiquen der Kreuzfahrtschiffe werden Souvenirs verkauft.

Telefon/Post

Telefongespräche in alle Welt vermitteln die Funkzentralen der größeren Kreuzfahrtschiffe sowie die Telefonzentralen in Puerto Ayora (Santa Cruz) und Puerto Baquerizo Moreno (San Cristóbal). In Puerto Ayora ist es außerdem möglich, von der Banco des Pacifico zu telefonieren oder zu faxen. Im Notfall helfen die lokalen Reiseagenturen.
Die Post in Puerto Ayora liegt rechts ab von der Hauptstraße nach Bellavista beim Colegio Nacional.
Briefmarken können hier (nicht immer) erstanden werden. Auch auf den übrigen 3 besiedelten Inseln finden sich kleine Postämter.

Nationalparkgebühr

Nach Verlassen des Flugzeugs wird auf Galápagos von jedem Besucher das Eintrittsgeld zum Nationalpark verlangt. Ausländer brauchen den Reisepaß und 100 US-Dollar in bar (Stand 2001). Sucres, Reiseschecks, Kreditkarten oder andere Fremdwährungen werden nicht akzeptiert.

Nationalparkregeln

Ökosysteme wie das der Galápagos-Inseln sind gegen Störungen sehr empfindlich. Um dieses Paradies für kommende Generationen zu bewahren, müssen bei einem Besuch der zum Nationalpark gehörenden Bereiche folgende Vorschriften unbedingt eingehalten werden:

☐ Pflanzen, Tiere, lebende oder tote Gegenstände nicht abreißen, stören oder mitnehmen! Dies gilt auch für Muscheln, Federn, Steine usw.

☐ Bitte darauf achten, keine Pflanze und kein Tier auf eine Insel oder von einer Insel zur anderen zu transportieren. Importe haben fatale Folgen (s. S. 50). Schuhe und Kleidung vor der Ausbootung deshalb nach Samen oder Insekten absuchen!

☐ Keine Nahrungsmittel, insbesondere Früchte, auf die unbewohnten Inseln mitnehmen!

☐ Tiere nicht berühren, füttern oder erschrecken. Besondere Vorsicht bei nistenden Seevögeln; werden die Altvögel verjagt, bleiben Eier und Junge ungeschützt!

☐ Unbedingt auf den markierten Wegen bleiben. Sie sind angelegt, die Natur zu schützen und Besucher zu den interessanten Stellen zu führen!

☐ Keinen Abfall auf einer Insel zurücklassen und auch nicht über Bord werfen!

☐ Seit den großen Feuern von 1985 herrscht beim Landgang Rauchverbot!

☐ Zelten nur mit Genehmigung der Nationalparkverwaltung; offene Feuer sind verboten!

☐ Kein Inselbesuch vor 6.00 Uhr morgens oder nach 18.00 Uhr abends (mit Ausnahme der Siedlungsbereiche natürlich)!

☐ Kein Besuch des Nationalparks ohne einen lizensierten Naturführer! Er informiert über die Inseln und überwacht zugleich die Gruppe. Seinen Anweisungen ist Folge zu leisten, denn er ist als Repräsentant der Nationalparkverwaltung für die Einhaltung der Regeln verantwortlich und hat weitreichende Befugnisse.

BITTE BEACHTEN: Diese Regeln sind Gesetz. Ernste Verstöße können rigorose Strafen und sogar die zwangsweise Entfernung von den Inseln nach sich ziehen!

Verhalten am/im Meer

Um unliebsame Zwischenfälle zu vermeiden, halte man sich bitte auch an die folgenden Hinweise:

☐ Im seichten Wasser auf Stachelrochen achten! Verletzungen durch den Stachel verursachen häßliche, schlecht heilende Wunden. Die Tiere sind oft im Sand verborgen; durch Aufrühren des Sandes mit den Füßen kann man sie vertreiben.

☐ Unbedingt Seelöwenbullen (und Seelöwenmütter mit Kindern) respektieren, besonders zur Fortpflanzungszeit! Sich nicht in ihren Territorien aufhalten oder schwimmen! Auch an Land sind die Tiere überraschend schnell, im Wasser sind sie unbezwingbar.

☐ Mit Haisichtungen muß jeder Taucher, Schnorchler und Schwimmer in Galápagos rechnen. Die Gefahr durch Haie ist jedoch sehr gering; bisher ist noch kein Angriff bekannt. Trotzdem: nicht mit blutenden Verletzungen schwimmen oder in hektische Bewegungen verfallen, falls ein Hai auftaucht!

☐ Die Hinweise der Naturführer auf eventuelle Unterströmungen unbedingt beachten! Sie können unvermutet stark sein und auch gute Schwimmer in ernste Schwierigkeiten bringen.

☐ Korallen und Lavabrocken eignen sich auf keine Fälle zum Festhalten! Schäden treten leicht auf beiden Seiten auf und die Wunden heilen nur schlecht.

Literaturempfehlungen

BEEBE, WILLIAM (1924): Galápagos – World's End; Putnam & Sons, New York, London.

BOWMAN, ROBERT (1961): Morphological Differentiation and Adaptation in the Galápagos Finches; University of California Publications in Zoology.

Cartas Informativas; ed. Estación Científica Charles Darwin, Servicio Parque Nacional Galápagos.

DARWIN, CHARLES (1859): The Origin of Spezies by Means of Natural Selection; John Murray, London.

DARWIN, CHARLES (1875/1962): Reise eines Naturforschers um die Welt; Steingrüben, Stuttgart.

EIBL-EIBESFELDT, IRENÄUS (1994): Galápagos, Die Arche Noah im Pazifik; Weltbild Verlag, Augsburg.

HARRIS, MICHAEL (1974): A Field Guide to the Birds of Galápagos; Collins & Sons, London.

HUMAN, PAUL (1993): Reef Fish Identification Galapagos; Ediciones Libri Mundi, Quito and New World Publications, Jacksonville, Florida.

JACKSON, MICHAEL (1993): Galápagos – A Natural History; University of Calgary Press, Calgary.

MERLEN, GODFREY (1988): A Field Guide to the Fishes of Galápagos; Ediciones Libri Mundi, Quito.

NELSON, BRYAN (1968): Galápagos – Islands of Birds; Longmans, Green & Co, London.

Notícias de Galápagos, Charles Darwin Foundation for the Galápagos Islands; ed. T. H. Fritts, National Museum of National History, Washington.

PÖLKING, FRITZ (1989): Nationalpark Galápagos; Kilda-Verlag, Greven.

THORNTON, IAN (1971): Darwin's Islands – A Natural History of the Galápagos; Natural History Press, Garden City, New York.

WIGGINS, I. L. & PORTER, D. M. (1971): Flora of the Galápagos Islands; Stanford University Press.

Anhang

Wörterbuch
Deutsch / Spanisch / Englisch / Latein

→ = eingeführt
e = endemisch

Wirbellose
Bärenkrebs / Langostino / Slipper Lobster / Scyllarides astori
Blaue Languste / Langosta Azul / Blue Lobster / Panulirus gracilis
Bleistiftseeigel / Erizo Lapizero / Pencil-Spined Sea Urchin / Eucidaris thouarsii
Einsiedlerkrebs / Cangrejo Hermitano / Hermit Crab / Calcinus explorator, Coenobita compressus
Feuerameise / Hormiga Colorada / Fire Ant / Ochetomyrmex bzw. Wasmannia auropunctata →
Galápagos-Holzbiene / Bunga / Galápagos Carpenter Bee / Xylocopa darwinii **e**
Galápagos-Hundertfüßer / Cienpies de Galápagos / Galápagos Centiped / Scolopendra galapagoensis **e**
Galápagos-Winkerkrabbe / Cangrejo Violinista / Galápagos Fiddler Crab / Uca helleri **e**
Geisterkrabbe / Cangrejo Fantasma / Ghost Crab / Ocypode spp.
Geweihkoralle / Corál de Arból / Branching Coral / Pocillopora spp.
Grüner Seeigel / Erizo Verde / Green Sea Urchin / Lytechinus semituberculatus **e**
Kissenseestern / – / Chocolate Chip Star / Nidorellia armata
Monarch-Schmetterling / Monarca / Monarch Butterfly / Danaus plexipus
Rote Klippenkrabbe / Zayapa / Sally Lightfoot Crab / Grapsus grapsus
Rote Languste / Langosta Roja / Red Lobster /Panulirus penicillatus
Schwarze Koralle / Corál Negro / Black Coral / Antipathes panamensis
Strandschnecke / Caracól Marino / – / Littorina modesta, Nodolittorina galapagiensis **e**

Fische, Reptilien
Adlerrochen / Raya Aguila / Spotted Eagle Ray / Aetobatus narinari
Doktorfische / – / Surgeonfishes / Fam. Acanthuridae
Echte Karettschildkröte / Tortuga Carey / Indo-Pacific Hawksbill / Eretmochelys imbricata
Engelfische /- / Angelfishes / Fam. Pomacanthidae
Fliegende Fische / Pezes Voladores / Flying Fishes / Fam. Exocoetidae
Galápagos-Gecko / Salamanquésa / Gecko / Phyllodactylus spp. **e**
Galápagos-Hai / Tiburón de Galápagos / Galápagos Shark / Carcharhinus galapagensis
Galápagos-Kaiserfisch / Pez Bandera / King Angelfish / Holacanthus passer
Galápagos-Meeraal / Morena Endémica / Garden Eel / Taenioconger klausewitzi **e**
Galápagos-Riesenschildkröte / Tortuga Gigante de Galápagos, Galápago / Giant Tortoise / Geochelone elephantopus **e**
Galápagos-Schlange / Culebra de Galápagos / Galápagos Snake / Alsophis bzw. Philodryas spp. **e**
Gaukler / Mariposas / Butterfly Fishes / Fam. Chaetodontidae
Goldener Rochen / Raya Dorada / Golden bzw. Mustard Ray / Rhinoptera steindachneri
Grüne Meeresschildkröte, Suppenschildkröte / Tortuga Negra / Green Sea Turtle / Chelonia mydas agassizii
Halfterfisch / – / Moorish Idol / Zanclus cornutus
Hammerhai / Tiburón Martillo / Hammerhead Shark / Sphyrna spp.
Kugelfische / Tambuleros / Pufferfishes / Fam. Tetraodontidae
Landleguan / Iguana Terrestre / Land Iguana / Conolophus subcristatus **e**
Lavaechse / Lagartija de Lava / Lava Lizard / Microlophus spp. **e**
Lederschildkröte / Tortuga Laud / Pacific Leatherback / Dermochelys coriacea
Lippfische / Viéjas / Wrasses / Fam. Labridae
Mantarochen / Manta Raya / Manta Ray / Manta hamiltoni
Meeräschen / Lisas / Mullets / Fam. Mugilidae
Meerechse / Iguana Marina / Marine Iguana / Amblyrhynchus cristatus **e**
Muränen / Morenas / Moray Eels / Fam. Muraenidae
Papageifische / Loros / Parrotfishes / Fam. Scaridae
Riffbarsche / – / Damselfishes / Fam. Pomacentridae
Sägebarsche / – / Sea Basses, Groupers / Fam. Serranidae
Santa-Fe-Landleguan / Iguna Terrestre de Santa Fe / Santa Fe Land Iguana / Conolophus pallidus **e**
Sardelle / Anchoveta / Anchovy / Engraulis spp.
Stachelrochen / Raya Sartén / Sting Ray / Urotrygon spp.
Weißspitzen-Hundshai / Tintorera Punta Aleta Blanca / Reef Whitetip Shark / Triaenodon

Vögel
Amerikanischer Sandregenpfeifer / Chorlitejo, Chorlo Semipalmado / Semipalmated Plover / Charadrius semipalmatus
Ani, Madenhackerkuckuck / Garrapatero / Smooth-Billed Ani / Crotophaga ani →
Audubon-Sturmtaucher / Fardela de Audubon, Pufino / Audubon's Shearwater / Puffinus l'herminieri
Bahama-Ente / Patillo / White-Cheeked Pintail / Anas bahamensis
Bindenfregattvogel / Fragata Común, Tijereta / Great Frigate / Fregata minor
Blaufußtölpel / Piquero Patas Azules / Blue-Footed Booby / Sula nebouxii
Braunmantel-Austernfischer / Ostrero / Oystercatcher / Haematopus ostralegus
Braunpelikan, Meerespelikan / Pelícano Cafe / Brown Pelican / Pelecanus occidentalis
Chilepelikan / Pelícano del Peru / Chilean Pelican / Pelecanus thagus
Elliot-Sturmschwalbe / Golondrina de Elliot / White Vented bzw. Elliot's Storm Petrel / Oceanites gracilis
Flamingo / Flamingo / Greater Flamingo / Phoenicopterus ruber
Flugunfähiger Kormoran, Stummelkormoran / Cormorán no Volador / Flightless Cormorant / Nannopterum harrisi **e**
Gabelschwalbe, Schwarzschwalbe / Martín de Galápagos / Galápagos Martin / Progne modesta **e**
Gabelschwanzmöwe / Gaviota de Cola Bifurcada / Swallow-Tailed Gull / Creagrus furcatus **e**
Galápagos-Albatros / Albatros de Galápagos / Waved Albatros / Diomedea irrorata **e**
Galápagos-Bussard / Gavilán de Galápagos / Galápagos Hawk / Buteo galapagoensis **e**
Galápagos-Pinguin / Pinguino de Galápagos / Galápagos Penguin / Spheniscus mendiculus **e**
Galápagos-Ralle / Pachay / Galápagos Rail / Laterallus spilonotus **e**
Galápagos-Spottdrossel / Cucuve de Galápagos / Galápagos Mokkingbird / Nesomimus parvulus parvulus **e**
Galápagos-Taube / Paloma de Galápagos / Galápagos Dove / Zenaida galapagoensis **e**
Galápagos-Tyrann, Galápagos-Fliegenschnäpper / Papamoscas / Large-Billed Flycatcher / Myiarchus magnirostris **e**
Galápagos-Wellenläufer / Golondrina de Galápagos / Galápagos Storm Petrel / Oceanodroma tethys
Goldwaldsänger / Canario / Yellow Warbler / Dendroica petechia
Großer Baumfink / Pinzón Arboreo Grande / Large Tree Finch / Camarhynchus psittacula **e**

Großer Grundfink / Pinzón Terrestre Grande / Large Ground Finch / Geospiza magnirostris **e**
Großer Kaktusfink, Opuntien-Grundfink / Pinzón Grande de Cactus / Large Cactus Finch / Geospiza conirostris **e**
Guanokormoran / Cormorán Guanay / Guanay Cormorant / Phalacrocorax bougainvillei
Guanotölpel, Perutölpel / Piquero Peruano / Peruvian Booby / Sula variegata

Hawaii-Sturmvogel / Pata Pegada, Petrel Hawaiano / Hawaiian Petrel / Pterodroma phaeopygia
Hood-Spottdrossel / Cucuve de Española / Hood Mockingbird / Nesomimus parvulus macdonaldi **e**
Humboldtpinguin / Pinguino de Humboldt / Humboldt bzw. Peruvian Penguin / Spheniscus humboldti

Kaktusfink, Kaktus-Grundfink / Pinzón de Cactus / Cactus Finch / Geospiza scandens **e**
Kanadareiher, Amerikanischer Graureiher / Garza Morena / Great Blue Heron / Ardea herodias
Kleiner Baumfink / Pinzón Arboreo Pequeño / Small Tree Finch / Camarhynchus parvulus **e**
Kleiner Grundfink / Pinzón Terrestre Pequeño / Small Ground Finch / Geospiza fuliginosa **e**
Krabbenreiher, Cayenne-Nachtreiher / Garza Nocturna / Yellow-Crowned Night Heron / Nyctanassa violacea
Kuhreiher / Garza del Ganado / Cattle Egret / Bubulcus ibis

Lavamöwe / Gaviota de Lava / Lava Gull / Larus fuliginosus **e**
Lavareiher / Garza de Lava / Lava Heron / Butorides sundevalli **e**

Madeira-Wellenläufer / Golondrina de Tormenta / Madeiran Storm Petrel / Oceanodroma castro
Mangrovenfink, Mangroven-Darwinfink / Pinzón de Manglar / Mangrove Finch / Cactospiza heliobates **e**
Mangrovenreiher / Garza Verde / Striated Heron / Butorides striatus
Maskentölpel / Piquero Enmascarádo / Masked Booby / Sula dactylatra
Mittlerer Baumfink / Pinzón Arboreo Mediano / Medium Tree Finch / Camarhynchus pauper **e**
Mittlerer Grundfink / Pinzón Terrestre Mediano / Medium Ground Finch / Geospiza fortis **e**

Noddi / Nody / Brown Noddy / Anous stolidus

Odinshühnchen / Falaropo, Pollito de Mar / Northern Phalarope / Lobipes bzw. Phalaropus lobatus

Prachtfregattvogel / Fragata Real / Magnificent Frigatebird / Fregata magnificens

Regenbrachvogel / Zarapito / Whimbrel / Numenius phaeopus
Regenkuckuck / Cuclillo, Aguatero / Dark-Billed Cuckoo / Coccyzus melacoryphus
Rotfußtölpel / Piquero Patas Rojas / Red-Footed Booby / Sula sula
Rotschnabel-Tropikvogel / Rabijunco, Pájaro Tropical / Red-Billed Tropicbird / Phaeton aethereus
Rubintyrann / Brujo / Vermillion Flycatcher / Pyrocephalus rubinus
Rußseeschwalbe / Gaviotín Apizarrádo / Sooty Tern / Sterna fuscata

Sanderling / Playero Común / Sanderling / Crocethia bzw. Calidris alba
Schleiereule / Lechuza Blanca / Barn Owl / Tyto alba
Silberreiher / Garza Blanca / Common Egret / Casmerodius albus
Spechtfink / Pinzón Artesano / Woodpecker Finch / Cactospiza pallida **e**
Spitzschnabel-Grundfink / Pinzón Terrestre Pico Agudo / Sharp-Beaked Ground Finch / Geospiza difficilis **e**
Steinwälzer / Vuelve Piedras / Ruddy Turnstone / Arenaria interpres
Stelzenläufer / Tero Reál / Common Stilt / Himantopus himantopus
Sumpfohreule / Lechuza de Campo / Short-Eared Owl / Asio flammeus

Teichhuhn / Gallinula / Common Gallinule / Gallinula chloropus

Vegetarierfink, Dickschnabel-Darwinfink / Pinzón Vegetariano / Vegetarian Finch / Platyspiza crassirostris **e**

Waldsängerfink, Laubsängerfink / Pinzón Cantor / Warbler Finch / Certhidea olivacea **e**
Wanderwasserläufer / Playero Gris / Wandering Tattler / Heteroscelus incanus

Säuger
Esel / Burro / Donkey / Equus asinus →

Galápagos-Reisratte / Rata Endémica / Galápagos Rice Rat / Oryzomys bzw. Nesoryzomys spp. **e**
Galápagos-Seebär / Foca / Galápagos Fur Seal / Arctocephalus galapagoensis **e**
Galápagos-Seelöwe / Lobo Marino de Galápagos / Galápagos Sea Lion / Zalophus californianus wollebaecki **e**
Großer Tümmler / Delfín / Bottle-Nosed Dolphin / Tursiops truncatus

Hausratte / Rata Negra / Black Rat / Rattus rattus →
Hund / Perro / Dog / Canis familiaris →

Kalifornischer Seelöwe / Lobo Marino de California / Californian Sea Lion / Zalophus californianus
Katze / Gato / Cat / Felis gatus →

Pottwal / Cachalote / Sperm Whale / Physeter catodon

Riesenreisratte / Rata Gigante / Giant Rat / Megaoryzomys curiori **e**
Schwein / Chancho / Pig / Sus scrofa →
Schwertwal / Orca / Killer Whale / Orcinus orca
Südamerikanischer Seebär / Lobo de Dos Pelos / South American Fur Seal / Arctocephalus australis

Wanderratte / Rata Noruega / Norway Rat / Rattus norvegicus →

Ziege / Cabra / Goat / Capra hircus →

Pflanzen
Adlerfarn / Helecho Águila / Bracken Fern / Pteridium aquilinum
Akazie / Algarrobo / Acacia / Acacia spp.
Avocado / Aguacate / Avocado / Persea americana →

Bärlapp / Lycopodio / Clubmoss / Lycopodium spp.
Balsambaum / Palo Santo / Palo Santo, Bursa Tree / Bursera graveolens
Bartflechte / – / Lichen / Ramalina usnea
Baumopuntie, Galápagos-Feigenkaktus / Tuna / Prickly Pear Cactus / Opuntia spp. **e**

Chinarindenbaum / Cascarilla / Quinine Tree / Cinchona succirubra →

Elefantengras / Pasto Elefante / Elephant Grass / Pennisetum purpureum →

Färbermoos / – / Dyer's Moss / Roccella babingtonii

Galápagos-Balsambaum / Palo Santo de Galápagos / Galápagos Bursa Tree / Bursera malacophylla **e**
Galápagos-Baumfarn / Helecho Arboreo, Chontillo / Galápagos Tree Fern / Cyathea weatherbyana **e**
Galápagos-Baumwolle / Algodón de Galápagos / Galápagos Cotton / Gossypium barbadense var. darwinii
Galápagos-Guave / Guayabillo / Galápagos Guava / Psidium galapageium **e**
Galápagos-Mistel / Foradendron / False Mistletoe / Phoradendron henslovii **e**
Galápagos-Passionsblume / Vedoca / Galápagos Passion Flower / Passiflora foetida var. galapagensis **e**
Galápagos-Portulak / – / Portulaca / Portulaca howelli **e**
Galápagos-Säulenkaktus / Cacto Esbelto bzw. Candelabro / Candelabra Cactus / Jasminocereus thouarsii **e**
Galápagos-Sesuvie / Sesuvium de Galápagos / Galápagos Sesuvium / Sesuvium edmonstonei **e**
Galápagos-Tillandsie / Bromelia / Bromeliad / Tillandsia insularis **e**
Galápagos-Wandelröschen / Supirrosa / – / Lantana peduncularis **e**
Gelbe Cordie / Muyuyo / Yellow Cordia / Cordia lutea
Grabowskie / Grabowskia / Grabowskia / Grabowskia boerhaaviaefolia
Guave / Guayaba / Guava / Psidium guayava →

Katzenkralle / Uña de Gato / Cat's Claw / Zanthoxylum fagara
Kleiner Bocksdorn / Lycium / Lycium / Lycium minimum **e**
Knopfmangrove / Jelí de Agua, Mangle Botón / Button Mangrove / Conocarpus erecta
Korallenbaum / – / Flame Tree / Erythrina velutina

Lavakaktus / Cactus de Lava / Lava Cactus / Brachycereus nesoticus **e**

Lebermoos / – / Liverworth / Frullania spp.

Mancinellenbaum / Manzanillo / Poisonous Apple / Hippomane mancinella

Meersalat / – / Sea Lettuce / Ulva spp.
Mezquite-Strauch / Algarrobo / Prosopis / Prosopis juliflora

Parkinsonie / Palo Verde / Parkinsonia / Parkinsonia aculeata
Peruanische Melde / – / Salt Sage / Atriplex peruviana

Rote Mangrove / Mangle Rojo / Red Mangrove / Rhizophora mangle

Salzbusch / Monte Salado / Saltbush / Cryptocarpus pyriformis
Scalesie, Sonnenblumenbaum / Lechoso / Woody Sunflower, Daisy Tree / Scalesia spp. **e**
Schicksalsbaum / Rodilla de Caballo / – / Clerodendrum molle
Schwarze Mangrove / Mangle Negro / Black Mangrove / Avicennia germinans
Sesuvie / Sesuvium / Sesuvium / Sesuvium portulacastrum
Sonnenwende / – / Heliotrope, Scorpion Weed / Heliotropium spp.
Strandhafer / Pasto de Playa / Beach Grass / Sporobolus virginicus
Strandwinde / – / Beach Morning Glory / Ipomea pes-caprae

Waltherie / – / Waltheria / Waltheria ovata
Wandelröschen / Lantana / Lantana / Lantana camara →
Weiße Mangrove / Mangle Blanco / White Mangrove / Laguncularia racemosa

Latein / Deutsch

Arten, die keinen deutschen Namen haben, sind hier mit ihrem englischen Namen verzeichnet.

Wirbellose
Anthopleura dovii / Seeanemone
Antipathes panamensis / Schwarze Koralle
Argiope argentata / Silver Argiope

Balanus spp. / Seepocke
Bulimulus spp. / Landschnecke **e**

Calcinus explorator / Einsiedlerkrebs
Coenobita compressus / Einsiedlerkrebs

Danaus plexipus / Monarch-Schmetterling

Eucidaris thouarsii / Bleistiftseeigel

Grapsus grapsus / Rote Klippenkrabbe

Littorina modesta / Strandschnecke
Lytechinus semituberculatus / Grüner Seeigel **e**

Nodolittorina galapagiensis / Strandschnecke **e**
Nidorellia armata / Kissenseestern

Ochetomyrmex bzw. Wasmannia auropunctata / Feuerameise →
Ocypode spp. / Geisterkrabbe

Panulirus gracilis / Blaue Languste
Panulirus penicillatus / Rote Languste
Pocillopora spp. / Geweihkoralle

Schistocerca melanocera / Painted Locust
Scolopendra galapagoensis / Galápagos-Hundertfüßer **e**
Scyllarides astori / Bärenkrebs

Tetraclite spp. / Seepocke
Trox suberosus / Fam. Blatthornkäfer →

Uca helleri / Galápagos-Winkerkrabbe **e**

Xylocopa darwinii / Galápagos-Holzbiene **e**

Fische, Reptilien
Abudefduf troschelii / Panamic Sergeant Major
Acanthuridae / Doktorfische
Aetobatus narinari / Adlerrochen
Alsophis spp. / Galápagos-Schlange **e**
Amblyrhynchus cristatus / Meerechse **e**
Anisotremus interruptus / Yellow-Tailed Grunt

Bodianus eclancheri / Harlequin Wrasse

Chaetodontidae / Gaukler
Carcharhinus galapagensis / Galápagos-Hai
Chelonia mydas agassizii / Grüne Meeresschildkröte
Conolophus pallidus / Santa Fe Landleguan **e**
Conolophus subcristatus / Landleguan **e**

Dermochelys coriacea / Lederschildkröte

Engraulis spp. / Sardelle
Eretmochelys imbricata / Echte Karettschildkröte
Exocoetidae / Fliegende Fische

Geochelone elephantopus / Galápagos-Riesenschildkröte **e**
Gymnothorax dovii / Fine-Spotted Moray

Haemulidae / Grunts
Heniochus nigrirostris / Barberfish
Holocanthus passer / Galápagos-Kaiserfisch

Labridae / Lippfische

Manta hamiltoni / Mantarochen
Microlophus spp. / Lavaechse **e**
Mycteroperca olfax / Bacalao **e**
Mugil cephalus rammelsbergi / Yellow-Tailed Mullet
Mugilidae / Meeräschen
Muraenidae / Muränen

Paralabrax albomaculatus / Camotillo **e**
Paranthias colonus / Creole Fish
Philodryas spec. / Galápagos-Schlange **e**
Phyllodactylus spp. / Galápagos-Gecko **e**
Pomacanthidae / Engelfische
Pomacentridae / Riffbarsche
Prionurus laticlavius / Yellow-Tailed Surgeonfish

Rhinoptera steindachneri / Goldener Rochen

Scaridae / Papageifische
Scarus ghobban / Bluechin Parrotfish
Serranidae / Sägebarsche
Sphoeroides annulatus / Bullseye
Sphyrna spp. / Hammerhai

Taenioconger klausewitzi / Galápagos-Meeraal **e**
Tetraodontidae / Kugelfische
Triaenodon obesus / Weißspitzen-Hundshai

Urotrygon spp. / Stachelrochen

Zanclus cornutus / Halfterfisch

Vögel
Anas bahamensis / Bahama-Ente
Anous stolidus / Noddi
Ardea herodias / Kanadareiher, Amerikanischer Graureiher
Arenaria interpres / Steinwälzer
Asio flammeus / Sumpfohreule

Bubulcus ibis / Kuhreiher
Buteo galapagoensis / Galápagos-Bussard **e**
Butorides striatus / Mangrovenreiher
Butorides sundevalli / Lavareiher **e**

Cactospiza heliobates / Mangrovenfink, Mangroven-Darwinfink **e**
Cactospiza pallida / Spechtfink **e**
Camarhynchus parvulus / Kleiner Baumfink **e**
Camarhynchus pauper / Mittlerer Baumfink **e**
Camarhynchus psittacula / Großer Baumfink **e**
Casmerodius albus / Silberreiher
Certhidea olivacea / Waldsängerfink, Laubsängerfink **e**
Charadrius semipalmatus / Amerikanischer Sandregenpfeifer
Coccyzus melacoryphus / Regenkuckuck
Creagrus furcatus / Gabelschwanzmöwe **e**
Crocethia bzw. Calidris alba / Sanderling
Crotophaga ani / Ani, Madenhackerkuckuck →

Dendroica petechia / Goldwaldsänger
Diomedea irrorata / Galápagos-Albatros **e**

Fregata magnificens / Prachtfregattvogel
Fregata minor / Bindenfregattvogel

Gallinula chloropus / Teichhuhn
Geospiza conirostris / Großer Kaktusfink, Opuntien-Grundfink **e**
Geospiza difficilis / Spitzschnabel-Grundfink **e**
Geospiza fortis / Mittlerer Grundfink **e**
Geospiza fuliginosa / Kleiner Grundfink **e**
Geospiza magnirostris / Großer Grundfink **e**
Geospiza scandens / Kaktusfink, Kaktus-Grundfink **e**

Haematopus ostralegus / Braunmantel-Austernfischer
Heteroscelus incanus / Wanderwasserläufer
Himantopus himantopus / Stelzenläufer

Larus fuliginosus / Lavamöwe **e**
Laterallus spilonotus / Galápagos-Ralle **e**
Lobipes bzw. Phalaropus lobatus / Odinshühnchen

Myiarchus magnirostris / Galápagos-Tyrann, Galápagos-Fliegenschnäpper **e**

Nannopterum harrisi / Flugunfähiger Kormoran, Stummelkormoran **e**
Nesomimus parvulus macdonaldi / Hood-Spottdrossel **e**
Nesomimus parvulus parvulus / Galápagos-Spottdrossel **e**
Numenius phaeopus / Regenbrachvogel
Nyctanassa violacea / Krabbenreiher, Cayenne-Nachtreiher

Oceanites gracilis / Elliot-Sturmschwalbe
Oceanodroma castro / Madeira-Wellenläufer
Oceanodroma tethys / Galápagos-Wellenläufer

Pelecanus occidentalis / Braunpelikan, Meerespelikan
Pelecanus thagus / Chilepelikan
Phaeton aethereus / Rotschnabel-Tropikvogel
Phalacrocorax bougainvillei / Guanokormoran
Phoenicopterus ruber / Flamingo
Platyspiza crassirostris / Vegetarierfink, Dickschnabel-Darwinfink **e**
Progne modesta / Gabelschwalbe, Schwarzschwalbe **e**
Pterodroma phaeopygia / Hawaii-Sturmvogel
Puffinus l'herminieri / Audubon-Sturmtaucher
Pyrocephalus rubinus / Rubintyrann

Spheniscus humboldti / Humboldtpinguin
Spheniscus mendiculus / Galápagos-Pinguin **e**
Sterna fuscata / Rußseeschwalbe
Sula dactylatra / Maskentölpel
Sula nebouxii / Blaufußtölpel
Sula sula / Rotfußtölpel
Sula variegata / Guanotölpel, Perutölpel

Tyto alba / Schleiereule

Zenaida galapagoensis / Galápagos-Taube **e**

Säugetiere

Arctocephalus australis / Südamerikanischer Seebär
Arctocephalus galapagoensis / Galápagos-Seebär **e**

Canis familiaris / Hund →
Capra hircus / Ziege →

Equus asinus / Esel →

Felis gatus / Katze →

Lasiurus spp. / Fledermaus

Megaoryzomys curiori / Riesenreisratte **e**

Orcinus orca / Schwertwal
Oryzomys bzw. Nesoryzomys spp. / Galápagos-Reisratte **e**

Physeter catodon / Pottwal

Rattus norvegicus / Wanderratte →
Rattus rattus / Hausratte →

Sus scrofa / Schwein →

Tursiops truncatus / Großer Tümmler

Zalophus californianus / Kalifornischer Seelöwe
Zalophus californianus wollebaecki / Galápagos-Seelöwe **e**

Pflanzen

Acacia spp. / Akazie
Avicennia germinans / Schwarze Mangrove
Brachycereus nesoticus / Lavakaktus **e**
Bursera graveolens / Balsambaum
Bursera malacophylla / Galápagos-Balsambaum **e**

Cacabus miersii / Shore Petunia
Caesalpinia bonduc / Mora →
Castela galapageia / Bitterbush **e**
Chamaesyce amplexicaulis / Chamaesyce **e**
Cinchona succirubra / Chinarindenbaum →
Clerodendrum molle / Schicksalsbaum
Conocarpus erecta / Knopfmangrove
Cordia lutea / Gelbe Cordie
Croton scouleri / Croton **e**
Cryptocarpus pyriformis / Salzbusch
Cyathea weatherbyana / Galápagos-Baumfarn **e**

Darwiniothamnus tenuifolius / Darwiniothamnus **e**

Eleocharis mutata / Binse
Epidendrum spicatum / Orchidee
Erythrina velutina / Korallenbaum

Frullania spp. / Lebermoos

Gossypium barbadense var. darwinii / Galápagos-Baumwolle
Grabowskia boerhaaviaefolia / Grabowskie

Heliotropium spp. / Sonnenwende
Hippomane mancinella / Mancinellenbaum

Inopsis utricularioides / Orchidee
Ipomea pes-caprae / Strandwinde

Jasminocereus thouarsii / Galápagos-Säulenkaktus

Languncularia racemosa / Weiße Mangrove
Lantana camara / Wandelröschen →
Lantana peduncularis / Galápagos-Wandelröschen **e**
Lecocarpus pinnatifidus / Lecocarpus **e**
Lycium minimum / Kleiner Bocksdorn **e**
Lycopodium spp. / Bärlapp

Macraea laricifolia / Needle-Leaf Daisy **e**
Maytenus octogona / Leather Leaf
Miconia robinsoniana / Miconia **e**
Mollugo spp. / Mollugo

Nolana galapagensis / Clubleaf **e**

Opuntia spp. / Baumopuntie, Galápagos-Feigenkaktus **e**

Parkinsonia aculeata / Parkinsonie
Passiflora foetida var. galapagensis / Galápagos-Passionsblume **e**
Pennisetum purpureum / Elefantengras →
Persea americana / Avocado →
Phoradendron henslovii / Galápagos-Mistel **e**
Piscidia carthagensis / Matazarno
Polypodium tridens / Polypodium
Portulaca howelli / Galápagos-Portulak **e**
Prosopis juliflora / Mezquite-Strauch
Psidium galapageium / Galápagos-Guave **e**
Psidium guayava / Guave →
Psychotria ruficeps / Cafetillo
Pteridium aquilinum / Adlerfarn

Ramalina usnea / Bartflechte
Rhizophora mangle / Rote Mangrove
Roccella babingtonii / Färbermoos

Scaevola plumieri / Sea Grape, Inkberry
Scalesia spp. / Scalesie, Sonnenblumenbaum **e**
Scutia pauciflora / Thorn Shrub
Sesuvium edmondstonei / Galápagos-Sesuvie **e**
Sesuvium portulacastrum / Sesuvie
Sphagnum spp. / Sphagnum-Moos
Sporobolus virginicus / Strandhafer

Tiquilia spp. / Grey Matplant **e**
Tillandsia insularis / Galápagos-Tillandsie **e**
Tournefortia spp. / Southern Bittersweet **e**

Ulva spp. / Meersalat

Waltheria ovata / Waltherie

Zanthoxylum fagara / Familie Rutaceae

Register

Fett gesetzte Seitenzahlen verweisen auf Fotos, schräg gedruckte auf Essays (im Text blau unterlegt) bzw. auf ausführliche Beschreibung im Text. Seitenzahlen mit dem Zusatz »ff.« bezeichnen den Beginn eines Kapitelanfangs.

Pressestimmen zu »Reiseführer Natur«

»Besser, informativer und übersichtlicher kann man es eigentlich nicht machen.«

Die Zeit

»...ein Muss für jeden Naturliebhaber.«

Frankfurter Rundschau

»...attraktiv und übersichtlich gestaltet, zudem kenntnisreich, nie aber langweilend verfasst...«

Frankfurter Allgemeine Zeitung

»...sehr ansprechend aufgemacht.«

Süddeutscher Rundfunk

»...eine ausgezeichnete Reihe.«

Bayerisches Fernsehen

»...schöne Reiseführer, die man nicht nur gern und mit Gewinn vor Ort in die Hand nimmt. Sie laden auch dazu ein, in Gedanken zu reisen oder einfach darin zu schmökern...«

Das Tier

»...Keine Reiseführer für jedermann, aber wer sich für die Naturschönheiten seines Urlaubslandes interessiert, ist begeistert.«

Handelsblatt

»...ausgesprochen gut durchdachte Reiseführer.«

Deutsches Ärzteblatt

»...Jedem, der sich für die Tier- und Pflanzenwelt seines Reiseziels interessiert, sind die locker geschriebenen, gut illustrierten und mit zahlreichen Karten versehenen Bände ans Herz zu legen...«

Tours

Eine Übersicht aller Bände finden Sie auf der vorderen Umschlag-Innenseite.